Albrecht Martiny

Russisch für Historiker und Sozialwissenschaftler

Kurs zum Erwerb der Lesefähigkeit zeitgeschichtlicher und sozialwissenschaftlicher Texte

Band I

unter Mitarbeit von
Christa Hiller

Julius Groos Verlag Heidelberg

CIP-Kurztitelaufnahme der Deutschen Bibliothek

Martiny, Albrecht
Russisch für Historiker und Sozialwissenschaftler: Kurs zum Erwerb d. Lesefähigkeit zeitgeschichtl. u. sozialwissenschaftl. Texte / unter Mitarb. von Christa Hiller. – Heidelberg : Groos.
Bd. 1. – 1977
ISBN 3-87276-183-8

ISBN 3-87276-183-8
Bestell-Nummer 183

Druck: Uni-Druck, Bochum

INHALT

II. BAND

VORWORT

Die Fremdsprachenkenntnisse, die Studenten historischer und sozialwissenschaftlicher Fachrichtungen aus den Schulen mitbringen, haben sich in den letzten Jahren spürbar verschlechtert. Zugleich sind aber die Forschungsinteressen regional ausgeweitet worden. Der internationale Charakter der Forschung verstärkt sich weiter, der überkommene Sprachenkanon ist seit langem fragwürdig geworden. Ein Rückgang der Sprachkenntnisse bei den Studenten trifft also mit erhöhten Anforderungen an die sprachliche Kompetenz zusammen. Die Lücke, die sich zwischen Voraussetzungen und Erfordernissen aufgetan hat, führte im Bereich der Sprachlehrforschung zu neuen Entwicklungen und Überlegungen. Ein sinnvoller Ansatzpunkt liegt zweifellos in dem Versuch, die Sprachdefizite im Hochschulbereich an der Hochschule selbst zielgerichtet mit neuen Methoden auszugleichen. Die hierbei gesammelten Erfahrungen sind überwiegend ermutigend. Zudem eröffnen die neuen Verfahren einen gangbaren Weg zur Reform des Sprachkanons: Auch "seltene" Sprachkenntnisse, die in der Schule nicht vermittelt werden, können verhältnismäßig schnell mit hinreichender Kompetenz erworben werden.

Das Grundmotiv bei der Entwicklung des vorliegenden Kurses lag nun aber nicht nur darin, für den Bereich des Russischen ein brauchbares Instrument zum gezielten Spracherwerb zur Verfügung zu stellen. Vielmehr spielte daneben wesentlich die Absicht eine Rolle, durch die Auswahl entsprechender Originaltexte dem Lernenden zugleich landeskundlich-inhaltliche Informationen zu vermitteln, die in einem verhältnismäßig breit angelegten Profil den sozialwissenschaftlich-zeitgeschichtlichen Bereich aufschließen. Aus dieser Sicht könnte der Kurs auch einen Beitrag zur inhaltlichen Studienreform leisten.

Das Lehrmaterial ist in den Jahren 1973 bis 1976 entwickelt, in fünf Kursen mit Teilnehmern aus dem gesamten Bundesgebiet erprobt und auf Grund der Erfahrungen mehrfach überarbeitet worden, wobei das Lehrinstitut für Russische Sprache des Landes Nordrhein-Westfalen in Bochum die Organisation freundlicherweise übernommen hatte. Da Vergleichbares bisher nicht entwickelt wurde, werden sich trotz mehrfacher Erprobung beim Einsatz des Kurses möglicherweise noch Schwächen zeigen. Für Hinweise und Anregungen zur Verbesserung bin ich dankbar.

Der Ansatz des Kurses kann nur mit Blick auf die Stellung und Bedeutung der russischen Sprache verdeutlicht werden. Die russische Sprache gehört

im indoeuropäischen Sprachbereich zur Gruppe der slavischen Sprachen. Nach der jüngsten Volkszählung von 1970 (Einwohnerzahl der UdSSR zu diesem Zeitpunkt: 241,7 Mio.) wird Russisch in der Sowjetunion als Muttersprache von 141,8 Mio. Menschen, als Zweitsprache von 41,9 Mio. Menschen gesprochen. - Seit dem Zweiten Weltkrieg hat Russisch als Fremdsprache in den osteuropäischen Ländern einen bedeutenden Einfluß gewonnen. Im Bildungswesen Mittel- und Westeuropas spielt Russisch jedoch nach wie vor nur eine geringe Rolle.[1)] Die Bedeutung passiver Russischkenntnisse wird aber zunehmend erkannt. Dies gilt namentlich für den technisch-naturwissenschaftlichen Bereich, aber auch für Politik und Zeitgeschichte sowie für die Sozialwissenschaften.[2)]
Der vorliegende Kurs trägt diesem Befund insofern Rechnung, als er zum Hauptlernziel passive Sprachkenntnisse hat. Er vermittelt die Fähigkeit, zeitgeschichtlich-politische und sozialwissenschaftliche Texte lesend zu verstehen. Die Konzentration auf dieses Ziel bedingt zugleich einen weitgehenden Verzicht auf das Hörverständnis und die Sprechfähigkeit sowie auf eine geläufige Schreibfähigkeit. Hörverständnis, Sprech- und Schreibfähigkeit werden im Kurs nur aus zwei Gründen nicht völlig vernachlässigt: 1. Zur Verständigung bei der Arbeit mit Texten ist ein Minimum auch dieser Fähigkeiten notwendig. 2. Die Erreichung des Lernziels "Leseverständnis" darf nicht die Erweiterung der Sprachkenntnisse in Richtung auf die anderen Fähigkeiten verbauen. Neben die Konzentration auf das Lernziel "lesendes Verstehen" tritt eine weitere Besonderheit: Der vorliegende Kurs ist fachspezifisch, d.h. er vermittelt die Fähigkeit, Texte eines bestimmten Fachgebietes zu verstehen. Die Besonderheiten des Fachgebietes Zeitgeschichte-Politik-Sozialwissenschaft gestatten den Verzicht auf weite Bereiche der herkömmlichen russischen Grammatik (z.B. kommen zahllose Wortformen des sehr formenreichen Russischen in den Fachtexten nicht vor) sowie eine Abgrenzung des Wortschatzes im Sinne eines ökonomischen Lernens. Der Kurs basiert auf einem Grundwortschatz der etwa 1500 häufigsten Wörter. Dieser Wortschatz wurde folgendermaßen gewonnen: Neben einer EDV-Analyse von Fachtexten im Umfang von gut 300.000 Wörtern wurden fachspezifische Wortstatistiken eines Forschungsteams

---

1) In der BRD lernten im Jahre 1973 ca. 1,2% der Oberschüler Russisch

2) Vgl. Harald Haarmann, Soziologie und Politik der Sprachen Europas. (München) 1975, S. 236

der Universität Birmingham herangezogen.[1] Internationalismen, die ohne weiteres erschließbar sind, wurden nicht berücksichtigt. Bei Wörtern, deren Zusammengehörigkeit leicht erkennbar ist, wurde in der Regel nur das statistisch häufigere aufgenommen. (Beispiel: крестьянин "Bauer" ist aufgenommen, крестьянство "Bauernschaft", крестьянский "bäuerlich" und крестьянка "Bäuerin" hingegen nicht.) Da den Regeln der Wortbildung ein bedeutender Platz im Kurs eingeräumt wurde, erschien dies vertretbar. Der passive Wortschatz, der auf diese Weise erschlossen wird, beträgt deshalb ein Vielfaches der genannten 1500 Wörter. Sie erschließen zwischen 80 und 90% der in den relevanten Texten vorkommenden Wörter. - Die Zusammenfassung der weit gespannten Bereiche "Zeitgeschichte, Politik und Sozialwissenschaften" in einem Kurs war möglich, weil sowohl das Textkorpus, das der Wortstatistik zugrunde gelegt wurde, als auch das gesamte Kursmaterial - wo nicht anders vermerkt - aus sowjetrussischen (nur zu einem geringen Teil aus anderen russischen) Originaltexten besteht. Seit 1917 hat sich die für uns maßgebliche Fachsprache - wie übrigens das moderne Russisch überhaupt - unter dem Einfluß einer verbindlichen Ideologie entwickelt, die sich vereinheitlichend und vereinfachend in der Sprache niedergeschlagen hat. Die sowjetische wissenschaftstheoretische Konzeption von einem umfassenden sozialwissenschaftlichen Bereich, der Zeitgeschichte, Politik und Soziologie aber auch Ökonomie und Internationale Politik übergreift, bildet sich in der Sprache ab. Der Rekurs auf sprachliches Originalmaterial ist deshalb für ein ökonomisches Lernen geradezu geboten. Er schließt aber eine Identifikation mit den Textinhalten selbstverständlich nicht ein.

Zur Benutzung des Materials:

Um einen tragbaren Buchhandelspreis zu ermöglichen, wurde darauf verzichtet, eine Tonbandaufnahme der Vorlektion beizufügen. Die Kursveranstalter sollten eine solche Aufnahme selbst vor Beginn des Kurses herstellen und den Teilnehmern zugänglich machen. Schon eine Aufnahme mittlerer Qualität ist für die Zwecke des Kurses hinreichend.

Der Kurs stützt sich stark auf ein Verfahren, das man als "Signalerkennung" bezeichnen könnte. Hierzu sind von besonderem Wert die Grammatikübersichten 1 und 2, deren Benutzung immer wieder angeregt werden sollte.

---

1) Siehe "Russian for social scientists", in: CILT Reports and Papers 11, Teaching languages to adults for special purposes.

Den gleichen Zweck erfüllen die sogenannten "Muster" in den Vokabellisten, die dem Lehrenden völlig vertraut und geläufig sein müssen, damit er sie als morphosyntaktischen "eisernen Bestand" einsetzen kann. Von zentraler Bedeutung für eine erfolgreiche Nutzung des Materials ist neben der Motivationspflege vor allem die Konzentration auf das Lernziel "Lesefähigkeit". Die Kursteilnehmer sollten mit leichter Hand dahin gebracht werden, auf "falsche" Fragen zu verzichten ("wie heißt denn auf Russisch ... ?" u.ä.) und sich auf das Erkennen von Formen, von Kongruenzen und syntaktischen Strukturen zu konzentrieren. Sobald längere Texte bearbeitet werden, sollten zwei Übungen im Vordergrund stehen: 1. das kursorische Verständnis (das am besten zu ermitteln ist, wenn der Text langsam vorgelesen wird und unmittelbar danach der ungefäre Inhalt erfragt wird) und 2. die Übersetzung Wort für Wort; dabei ist sehr darauf zu achten, daß die Arbeit nicht zu einem Übersetzungstraining entartet: Eine Übersetzung, die weitgehend die russische Ausdrucksweise und Wortfolge beibehält, ist allemal hinreichend, wenn sichergestellt wird, daß der Sinn verstanden ist.

Der Kurs wurde für ein dreiwöchiges Kursmodell mit ganztätigem Unterricht entwickelt. Das Material ist jedoch so angeordnet, daß auch die Verwendung in einem anderen Modell möglich ist. Eher realisierbar an den Hochschulen scheint die folgende Form: Die ersten 13 Lektionen werden in 3-4stündigen Tagespensen behandelt, danach folgen 4-6stündige Sitzungen, wobei der erste und eventuell der zweite Text jeweils im Plenum, die anderen Texte in Gruppenarbeit behandelt werden. Hierbei hat sich ein Wechsel von Gruppenbildung nach dem Leistungsprinzip und nach dem Prinzip einer Mischung verschiedener Leistungsniveaus sehr bewährt. Die von den Gruppen bearbeiteten Texte sollten am folgenden Tag vor allem auf inhaltliches Verständnis, nicht auf Übersetzungsgenauigkeit oder Stilistik hin wiederholt werden. Die in der Gruppenarbeit auftauchenden Probleme sollten nicht erst am folgenden Tag, sondern durch den Lehrer bei seiner Beratung der Gruppen ad hoc gelöst werden.- Bei diesem Modell ergibt sich ein Kurs von etwa vier Wochen. Er sollte nach den bisherigen Erfahrungen in der vorlesungsfreien Zeit kurz vor Semesterbeginn angeboten werden, damit sichergestellt ist, daß die Lernresultate in der veranstaltungsbezogenen praktischen Anwendung vertieft und konsolidiert werden.

Als Zielgruppe für den Kurs sind jene Personen angesprochen, die an passiven Russischkenntnissen interessiert sind und wenig Zeit und Lust für ein allseitiges Studium der russischen Sprache haben. Es sind dies erfahrungsgemäß erwachsene Personen mit (nichtslawischen) Fremdsprachenkenntnissen, die über erprobte Lernstrategien, nicht aber über fundierte sprachwissenschaftliche Kenntnisse verfügen. Obwohl das Material vor allem auf den Einsatz in den Hochschulen zielt, ist insofern prinzipiell auch eine Verwendung in der Erwachsenenbildung und etwa in der gewerkschaftlichen Bildungsarbeit möglich und wünschenswert.- Durch die Beigabe eines umfassenden "Schlüssels" ist der Kurs auch für das Selbststudium geeignet.

Der Kurs soll einen Beitrag zur inhaltlichen Studienreform leisten und wurde mit dieser Absicht vom Ministerium für Wissenschaft und Forschung des Landes NRW finanziert. Die Ruhr-Universität hat dabei wesentliche Hilfe geleistet. Ohne die Anregung, Initiative und dauernde Ermutigung durch den Leiter des Lehrinstituts für Russische Sprache des Landes NRW in Bochum, Hellmut Keusen, hätte das Projekt nicht realisiert werden können.
Daneben sei aber auch für die Unterstützung durch das Zentrale Fremdspracheninstitut der Ruhr-Universität, insbesondere W. Bieritz (jetzt Osnabrück) und K.-R. Bausch sowie dem Rechenzentrum gedankt.
Besonderer Dank gilt nicht zuletzt den Mitarbeitern des Projektes, vor allem Christa Hiller, die auch den größten Teil der Übersetzungen gemacht hat, sowie H. Brodeck, V. Burdinski, M. Grans, S. Heinemann, L. Huhndorf, S. Martin, V. Müller, R. Schönwälder und E. Winkelmann.
Der Abteilung für Geschichtswissenschaft der Ruhr-Universität, vor allem Hans Roos, danke ich dafür, daß ich für die Durchführung dieses Projektes freigestellt wurde.
Der Kurs ist in einem verhältnismäßig frühen Stadium seiner Entwicklung einer gutachterlichen Kritik unterworfen worden, die teilweise sehr konstruktiv war und zur Verbesserung des Materials genutzt werden konnte. Besonders wertvoll waren hierbei die Gespräche mit Willy Rogalla, Goetheinstitut, München, der als Experte für Lesekurse an einem der Kurse teilnahm. Den Herren D. Geyer (Tübingen), C. Kernig (Trier), W. Mitter (Frankfurt), G. Schramm (Freiburg), J. Gebhardt (Bochum), O. Anweiler (Bochum), H. Mommsen (Bochum) sei an dieser Stelle ausdrücklich gedankt. Auch die Herren W. Steinbrecht, K. Sieveking und F. Denninghaus sowie insbesondere Frau B. Šubik haben sich gutachterlich zu dem Material geäußert.

Am wichtigsten war für mich persönlich das tägliche Gespräch, das Interesse und die Geduld meiner Frau, Susanne Oster, die auch einige der Übersetzungen beigesteuert hat.

A. GRUNDKURS

VORLEKTION

Lernziel des Abschnittes: Kenntnis der Zeichen und Laute des russischen Alphabets.

EINFÜHRUNG IN DAS KYRILLISCHE ALPHABET MIT HINWEISEN AUF DAS RUSSISCHE LAUTSYSTEM

Beim Erlernen der Buchstaben folgt der Kurs nicht der Reihenfolge des russischen Alphabets. Stattdessen wurden drei Gruppen von Buchstaben gebildet:

1. Buchstaben, die mit dem lateinischen Alphabet graphisch übereinstimmen,
2. Buchstaben, die im lateinischen Alphabet zwar vorkommen, die im Russischen aber einen deutlich abweichenden Lautwert haben,
3. Buchstaben, die nur im russischen Alphabet vorkommen.

Die Übungsbeispiele sind so gewählt, daß sie entweder leicht verständlich ("Internationalismen"), statistisch besonders häufig oder aus fachspezifischen Gründen bedeutsam sind. Bitte, prägen Sie sich deshalb die in Klammern angegebene deutsche Bedeutung gut ein! - Ausgangspunkt sind die großen Druckbuchstaben.

Hauptlernziel des Kurses ist das "lesende Verstehen"; hierzu ist eine völlig korrekte Aussprache nicht erforderlich. Wenn Sie hier dennoch Hinweise auf einige Lauteigentümlichkeiten des Russischen finden, so hat dies lediglich den Zweck, eine Verständigung bei der Arbeit mit Texten zu ermöglichen, d.h. damit Sie gesprochene Wörter und Texte mit dem Schriftbild identifizieren können und damit Ihnen eine spätere Erweiterung Ihrer Sprachkenntnisse zur aktiven Sprachbeherrschung hin nicht verbaut wird. Allerdings bietet der Kurs in diesem Bereich nur das Wichtigste und verzichtet auf alle Feinheiten.

Das russische <u>Vokalsystem</u> kennt keine bedeutungsunterscheidenden Quantitätsunterschiede. (Vgl. Sie "Lamm" und "lahm".) Dagegen unterscheidet man bei der Aussprache zwischen betonten und unbetonten Vokalen. Die unbetonten Vokale а, е, о, я sind nicht nur etwas kürzer, sie haben auch einen reduzierten Lautwert im Vergleich zu ihren betonten Entsprechungen. Besonders stark wirkt sich dies beim unbetonten "o" aus, das etwa wie ein "a" ausgesprochen wird (sog. Reduktion). Von großer Bedeutung für das russische Vokalsystem ist also die Betonung. Leider ist sie nicht mit wenigen Regeln beschreibbar, sie ist am besten durch Übung zu erlernen. Im Kurs sind deshalb - wie in den meisten Lehrwerken - Akzente durchgängig angegeben. Hinweise auf Betonungsregeln finden sich nur im konkreten Zusammenhang.

Im russischen Konsonantensystem ist der Gegensatz "hart - weich" von großer Bedeutung. Bestimmte Vokale können einen vorhergehenden Konsonanten erweichen: Z.B. wird dann ein "t" durch einen nachfolgenden Vokal etwa wie "tj" gesprochen. Diese Regel gilt im Russischen insofern allgemein, als es je zwei Vokalvarianten gibt, eine erweichende und eine nicht erweichende.

erweichende Vokale	nicht erweichende Vokale
Я	А
Ю	У
И	Ы
Ё	О
Е	Э
(Ь)	(Ъ)

Im Auslaut werden stimmhafte Konsonanten wie im Deutschen stimmlos gesprochen. (Vgl. Sie "Tod" und "tot".)

Eine Behauchung (Aspiration) wie bei den deutschen Konsonanten p, t, k, die besonders in der norddeutschen Aussprache ausgeprägt ist (die genannten Laute werden wie p-h, t-h, k-h gesprochen) kennt das Russische nicht. Vergleichen Sie dazu die französische Aussprache dieser Konsonanten.

Die Unterscheidung von stimmhaftem und stimmlosem "s" (Vgl. Sie "Gras" und "Hase".) ist im Russischen sehr wichtig. Beide Varianten sind im Russischen mit einem eigenen Buchstaben vertreten.

A. Alphabet

1. Buchstaben, die im Deutschen und im Russischen graphisch und weitgehend auch lautlich übereinstimmen: А, Е, О, К, М, Т.

Е: fast immer jotiert gesprochen, d.h. "je", etwa wie in englisch "yes"; in unbetonter Stellung nähert sich das russische "Е" einem flüchtigen I-Laut. Abgesehen von der Jotierung entspricht das russische "Е" eher dem deutschen "E" in "schnell" als in "Schnee".

О: immer offen gesprochen wie in dem deutschen Wort "hoffen". In unbetonter Stellung Reduktion, die je nach der Position zur betonten Silbe variiert.

А (und, aber), ТА (jene; fem. sg.), О (über; z.B. "über" etwas sprechen), ТО (jenes), ТОТ (jener), ТЕ (jene; pl.), ОТ (von), КО (zu), КТО (wer), ТАМ (dort), ТАК (so), КАК (wie), АКТ (Akte), ТОМ (der Band), А́ТОМ (Atom), ТЕ́МА (Thema), ОКА́ (Fluß in der SU), КА́МА (Fluß in der SU).

2. Buchstaben, die im lateinischen Alphabet ebenfalls vorkommen, aber einen anderen Lautwert haben: Н, Р, С, В, Х, У

Н : n
Achten Sie auf die Erweichung, die das "Е" in НЕ, НЕТ, МОМЕ́НТ auf den vorhergehenden Konsonanten ausübt!
НО (aber, sondern), НО́ТА (Note), НА (auf), НА́ТО (Nato), НЕ (nicht), НЕТ (nein), ОН (er), ОНА́ (sie; fem. sg.), ОНО́ (es), МОМЕ́НТ (Moment)

Р : r, mit der Zungenspitze gebildet.
Achten Sie auf die erweichende Wirkung des Lautes "Е" !
РЕКА́ (Fluß), РАКЕ́ТА (Rakete), РА́НО (früh; adv.), МЕ́РА (Maß, Maßnahme), НО́РМА (Norm), КОММЕНТА́ТОР (Kommentator)

С : stimm<u>loses</u> s (wie in "Gras", <u>nicht</u> wie in "Hase"), auch - abweichend vom Deutschen - im Anlaut.
САМ (selbst), СССР (UdSSR), СРОК (Frist), СТА́РО (alt; adv.), СТРАНА́ (Land), РОСТ (Wachstum), МЕ́СТО (Stelle), ТЕКСТ (Text), МА́ССА (Masse), ОМСК (Stadt in der SU)

В : w
Achten Sie auf die Stimmlosigkeit im Auslaut in dem Wort РОСТО́В (w im Auslaut: f)
ВО (in, an), ВОТ (da, das ist), ВЕ́НА (Wien), ВОСТО́К (Osten), СОВЕ́Т (Rat), НОВА́ТОР (Neuerer), ТОВА́Р (Ware), ОСНО́ВА (Grundlage), НЕВА́ (Fluß in der SU), РОСТО́В (Stadt in der SU), ЕРЕВА́Н (Stadt in der SU)

Х : ch, wie in dem deutschen Wort "ach". Vor erweichenden Vokalen wird aus dem "ach"-Laut ein "ich"-Laut, z.B. СХЕМА.
ХА́О́С[1] (Chaos), ХАРА́КТЕР (Charakter), СХЕ́МА (Schema), САХА́РА (Sahara), СТАХА́НОВ (russ. Familienname)
([1] beide Betonungen möglich)

У : u
Achten Sie auf den stimmlosen Auslaut in dem Wort УСТА́В !
УСТА́В (Statut), СУ́ММА (Summe), РУР (Ruhr), КУРС (Kurs), НАУ́КА (Wissenschaft), ХУ́НТА (Junta), СТРУКТУ́РА (Struktur), МУ́РМАНСК (Stadt in der SU)

3. <u>Buchstaben, die vom lateinischen Alphabet abweichen:</u>
И, П, Л, Д, Г, Б, Й, Ф, Я, Ь, Ы, З, Ц, Ж, Ш, Щ, Ч, Ю, Э, Ё, Ъ.
Um Ihnen das Einprägen dieser Buchstaben zu erleichtern, ist diese Gruppe in Untergruppen zusammengefaßt:

<u>a) И, П, Л, Д, Г</u>

И : i, weicher Vokal
И (und; auch), ИРА́К (Irak), ИРА́Н (Iran), ИНТЕРЕ́С (Interesse), ИСТО́РИК (Historiker), ИНСТИТУ́Т (Institut), РЕ́КИ (Flüsse),

МИР (Friede; Welt), ОНИ́ (sie; pl.), СИСТЕ́МА (System), КРИ́ТИКА (Kritik), КОМИТЕ́Т (Komitee), СТАТИ́СТИКА (Statistik), УНИВЕРСИТЕ́Т (Universität)

П : p

ПАКТ (Pakt), ПУНКТ (Punkt), ПРОТЕ́СТ (Protest), ПРОЕ́КТ (Projekt, Entwurf), ПРА́КТИКА (Praxis), ПАТРИО́Т (Patriot), ПЕРСПЕКТИ́ВА (Perspektive), ПРА́ВО (Recht), КПСС (KPdSU), ЕВРО́ПА (Europa), ВОПРО́С (Frage), КИПР (Zypern)

Л : 1. Die Unterscheidung zwischen harten und weichen Konsonanten ist bei den Varianten des russischen "l" augenfällig: das weiche "l" wird etwa wie das deutsche gesprochen, beim harten wird die Zungenspitze an den Übergang von den oberen Schneidezähnen zum Zahnfleisch gedrückt und die Hinterzunge an den weichen Gaumen gehoben. Dabei kommt ein l-Laut zustande, der etwa dem englischen in "all" entspricht.

ЛИТЕРАТУ́РА (Literatur), ЛЕ́НА (Fluß in der SU), И́ЛИ (oder), ЛОКА́РНО (Lokarno), ПОЛИ́ТИКА (Politik), МИЛЛИО́Н (Million), КЛАСС (Klasse), СИ́ЛА (Kraft), КАПИТА́Л (Kapital), КОМСОМО́Л (kommunistischer Jugendverband in der SU), Е́СЛИ (wenn)

Д : d

ДЕ́ЛО (Akte; Sache), ДЕКРЕ́Т (Dekret), ДЕМОКРА́Т (Demokrat), ДИРЕ́КТОР (Direktor), ДОКУМЕ́НТ (Dokument), ДИКТАТУ́РА (Diktatur), ЛО́НДОН (London), СОЛДА́Т (Soldat), АКАДЕ́МИК (Akademiemitglied), НАРО́Д (Volk), СРЕ́ДСТВО (Mittel)

Г : g

Beachten Sie das stimmlose Д in ГОД!

ГОД (Jahr), ГРУ́ППА (Gruppe), ГОСУДА́РСТВО (Staat), ЛИ́ГА (Liga), О́РГАН (Organ), ПРОГРА́ММА (Programm), ДОГОВО́Р (Vertrag), КОПЕНГА́ГЕН (Kopenhagen), ВСЕГДА́ (immer), КОГДА́ (wann, wenn)

b) Б, Й, Ф, Я, Ь, Ы

Б : b

БЛОК (Block), БАКУ́ (Stadt in der SU), БЕРЛИ́Н (Berlin),

БРИГА́ДА (Brigade), БУХАРЕ́СТ (Bukarest), БИБЛИОТЕ́КА (Bibliothek), РАБО́ТА (Arbeit), СВОБО́ДА (Freiheit)

Й : genannt "i-kratkoe", i.e. "kurzes i", bezeichnet im allgemeinen einen j-Laut nach Vokalen.
ЙЕ́МЕН (Jemen), МАЙ (Mai), РАЙО́Н (Rayon), ВОЙНА́ (Krieg), ЕНИСЕ́Й (Fluß in der SU), РУ́ССКИЙ (russisch), СОВЕ́ТСКИЙ (sowjetisch), АМЕРИКА́НСКИЙ (amerikanisch), АНГЛИ́ЙСКИЙ (englisch)

Ф : f
ФРОНТ (Front), ФАКТ (Faktum), ФА́КТОР (Faktor), ФА́БРИКА (Fabrik), ФИ́РМА (Firma), ФО́РМА (Form), РЕФО́РМА (Reform), ФРА́НКФУРТ-НА-МА́ЙНЕ (Frankfurt a.M.)

Я : ja. Die bereits mehrfach erwähnte Reduktion der Vokale in unbetonter Stellung wirkt sich neben dem "O" vor allem bei diesem Laut aus. In unbetonter Stellung wird " Я" wie ein schwaches "ji" gesprochen. Beispiel: ЯПО́НИЯ
Я́ЛТА (Jalta), ЯПО́НИЯ (Japan), ВРЕ́МЯ (Zeit), ПА́РТИЯ (Partei), РОССИ́Я (Rußland), ИСТО́РИЯ (Geschichte), ГАРА́НТИЯ (Garantie), АКАДЕ́МИЯ (Akademie), КРА́СНАЯ А́РМИЯ (Rote Armee), АВТАРКИ́Я (Autarkie), ХОЗЯ́ЙСТВО (Wirtschaft), ЯВЛЕ́НИЕ (Erscheinung)

Ы : Dieser Laut hat im Deutschen keine Entsprechung. Er ist ein i-Laut mit einem kurzen u-Vorschub und wird gebildet, indem die Zunge eine Stellung wie beim "U" einnimmt, die Lippen aber nicht gerundet werden.
МЫ (wir), БЫТЬ (sein; inf.), РЫ́НОК (Markt), СОБЫ́ТИЕ (Ereignis), АГРА́РНЫЙ (Agrar-), КОТО́РЫЙ (der, welcher)

Ь : Weichheitszeichen, hat keinen eigenen Lautwert, bezeichnet die Weichheit des vorhergehenden Konsonanten (z.B. "t" wird zu "tj"). Das " Г" in СЕГО́ДНЯ wird wie "W" gesprochen.
ДЕНЬ (Tag), СЕГО́ДНЯ ("dieses Tages" = heute), ВЛАСТЬ (Macht), ИГРА́ТЬ РОЛЬ (eine Rolle spielen), ГОВОРИ́ТЬ (sprechen) ДИСКУТИ́РОВАТЬ (diskutieren), СОЛИДА́РНОСТЬ (Solidarität), СТАТЬЯ́ (Artikel), ВЕСЬ (ganz), КРЕСТЬЯ́НИН (Bauer),

ПРАВИ́ТЕЛЬСТВО (Regierung), О́ТРАСЛЬ (Branche, Zweig)
ПРЕДСЕДА́ТЕЛЬ (Vorsitzender), ПРЕДСТАВИ́ТЕЛЬ (Vertreter, Repräsentant)

c) <u>З, Ц, Ж, Ш, Щ, Ч</u>

З : stimmhaftes "S". Achten Sie auf die Aussprache von УКА́З und ЗА́ПАД (Auslaut!).
ЗА́ВТРА (morgen), ЗАКО́Н (Gesetz), ЗА́ПАД (Westen), ГАЗЕ́ТА (Zeitung), КОММУНИ́ЗМ (Kommunismus), КАПИТАЛИ́ЗМ (Kapitalismus), ЛЕНИНИ́ЗМ (Leninismus), СТАЛИНИ́ЗМ (Stalinismus), БЕЗ (ohne), УКА́З (Erlaß), ЗДЕСЬ (hier), РАЗВИ́ТИЕ (Entwicklung), ЗАВО́Д (Fabrik)

Ц : z. "Ц" ist stets hart. Nachfolgendes "И" wird wie "Ы" (d.h. harte Variante) gesprochen, nachfolgendes "Е" wird nicht jotiert gesprochen.
ЦЕНТР (Zentrum), ЦЕНЗУ́РА (Zensur), ЦЕНТРАЛИЗА́ЦИЯ (Zentralisierung), ОРГАНИЗА́ЦИЯ (Organisation), ИНФОРМА́ЦИЯ (Information), ТРАДИ́ЦИЯ (Tradition), КОНФЕРЕ́НЦИЯ (Konferenz), СОЦИОЛО́ГИЯ (Soziologie), ЦЕНТРА́ЛЬНЫЙ КОМИТЕ́Т (Zentralkomitee), ЦЕРЕМО́НИЯ (Zeremonie)

Ж : Zischlaut wie in dem Wort "<u>J</u>ournalist", harter Konsonant.
ЖУРНАЛИ́СТ (Journalist), ЖЕНЕ́ВА (Genf), ЖИЗНЬ (Leben), ИНЖЕНЕ́Р (Ingenieur), БУРЖУАЗИ́Я (Bourgeoisie), МЕ́ЖДУ (zwischen), МО́ЖНО (man kann), НУ́ЖНО (man muß), ДРУ́ЖБА (Freundschaft), ВОЗМО́ЖНОСТЬ (Möglichkeit), УЖЕ́ (schon), РАЗОРУЖЕ́НИЕ (Abrüstung)

Ш : sch. Nach "Ш" wird das "И" etwa wie in dem deutschen Wort "Tisch" (d.h. etwa wie "Ы") gesprochen, harter Konsonant.
ШОТЛА́НДИЯ (Schottland), ШВЕ́ЦИЯ (Schweden), ШВЕЙЦА́РИЯ (Schweiz), ФАШИ́ЗМ (Faschismus), МАШИ́НА (Maschine), МАСШТА́Б (Maßstab), ОТНОШЕ́НИЕ (Beziehung), РЕШЕ́НИЕ (Beschluß; Lösung)

Щ : etwa schtsch, weicher Konsonant. Achten Sie auf die Reduktion des unbetonten "Е"!
О́БЩЕСТВО (Gesellschaft), СОВЕЩА́НИЕ (Konferenz), ЖЕ́НЩИНА (Frau),

СООБЩЕ́НИЕ (Mitteilung), ТОВА́РИЩ (Genosse)

Ч : tsch, weicher Konsonant.
МУЖЧИ́НА (Mann), ЧИ́ЛИ (Chile), ЧЕХОСЛОВА́КИЯ (Tschechoslowakei), ЧЛЕН (Mitglied), ОН ЧИТА́ЕТ (er liest), РЕЧЬ (Rede), РАБО́ЧИЙ (Arbeiter), ЗНАЧЕ́НИЕ (Bedeutung), ТЕЧЕ́НИЕ (Verlauf, Strömung), ВЧЕРА́ (gestern), ЧТО (das; daß; was?), ЗАДА́ЧА (Aufgabe), ЧАСТЬ (Teil), ЧИСЛО́ (Zahl; Datum)

d) Ю, Э, Ё, Ъ

Ю : ju. Der Auslaut von ЮГ und СОЮ́З ist stimmlos.
ЮГ (Süden), ЮГОСЛА́ВИЯ (Jugoslawien), ЮРИ́СТ (Jurist), ЮРИДИ́ЧЕСКИЙ (juristisch), СОВЕ́ТСКИЙ СОЮ́З (Sowjetunion), ЛЮ́ДИ (Menschen; Personen), РЕВОЛЮ́ЦИЯ (Revolution)

Э : e-Laut, etwa gesprochen wie in "Herz". Achten Sie besonders auf die Aussprache des "Ж" in ЭРМИТА́Ж! (Auslaut!)
Э́РА (Ära), ЭПО́ХА (Epoche), ЭНЕ́РГИЯ (Energie), ЭРМИТА́Ж (Eremitage), aber: МО́ЖНО (man kann), ЭКОНО́МИКА (Ökonomik), ЭВОЛЮ́ЦИЯ (Evolution), ЭЛЕКТРИФИКА́ЦИЯ (Elektrifizierung), Э́ТОТ, Э́ТА, Э́ТО (dieser, diese, dieses)

Ё : jo. Das "Ё" ist stets betont. Die Punkte über dem "Ё" werden gewöhnlich nur in Lehrbüchern angegeben. Wörter mit anlautendem "Ё" gibt es in unserem Fachwortschatz nicht.
Achten Sie auf die Reduktion des "Е" in ЕЩЁ!
ПРИЁМ (Empfang, Verfahren), ЗАЁМ (Anleihe), ВСЁ (alles; immer), ОРЁЛ (Stadt in der SU), ЧЁРНОЕ МО́РЕ (Schwarzes Meer), ЕЩЁ (noch; schon), СОЕДИНЁННЫЕ ШТА́ТЫ (Vereinigte Staaten, USA)

Ъ : Härtezeichen, hat wie das Weichheitszeichen (Ь) keinen eigenen Lautwert. Es bewirkt, daß ein erweichender Vokal keinen Einfluß auf die Aussprache des vorhergehenden Konsonanten ausüben kann.
СЪЕЗД (Kongreß), ОБЪЕКТИВНОСТЬ (Objektivität), СУБЪЕКТИВНЫЙ (subjektiv), ОБЪЁМ (Ausmaß, Umfang)

B. Leseübungen

Die folgenden Übungen sollen der Festigung des Alphabets dienen. Gleichzeitig lernen Sie die kleinen Druckbuchstaben kennen. Die einzige Abweichung gegenüber den Großbuchstaben finden Sie bei: Б - б. Achten Sie besonders auf anlautendes "С"!

1. Länderbezeichnungen u.ä.

А́зия f.
Алба́ния
Алжи́рия
Аме́рика f.
А́нглия
Аргенти́на
Афганиста́н
А́фрика
Бава́рия
Бе́льгия
Болга́рия
Брази́лия
Великобрита́ния
Вьетна́м m.
Герма́ния
Евро́па
И́ндия

Индоне́зия
Ира́к
Ира́н
Ирла́ндия
Испа́ния
Ита́лия
Калифо́рния
Кана́да
Кипр
Коре́я
Крым
Ку́ба
Монго́лия
Нидерла́нды pl.m.
Норве́гия
Пана́ма
Пе́рсия

По́льша
Португа́лия
Росси́я
Румы́ния
Сиби́рь f.
Скандина́вия
Ту́рция
Украи́на
Уругва́й
Финля́ндия
Фра́нция
Чехослова́кия
Чи́ли sg.indekl.
Швейца́рия
Шве́ция
Югосла́вия
Япо́ния

2. Städtenamen

Алма-Ата́
Антве́рпен
Бе́лград
Берли́н
Бомбе́й
Бонн
Брест-Лито́вск
Брю́ссель
Будапе́шт
Бухаре́ст

Буэ́нос-А́йрес
Варша́ва
Вашингто́н
Ве́на
Га́мбург
Дре́зден
Ерева́н
Жене́ва
Иерусали́м
Кабу́л

Кальку́тта
Ки́ев
Копенга́ген
Кроншта́дт
Ленингра́д
Лиссабо́н
Лока́рно
Ло́ндон
Мадри́д
Минск

Москва́
Му́рманск
Мю́нхен
Но́вгород
Нью-Йо́рк
Оде́сса
О́сло
Пари́ж

Пеки́н
Пра́га
Ри́га
Рим
Росто́в-на́-Дону
Со́фия
Со́чи m.indekl.
Стокго́льм

Стра́сбург
Тегера́н
То́кио
Цю́рих
Э́ссен
Я́лта
Я́ффа

3. Flußbezeichnungen u. ä.

Аму́р
Во́лга
Днепр
Дон
Ка́ма
Ле́на

Миссу́ри
Нева́
Нил
Обь f.
О́дер

Ока́
Рейн
Те́мза
Суэ́цкий кана́л
Э́льба

4. Personennamen

Би́смарк
Брандт
Бре́жнев
Буха́рин
Ва́льдхайм
Ге́ншер
Ге́рек
Громы́ко
Жда́нов

Жиска́р д'Эстэ́н
Косы́гин
Ле́нин
Маркс
Ни́ксон
Плеха́нов
Подго́рный
Покро́вский
Ста́лин

Тро́цкий
Форд
Хо́неккер
Шеель
Шира́к
Шмидт
Э́нгельс

5. Lehnwörter mit dem Präfix "Auto-"

автобиогра́фия
автокра́тия
автома́тика
автоматиза́ция
автоматизи́ровать (Verb)

автоно́мия
автоно́мный (Adj.)
а́втор
авторите́т
автомоби́ль

6. Russische Umschrift nichtrussischer Wörter und Bezeichnungen

(Auflösung S.521)

Ди Вельт
Штерн
Вельт дер А́рбайт
рейхска́нцлер
статс-секрета́рь
БМВ
Но́йе Ре́йн-цайтунг
Го́ливуд, Хо́неккер, Ги́тлер
Уо́ллстрит джо́рнэл
Ноу-Хау́
Ке́льнер шта́дт-анцайгер
Ма́ркетинг
Би-би-си́
ау́тсайдер

Фигаро́, Оро́р, Юманите́
бли́цкриг
Шпи́гель
Лю́фтганза
Генера́л-А́нцайгер
Вестфе́лише ру́ндшау
Фра́нкфуртер альгема́йне
бу́ндесвер
рейхсмини́стр
бум
фо́льксштимме
штре́йкбрехер
Интернэ́шнл ге́ральд три́бюн

7. Substantive

Feminina

a) агита́ция
активиза́ция
ассоциа́ция
демонстра́ция
идеализа́ция
интеллиге́нция
конфере́нция

b) акаде́мия
аристокра́тия
а́рмия
буржуази́я
диску́ссия
коми́ссия
ли́ния
па́ртия

c) характери́стика
диктату́ра
фо́рма
ма́сса
рефо́рма
структу́ра
систе́ма

Welche Gemeinsamkeiten erkennen Sie in diesen Wörtern?

a) .....
b) .....
c) .....

(Auflösung S.521)

Maskulina

a) комите́т
коммуни́зм
солда́т
текст
тра́нспорт
университе́т
эта́п
ана́лиз
аппара́т
антагони́зм

аргуме́нт
аспе́кт
а́втор
агре́ссор
цари́зм
декре́т
демокра́т
докуме́нт
факт
фаши́зм
класс
колхо́з

b) контро́ль
ла́герь
инвента́рь

c) крите́рий
пролета́рий
коммента́рий

Welche Gemeinsamkeiten erkennen Sie in diesen Wörtern?

a) .....
b) .....
c) .....

(Auflösung S. 521)

Neutra

a) банкро́тство
электри́чество

b) аннули́рование
блоки́рование
финанси́рование

Welche Gemeinsamkeiten erkennen Sie in diesen Wörtern?

a) .....
b) .....

(Auflösung S. 521)

8. Adjektive

a) абсолю́тный
абстра́ктный
агра́рный
агресси́вный

акти́вный
актуа́льный
аналоги́чный
а́томный

центра́льный
интенси́вный
коллекти́вный
нейтра́льный

b) авантюристи́ческий
империалисти́ческий
атланти́ческий
истори́ческий

c) украи́нский
ара́бский
америка́нский
бава́рский

Welche Gemeinsamkeiten erkennen Sie in diesen Wörtern?

a) .....
b) .....
c) .....

(Auflösung S. 521)

9. Wortfügungen

центра́льный архи́в
бава́рский экстреми́ст
национа́льный фронт
полити́ческая систе́ма
социалисти́ческое о́бщество
авантюристи́ческий курс Пеки́на

10. Verben

протестова́ть
агити́ровать
контроли́ровать
милитаризи́ровать
организова́ть
электрифици́ровать

11. Ableitungen

эконо́мика - экономи́ческий
энерге́тика - энергети́ческий
капитали́зм - капиталисти́ческий
социали́зм - социалисти́ческий

демокра́тия - демокра́т
аристокра́тия - аристокра́т

идеоло́гия - идео́лог
социоло́гия - социо́лог

те́хника - те́хник
исто́рия - исто́рик
поли́тика - поли́тик
кри́тика - кри́тик
акаде́мия - акаде́мик

нейтра́льный - нейтра́льность
актуа́льный - актуа́льность
акти́вный - акти́вность
принципиа́льный - принципиа́льность
солида́рный - солида́рность

агита́ция - агити́ровать
милитариза́ция - милитаризи́ровать
организа́ция - организова́ть
электрифика́ция - электрифици́ровать
проте́ст - протестова́ть
контро́ль - контроли́ровать

агита́ция - агита́тор
агре́ссия - агре́ссор
организа́ция - организа́тор
коммента́рий - коммента́тор

револю́ция - революцио́нный
эволю́ция - эволюцио́нный

пропага́нда - пропаганди́ст
империали́зм - империали́ст
коммуни́зм - коммуни́ст
маркси́зм - маркси́ст
терро́р - террори́ст

культу́ра - культу́рный
литерату́ра - литерату́рный

индýстрия - индустриáльный - индустриализáция
нáция - национáльный - национализáция
центр - центрáльный - централизáция

12. Achten Sie bei der Aussprache auf die enge Verbindung von Präposition und Bezugswort in folgenden Beispielen:

к атáке (zum Angriff) (к entspricht ко,
в Берлúне (in Berlin) в entspricht во)
в Москвý (nach Moskau)

13. Achten Sie auf die Reduktion der Vokale!

Stellung:	Betont	vortonisch	nachtonisch
О	нóта	Окá	мéсто
Е	момéнт	Невá	харáктер
А	товáр	наýка	оснóва
Я	Ялта	Япóния	врéмя

14. Achten Sie auf die Unterscheidung stimmloser und stimmhafter Konsonanten!

	stimmlos	stimmhaft
Ш-Ж	Шотлáндия	жизнь
	машúна	мóжно
	Эрмитáж (Auslaut!)	Женéва
С-З	сам	закóн
	интенсúвный	газéта
	совéт	зáпад
	укáз (Auslaut!)	ленинúзм

15. Wiederholungsübungen zu Buchstaben, die leicht mit den deutschen verwechselt werden

Die folgenden Wörter bereiten erfahrungsgemäß Schwierigkeiten. Versuchen Sie diese Wörter ohne Zuhilfenahme des Tonbandes zu lesen, kontrollieren Sie, bitte, abschnittsweise!

но́та, но́рма, Нева́, Нидерла́нды, Ни́ксон, информа́ция, конфере́нция, институ́т, университе́т, реше́ние, отноше́ние, сообще́ние, маши́на, значе́ние, тече́ние

раке́та, рефо́рма, райо́н, Рур, река́, рост, ры́нок, роль, рабо́та, Росси́я, ру́сский, проте́ст, терро́р, страна́, това́р, говори́ть

социали́ст, СССР́, КПСС́, совеща́ние, сове́т, Минск, собы́тие, Москва́, класс, ма́сса, си́ла, госуда́рство, власть, съезд, Сове́тский Сою́з

всегда́ - вчера́, заво́д - зако́н, прави́тельство - госуда́рство - о́бщество - произво́дство, часть - число́

Bitte, prägen Sie sich die folgenden Vokabeln und Wortfügungen ein! Sie sind aus den Leseübungen entnommen, die Ihnen bekannt sind.

VOKABELVERZEICHNIS
(Vorlektion)

национа́льный фронт	Nationale Front
полити́ческая систе́ма	politisches System
социалисти́ческое о́бщество	sozialistische Gesellschaft
диктату́ра пролетариа́та	Diktatur des Proletariats
прое́кт рефо́рмы	Reformprojekt
министе́рство фина́нсов	Finanzministerium (M. der F.)
демонстри́ровать солида́рность	Solidarität demonstrieren

А,а	а	und; aber
	акаде́мик	Akademiemitglied
	акт	Akte
	англи́йский	englisch
	а́том	Atom
Б,б	без	ohne
	быть	sein (inf.)
В,в	в, во	in, an
	Ве́на	Wien
	весь	ganz
	власть	Macht

	возмо́жность	Möglichkeit
	война́	Krieg
	вопро́с	Frage
	восто́к	Osten
	вот	da(s) ist
	вре́мя	Zeit
	всё	alles
	всегда́	immer
	вчера́	gestern
Г,г	где	wo
	говори́ть	sprechen
	год	Jahr
	госуда́рство	Staat
Д,д	де́ло	Sache;Akte
	день	Tag
	догово́р	Vertrag
	дру́жба	Freundschaft
Е,е	е́сли	wenn
	ещё	noch,schon
Ж,ж	же́нщина	Frau
	жизнь	Leben
З,з	за́втра	morgen
	заво́д	Fabrik
	зада́ча	Aufgabe
	заём	Anleihe
	зако́н	Gesetz
	за́пад	Westen
	здесь	hier
	значе́ние	Bedeutung
И,и	и	und,auch
	игра́ть роль	Rolle spielen
	и́ли	oder
	исто́рик	Historiker
Й,й		
К,к	к,ко	zu
	как	wie
	когда́	wann,wenn
	кото́рый	der,welcher

	Кра́сная А́рмия	Rote Armee
	крестья́нин	Bauer
	кто	wer,welcher
Л,л	лю́ди	Menschen;Personen
М,м	маши́на	Maschine;Auto
	ме́жду	zwischen
	ме́ра	Maß(nahme)
	ме́сто	Stelle
	мир	Friede;Welt
	мир во всём ми́ре	Friede auf der ganzen Welt
	мо́жно	man kann
	мужчи́на m.	Mann
	мы	wir
Н,н	на	auf
	наро́д	Volk
	нау́ка	Wissenschaft
	не	nicht
	нет	nein;kein
	но	aber;sondern
	нова́тор	Neuerer
	ну́жно	man muß
О,о	о	über (z.B. über etw. sprechen)
	о́бщество	Gesellschaft
	он,она́,оно́; они́	er,sie,es; sie
	осно́ва	Grundlage
	от	von
	отноше́ние	Beziehung
	о́трасль	Branche,Zweig
П,п	прави́тельство	Regierung
	пра́во	Recht
	председа́тель	Vorsitzender
	представи́тель	Vertreter,Repräsentant
	приём	Empfang;Verfahren
Р,р	рабо́та	Arbeit
	рабо́чий	Arbeiter,Arbeits-

	разви́тие	Entwicklung
	разоруже́ние	Abrüstung
	ра́но (adv.)	früh
	река́	Fluß
	речь	Rede
	реше́ние	Beschluß;Lösung
	рост	Anwachsen
	ры́нок	Markt
С,с	сам	selbst
	свобо́да	Freiheit
	сего́дня (Ausspr. sewo-)	heute
	си́ла	Kraft
	собы́тие	Ereignis
	сове́т	Rat
	Сове́тский Сою́з	Sowjetunion
	совеща́ние	Konferenz
	Соединённые Шта́ты	Vereinigte Staaten, USA
	сообще́ние	Mitteilung
	сре́дство	Mittel
	срок	Frist
	ста́ро (adv.)	alt
	статья́	Artikel
	страна́	Land
	съезд	Kongreß
Т,т	так	so
	там	dort
	те́ма	Thema
	тече́ние	Strömung;Verlauf
	това́р	Ware
	това́рищ	Genosse
	то́лько	nur
	том	Band (=tomus)
	тот,та,то; те	jener,jene,jenes; jene
У,у	уже́	schon
	ука́з	Erlaß
	уста́в	Statut
Ф,ф		
Х,х	хозя́йство	Wirtschaft
Ц,ц		
Ч,ч	часть	Teil
	Чёрное мо́ре	Schwarzes Meer
	Чи́ли	Chile
	число́	Zahl;Datum
	он чита́ет	er liest
	член	Mitglied
	что	das;daß;was?
	что́бы	um zu;damit
Ш,ш	Швейца́рия	Schweiz
	Шве́ция	Schweden
Щ,щ		
ъ		
ы		
ь		
Э,э	э́тот,э́та, э́то;э́ти	dieser,diese, dieses;diese
Ю,ю	юг	Süden
Я,я	явле́ние	Erscheinung
	Япо́ния	Japan

1. L E K T I O N

Lernziel: Ganzheitliches Erfassen russischer Wörter, Nominativ der Substantive, Nominativ und Genitiv der Adjektive, Kombinatorik Substantiv-Adjektiv, Verständnis leichter Sätze.

Ü 1 Wiederholung: Lesetraining

Lesen Sie die folgenden Wörter und Fügungen! Alle sind Ihnen bekannt oder leicht zu erraten. Wenn Sie sich bei den Einzelwörtern sicher fühlen, gehen Sie zu den Fügungen der rechten Kolummne über! Geben Sie die Bedeutung an!

бойко́т
сфе́ра
юбиле́й
экспона́т
.
деви́з
фо́рум
экипа́ж
факт
дефици́т
.
реко́рд
ры́нок
проду́кты
гимн
.
сообще́ние
реше́ние
власть
говори́ть
.

60 фу́нтов сте́рлингов
интервью́ Ки́ссинджера
экологи́ческий кри́зис
валю́тный фонд
национа́льный комите́т
.
структу́рные кри́зисы
пресс-конфере́нция Дж. Фо́рда
пропаганди́стский трюк
реакцио́нный алья́нс
фо́рум коммуни́стов Голла́ндии
.
сове́тско-люксембу́ргское коммюнике́
актуа́льный вопро́с
активиза́ция неонаци́стов
премье́р-мини́стр Г. Ви́льсон
.
демонстри́ровать солида́рность
социалисти́ческое о́бщество
диктату́ра пролетариа́та
прое́кт рефо́рмы
.

значе́ние
собы́тие
совеща́ние
маши́на
си́ла
отноше́ние
нарко́тики
павильо́н
динoза́вр

национа́льный фронт
министе́рство фина́нсов
полити́ческая систе́ма
нефтяно́е эмба́рго
.
спирити́ческий сеа́нс
сайго́нский марионе́точный режи́м
коммунисти́ческий манифе́ст
превенти́вный аре́ст
конструкти́вный диа́лог
кла́ссовый антагони́зм

Ü 2 Wiederholung: Systematik der Substantive

Der Kurs führt die russischen Kasus in der Reihenfolge ihrer Vorkommenshäufigkeit, d.h. ihrer Bedeutung im Satz ein.[1)] In der Vorlektion (Übung 7) sind Substantive gleicher Endung in Gruppen zusammengefaßt. Bitte,lesen Sie zur Wiederholung die zur gleichen Gruppe gehörenden Wörter! Nennen Sie die Bedeutung!

FEMININA

1a	1b
фо́рма	ли́ния
характери́стика	диску́ссия
структу́ра	интеллиге́нция

MASKULINA

2a	2b
текст	инвента́рь
аргуме́нт	пролета́рий
университе́т	

NEUTRA

3a	3b
банкро́тство	тече́ние
электри́чество	финанси́рование

1) Die Ergebnisse von E. Štejnfel'dt fanden in Stichproben für unsere

Ü 3 Systematik der Substantive: Nominativ Singular

Der folgenden Übung liegt die gleiche Gruppierung zugrunde. Die Liste ist allerdings um die statistisch wichtige Gruppe 1c und die weniger wichtige Gruppe 3c erweitert. Fast alle russischen Substantive fallen unter einen der folgenden Typen. Die Wörter sind Ihnen überwiegend bereits bekannt. Lesen Sie jeweils eine Gruppe!

FEMININA

1a	1b	1c
но́та	исто́рия	солида́рность (Solidarität)
река́	а́рмия	актуа́льность (Aktualität)
осно́ва	па́ртия	нейтра́льность (Neutralität)
схе́ма	Росси́я	возмо́жность
структу́ра	социоло́гия	промы́шленность (Industrie)
дру́жба	буржуази́я	речь
		о́бласть (Gebiet)

MASKULINA

2a	2b
фа́ктор	ла́герь
фаши́зм	крите́рий (Kriterium)
райо́н (Bezirk)	
ука́з	
зако́н	
член	
това́рищ	

Fachsprache im wesentlichen eine Bestätigung: Die Substantivformen verteilen sich auf Nominativ:Genitiv:Akkusativ wie 30:25:20. Siehe E. Štejnfel'dt, Häufigkeitswörterbuch der Russischen Sprache. Moskva o.J.

NEUTRA

3a	3b	3c
де́ло	собы́тие	сырьё (Rohstoff)
сло́во (Wort)	значе́ние	
пра́во	тре́бование (Forderung)	
офице́рство (Offizierskorps)	отноше́ние	
о́бщество	сообще́ние	
госуда́рство		

Ü 4 Die russischen Vokalpaare

In der Vorlektion (S.4) haben Sie erfahren, daß die russische Hochsprache fünf Vokalpaare kennt. Die Paare bestehen aus einer "harten" und einer "weichen" Variante. Wenn in Zukunft vom a-Laut oder i-Laut o.ä. die Rede ist, so sind damit jeweils beide Varianten gemeint.
Bitte füllen Sie in der folgenden Übung die Lücken aus! Schreiben Sie dabei in großen Druckbuchstaben! Überprüfen Sie Ihre Lösung anhand der Übersicht in der Vorlektion!

erweichende Variante		nicht erweichende Variante
Я	-	...
...	-	У
...	-	О
...	-	Э
И	-	...

Ü 5 Nominativ Plural

Bitte lesen Sie zügig die folgende Liste von Formen des Nominativ Plural. Die Formen des Neutrums sind räumlich abgesetzt, Maskulina und Feminina sind gemischt.

NOM. PLURAL	NOM. SINGULAR
m. und f. (gemischt)	
структу́ры	структу́ра
райо́ны	райо́н
осно́вы	осно́ва

ре́ки	река́	
фа́кторы	фа́ктор	
агита́торы	агита́тор	
па́ртии	па́ртия	
анало́гии	анало́гия	Analogie
сро́ки	срок	
культу́ры	культу́ра	
проду́кты	проду́кт	
предме́ты	предме́т	Gegenstand
тради́ции	тради́ция	Tradition
милитари́сты	милитари́ст	
маши́ны	маши́на	Maschine;Auto
догово́ры	догово́р	
крите́рии	крите́рий	

neutrum

о́бщества	о́бщество	
движе́ния	движе́ние	Bewegung
госуда́рства	госуда́рство	
права́	пра́во	
предложе́ния	предложе́ние	Vorschlag
реше́ния	реше́ние	
разви́тия	разви́тие	
сырья́	сырьё	

Ü 6 <u>Endungsregeln</u>

Die Ihnen inzwischen bekannten Substantivendungen sind teilweise mehrdeutig. Versuchen Sie, bitte, diese Mehrdeutigkeit in eine Regel zu fassen. Achten Sie dabei darauf, daß im Russischen die Vokale eine erweichende und eine nicht erweichende Variante haben.

Ein a-Laut (а,я) am Ende eines Wortes deutet hin auf:

1. ....
2. ....

Ein i-Laut (ы,и) am Ende eines Wortes deutet hin auf:

1. ....
2. ....

Ü 7 Rückbildungsübung

Die "Rückbildung" flektierter Substantivformen auf den Nominativ ist deshalb nützlich, weil Sie in Ihrem Lexikon die Wortbedeutung nur unter der Grundform auffinden können. Lesen Sie, bitte, und finden Sie mögliche Grundformen!

движе́ния (Bewegung) .....
реше́ния .....
права́ .....
о́бщества .....

•

предме́ты (Gegenstand) .....
маши́ны .....
догово́ры .....
тради́ции .....
сро́ки .....
па́ртии .....
крите́рии .....

Ü 8 Die Erkennung des Adjektivs

Bereits in der Vorlektion haben Sie einige Wörter kennengelernt, die mit einem i-Laut (ы,и) plus i-kratkoe (й) enden, d.h. auf

-ый oder -ий

Es handelt sich dabei um den Nominativ Singular Maskulinum des Adjektivs. Das formal Gemeinsame der russischen Adjektive geht aber noch über die Endung hinaus: Beachten Die adjektivische Suffixe! Lesen Sie, bitte!

1. сове́тский (наро́д)
   университе́тский (уста́в)
   африка́нский (контине́нт)
   америка́нский (журна́л)
   ара́бский (мир)
   ца́рский (режи́м)
   архаи́ческий (зако́н)
   полеми́ческий (вопро́с)
   англи́йский (това́рищ)

2. тоталита́рный (режи́м)
социа́льный (крите́рий)
центра́льный (райо́н)
наро́дный (комисса́р)
нау́чный (сове́т)
концентрацио́нный (ла́герь)

Welches Suffix signalisiert Ihnen das Adjektiv?

1. -... -...
2. -...

Ü 9 Die Erkennung des Adjektivs (Fortsetzung)

Sie wissen aus der Vorlektion, daß das Adjektiv im Russischen nach den Genera veränderlich ist:

национа́льный (фронт) m.
полити́ческая (систе́ма) f.
социалисти́ческое (о́бщество) n.
росси́йская (импе́рия)
францу́зская (револю́ция)
социалисти́ческая (промы́шленность)
структу́рная (пробле́ма)
конкре́тное (сре́дство)
радика́льное (реше́ние)
конкре́тное (явле́ние)

Der Nominativ Plural das Adjektivs hat ebenfalls eine eigene Endung, die allerdings das Genus nicht anzeigt:

сою́зные (респу́блики)
центра́льные (райо́ны)
нау́чные (осно́вы)
эстети́ческие (тради́ции)
анархи́ческие (тече́ния)

Ü 10 Bedeutung der Adjektivdeklination

Ein Vergleich der substantivischen und der adjektivischen Endungen zeigt Ihnen, daß das russische Adjektiv über einen erheblich kleineren Formenbestand verfügt als das Substantiv. Das gilt nicht nur für den Nominativ.

Obwohl Adjektive in unseren Texten viel seltener vorkommen als Substantive, sind sie trotzdem aus lernökonomischen Gründen von großer Bedeutung: Die Mehrzahl der Substantive hat Adjektive bei sich. Die sichere Erkennung von Adjektivformen erleichtert Ihnen zunächst die Erkennung von Substantivformen und später auch die Erkennung syntaktischer Strukturen. Bitte, sehen Sie sich Seite 611 der Grammatikübersichten an und prägen Sie sich die weiche und harte Variante des Adjektivsignals ein!

Ü 11 Kombinatorik

Suchen Sie zu den Adjektivformen inhaltlich passende Substantivformen. (In den Klammern finden Sie Nominativ- und Genitivformen der Substantive.) Benutzen Sie als Hilfe - wenn nötig - die Grammatikübersicht auf Seite 631!

коммунисти́ческая ......
Сре́дняя .... mittlerer
структу́ра Кра́сной ..... rot
документы внешней .... äußerer, Außen-
(А́рмии, па́ртия, А́зия, поли́тики)

национа́льный .....
обще́ственный .... ср. о́бщество
англи́йский ....
наро́ды Сре́днего ....
поли́тика Сове́тского .....
(Сою́за - ср. сою́зный, восто́ка, фронт, журнали́ст, де́ятель = Tätiger)

госуда́рственное ..... ср. госуда́рство
вне́шнее ....
това́р сре́днего ....
структу́ра социалисти́ческого ....,
(усло́вие = Bedingung, пра́во, о́бщества, ка́чества = Qualität)

общéственные .....
внéшние ....
значéние коммунáльных ....
развúтие социалистúческих .....
президéнт Соединённых ......
роль общéственных ....
(нáций, наýки = Wissenschaften, фáкторы, наýк, Штáтов, финáнсов)

Ü 12 Kombinatorik (Fortsetzung)

Welche Genitivendungen der Substantive sind Ihnen inzwischen bekannt? Werten Sie die Übung 11 aus!

Singular:	Plural:

Ü 13 Kombinatorik (Textverständnis)

Der folgende kleine Text ist für Sie auf dem gegenwärtigen Stand Ihrer Kenntnisse erschließbar. Er handelt von der Einberufung des Obersten Sowjets der RSFSR. Die Vokabeln brauchen Sie nicht zu behalten.

Укáз Президиума Верхóвного Совéта РСФСР о созы́ве Верхóвного Совéта РСФСР.
Президиум Верхóвного Совéта РСФСР на основáнии статьú 39 Конститýции РСФСР постановляéт:
Созвáть пéрвую сéссию Верхóвного Совéта Российской Совéтской Федеративной Социалистúческой Респýблики девя́того созы́ва 15 июля 1975 гóда в гóроде Москвé.

Председáтель Президиума Верхóвного Совéта РСФСР
М. Я́снов
Секретáрь Президиума Верхóвного Совéта РСФСР
Х. Нешкóв

Москвá, 19 ию́ля 1975 гóда

(Quelle: Pravda, 20.6.1975)

верхóвный - oberster
о - über
созы́в - Einberufung, Sitzungsperiode
на основáнии - auf der Grundlage
постановляет - (er) ordnet an
созвáть - einberufen
пéрвую akk. - die erste
девя́тый - neunter
ию́ля gen. - Juli
в гóроде - in der Stadt

Ü 14 Adjektivformen

Lesen und bestimmen Sie die folgenden Adjektivformen! Benutzen Sie nach Möglichkeit nicht die Grammatikübersicht auf Seite 631!

акту́альных	сре́днего	вне́шней
англи́йских	агра́рных	сре́дних
социа́льного	социалисти́ческой	францу́зских
нау́чной	америка́нского	сою́зного
архаи́ческие	центра́льные	вне́шние
абстра́ктных	нау́чного	эстети́ческие
тоталита́рных	полеми́ческой	радика́льной
мировы́е	кра́сных	сре́дней
мирово́й (2)		

Ü 15 Lesen und bestimmen Sie die folgenden Wortfügungen! Nutzen Sie Ihre Kenntnis der Adjektivendungen. Achten Sie besonders auf die Zweideutigkeit der betonten adjektivischen Endung -ой!

сою́зные респу́блики, ца́рский режи́м, радика́льных рефо́рм, университе́тский уста́в, сою́зной респу́блики, экономи́ческие фа́кторы, акту́альных пробле́м, радика́льная рефо́рма, полити́ческие отноше́ния, анархи́ческого агита́тора, Сре́днего восто́ка, полити́ческой осно́вы, конкре́тные возмо́жности, социа́льное тре́бование, экономи́ческих фа́кторов, архаи́ческая структу́ра, радика́льное реше́ние, акту́альные сообще́ния, вне́шней поли́тики, полити́ческих агита́торов, полити́ческая речь, конкре́тной возмо́жности, социа́льных тре́бований

Welt- сою́зной респу́блики, конкре́тной возмо́жности, миробо́й
Gebiets- ры́нок, областно́й комите́т

Ü 16 Einfachste Sätze

Mit dem Ihnen inzwischen vertrauten Formen- und Wortmaterial sind Ihnen bereits Sätze einfachster Struktur verständlich.

Сове́тский Сою́з - пе́рвая в ми́ре социалисти́ческая страна́.
Поли́тика КПЧ - поли́тика наро́да.
Разоруже́ние - зада́ча зада́ч.
Национа́льный вопро́с - явле́ние мирово́е. /Ле́нин/
Мэр Назаре́та - коммуни́ст.

Und einige Schulbuchsätze zu Ihrer Erheiterung:

Москва́ - го́род. Волга - река́. СССР - социалисти́ческое госуда́рство. Волга, Дон и Днепр - ру́сские ре́ки. США, ФРГ и Кана́да - федерати́вные госуда́рства.

Der Gedankenstrich ersetzt im Russischen meist die Präsensform der Kopula "sein". In wissenschaftlichen Definitionen bedeutet есть "(er) ist", sonst aber meist "es gibt, ist da".

Он член па́ртии. Там восто́к. Кто там? Там това́рищ.

Aber: Во мно́гих райо́нах Узбекиста́на есть свобо́дные ресу́рсы рабо́чей си́лы.

Социоло́гия есть нау́ка об о́бществе.

пе́рвый - erster
го́род - Stadt
во мно́гих - in vielen
свобо́дный adj. zu свобо́да
об = о

Бесконтрольная инфляция, стремительный рост цен, массовая безработица — эти кризисные явления капиталистической экономики ложатся тяжелым бременем на широкие слои трудящихся. (Из газет).

СПИРА́ЛИ КРИ́ЗИСА. Рис. В. Волкова.

6.3.1974, Pravda

Западные нефтяные монополии получают огромные прибыли, искусственно раздувая энергетический кризис. (Из газет).

ТА́НЕЦ ЦЕН. Рис. Ю. Черепанова.

30.1.1974, Pravda

2. L E K T I O N

Lernziel:
Erkennen von Substantivformen (Genitiv, Nominativ), Rückbildung von Substantiven, Anwendung der Kombinatorik in Fügungen und kleinen Texten, Erkennung von Präpositionen und Verben (aktiv-reflexiv, Infinitiv, zusammengesetztes Futur, Präteritum), Rückbildung von Verbformen.

Ü 1 **Wiederholung**

Bitte, lesen Sie - in zügigem Tempo - die Übung 11 auf S.26.

Ü 2 **Leseübung**

Häufigster Kasus in den für Sie interessanten Texten ist neben dem Nominativ der Genitiv. Lesen Sie, bitte, in der folgenden Liste die zusammengehörigen Wortformen laut! Die Feminina sind abgesetzt, Maskulina und Neutra gemischt.

	Nominative	Genitive	
m./	вопро́с	вопро́са	
n.	пра́во	пра́ва	
	о́бщество	о́бщества	
	съезд	съе́зда	
	Бу́ндестаг	Бу́ндестага	
	госуда́рство	госуда́рства	
	коллекти́в	коллекти́ва	
	това́рищ	това́рища	
	крите́рий	крите́рия	
	согла́сие	согла́сия	Einverständnis
	Вашингто́н	Вашингто́на	
	ла́герь	ла́геря	
	еди́нство	еди́нства	Einheit
	университе́т	университе́та	
	заседа́ние	заседа́ния	Sitzung
	предприя́тие	предприя́тия	Unternehmen
	чу́вство	чу́вства	Gefühl
	усло́вие	усло́вия	
	внима́ние	внима́ния	Aufmerksamkeit
	де́ло	де́ла	

f.	страна́	страны́
	возмо́жность	возмо́жности
	культу́ра	культу́ры
	организа́ция	организа́ции
	па́ртия	па́ртии
	зада́ча	зада́чи
	промы́шленность	промы́шленности
	Се́рбия	Се́рбии

Ü 3 Rückbildungsübung (Substantive)

Lesen Sie, bitte, die folgenden Wortformen. Setzten Sie den zugehörigen Nominativ Singular ein und bestimmen Sie die Form.

.....	ху́нты	Junta
.....	вопро́са	
.....	интеллиге́нции	Intelligenz
.....	съе́зда	
.....	согла́сия	
.....	осно́вы	
.....	стороны́	Seite
.....	университе́та	
.....	внима́ния	
.....	борьбы́	Kampf
.....	еди́нства	
.....	свя́зи	Verbindung; Nachrichtenwesen
.....	револю́ции	
.....	о́бласти	
.....	значе́ния	
.....	рабо́ты	
.....	страны́	

Ü 4 Endungsregel:

Erweitern Sie,bitte, die in Lektion 1, Ü 6 aufgestellten Regeln!

Ein a-Laut (а,я) am Ende eines Wortes signalisiert:	Ein i-Laut (ы,и) am Ende eines Wortes signalisiert:
1.	1. .....
2.	2. .....
3.	3. .....
4.	

Ü 5 Genitiv Plural (Substantive)

In der folgenden Liste finden Sie links Ihnen bekannte Formen des Nominativ Plural, rechts Genitivformen des Plural. Lesen Sie die zusammengehörigen Formen!

NOMINATIV	GENITIV
права́	прав
стра́ны	стран
возмо́жности	возмо́жностей
о́бщества	о́бществ
капита́лы	капита́лов
кри́тики	кри́тик
кри́тики	кри́тиков
акаде́мики	акаде́миков
догово́ры	догово́ров
кла́ссы	кла́ссов
газе́ты	газе́т
па́ртии	па́ртий
свобо́ды	свобо́д
програ́ммы	програ́мм
госуда́рства	госуда́рств
револю́ции	револю́ций
сою́зы	сою́зов
вопро́сы	вопро́сов

Ü 6 Kombinatorik

Die folgenden Zeitungsüberschriften sind Ihnen leicht verständlich. Achten Sie auf die Adjektivformen!

Програ́мма бельги́йских коммуни́стов
Манёвры реакцио́нных сил
В ду́хе ле́нинских при́нципов
Ана́лиз актуа́льных пробле́м ара́бских стран
Обостре́ние ливийско-египетских отноше́ний
Зада́чи коммуни́стов Ита́лии

в ду́хе	im Geiste
обостре́ние	Verschärfung

Benutzen Sie notfalls die Grammatikübersicht auf S.331!

Ü 7 <u>Rückbildungsübung</u>

Lesen Sie diese Wortliste! Es handelt sich um Nominativ- und Genitivformen des Singular und Plural. Bitte, nennen Sie die Grundformen!

.....	сою́за	.....	чувств
.....	Се́рбии	.....	пленумов
.....	чу́вства	.....	о́бщества
.....	това́рищи		
		.....	сье́здов
.....	вопро́сов	.....	предложе́ния
.....	председа́теля	.....	вопро́сы
.....	предложе́ний		
		.....	обще́ственности (Öffentlichkeit)
.....	ро́ста		
.....	отноше́ний	.....	пла́ны
.....	борьбы́	.....	тре́бований
		.....	визи́тов
.....	визи́та		
.....	собы́тий	.....	встреч (Begegnung)
.....	реше́ний	.....	отъе́зда (Abreise)

Ü 8 <u>Übersetzung und Kombinatorik</u>

Nach Kenntnis der Genitivformen sind Ihnen die folgenden Wortkombinationen verständlich. Es handelt sich um Zeitungsüberschriften. Lesen Sie, bitte! Beachten Sie, daß es im Russischen Wörter gibt, die nicht dekliniert werden.

Терро́р ху́нты, Визи́т Президе́нта У.К.Ке́кконена,
Манифе́ст Коммунисти́ческой Па́ртии Великобрита́нии,
Зонда́жи НА́ТО, Заявле́ние ле́вых па́ртий Чи́ли,
Заявле́ние Инди́ры Га́нди, Призы́в пле́нума,
Прибы́тие делега́ции, Ве́нские перегово́ры и пози́ция За́пада,
Зада́чи идеологи́ческой борьбы́,
Пле́нум Коммунисти́ческой Па́ртии Эквадо́ра,
Съезд Социалисти́ческой па́ртии А́встрии,
Выступле́ние Э.Ге́река, Рост городо́в, Встре́ча мини́стров,
Но́вый глава́ прави́тельства,
Реше́ние Сове́та безопа́сности ООН,
Опа́сные пла́ны Вашингто́на,
Проте́ст демократи́ческой обще́ственности

Плéнум ЦК Союза коммунистов Сéрбии,

Поддéржка чилийских патриóтов

безопáсность	-	Sicherheit
вéнский	-	Wiener
встрéча	-	Treffen
выступлéние	-	öffentl.Auftreten,Rede
главá	-	Chef
заявлéние	-	Erklärung
зондáж	-	Sondierung
лéвый	-	links
нóвый	-	neu
ООН	-	UNO
опáсный	-	gefährlich
переговóры pl.	-	Verhandlungen
поддéржка	-	Unterstützung
прибы́тие	-	Ankunft
призы́в	-	Aufruf

Ü 9 Genitivketten

Lesen Sie den folgenden kleinen Text und achten Sie dabei auf Genitivformen! Die unbekannten Vokabeln brauchen Sie sich nicht einzuprägen.

19-ого ию́ля замести́тель Председáтеля Совéта Мини́стров СССР М.А.Лесéчко при́нял послá Нарóдной Респу́блики Болгáрии в СССР Д.Жу́лева по егó прóсьбе.

(Quelle: Pravda, 21.6.75)

замести́тель	-	Stellvertreter
при́нял	-	er empfing
послá	-	den Botschafter
в СССР	-	in der UdSSR
по егó прóсьбе	-	auf dessen Bitte

Ein hervorstechendes Charakteristikum der modernen (sowjet-) russischen Schriftsprache sind die sogenannten Genitivketten.

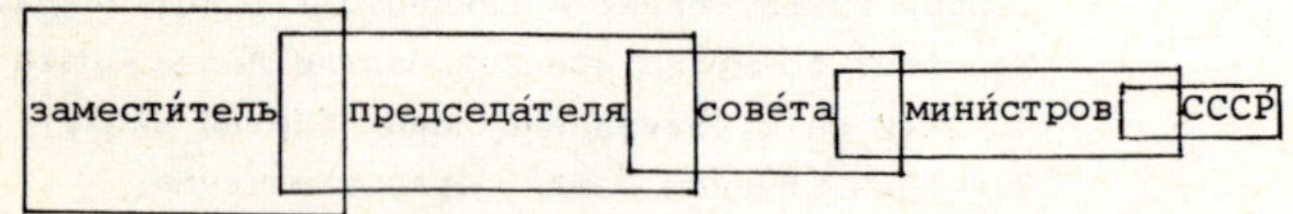

Im Deutschen sind diese Ketten oft schlecht aufzulösen. Daraus erklärt sich die Aufnahme und starke Verbreitung dieses Satzbau-Musters im Deutsch der DDR. In unserem Beispiel ist eine relativ elegante Auflösung allerdings nicht besonders schwierig.

Ü 10 Präpositionen beim Genitiv

Präpositionen sind statistisch außerordentlich häufige Wörter. Sie erschließen oft den Sinn ganzer Sätze oder Satzabschnitte. Prägen Sie sich deshalb die häufigsten Präpositionen mit dem Genitiv gut ein.

Lesen Sie, bitte!

у	bei	от	von ... her, von ... weg
из	aus	без	ohne
про́тив	gegen	до	bis
по́сле	nach (zeitl.)	для	für

Willkür	Про́тив произво́ла монопо́лий,
	Приём у Косы́гина, Про́тив шовини́зма и реа́кции,
Erfahrung	По́сле кри́тики, Из о́пыта идеологи́ческой борьбы́,
Gast	Го́сти из Пра́ги, Мир без ане́ксий и контрибу́ций,
	Для студе́нтов Ки́ева, Про́тив милитариза́ции инди́йского
	океа́на, От Центра́льного Комите́та КПСС, Про́тив
	дискримина́ции ара́бов, Информа́ции из стран социали́зма,
	По́сле ратифика́ции догово́ра, От Москвы́ до Ленингра́да,
Presse	Заявле́ние для печа́ти,
	Террори́сты из Изра́иля, Репре́ссии про́тив наро́да,
Oberster Sowjet	Приём у председа́теля прези́диума Верхо́вного Сове́та,
	Респу́блика без республика́нцев

Западные покровители Яна Смита продолжают игнорировать решения Совета Безопасности ООН, который призвал строго соблюдать санкции против [illegible] расистского режима Родезии. (Из газет).

Монополисти́ческие зигза́ги. Рис. Д. Агаева.

Ü 11 Wiederholung

Sätze des folgenden Typs sind Ihnen bereits vertraut. Lesen Sie, bitte!

Ленингра́д - го́род. Бонн - столи́ца ФРГ. Федерати́вная Респу́блика Герма́нии - федерати́вное госуда́рство. А́фрика, Евро́па и А́зия - контине́нты.

столи́ца - Hauptstadt

Erinnern Sie sich bitte daran, daß auch der Gedankenstrich oft entfällt. Sätze "ohne Verb" sind in den uns interessierenden Texten zwar nicht sehr häufig, machen aber erfahrungsgemäß Schwierigkeiten.

Они́ го́сти Ленингра́да.

Ü 12 Das Verb: Infinitiv, aktiv/reflexiv

Das russische Verbsystem verfügt über einen großen Formenreichtum. Für unsere Zwecke sind jedoch fast ausschließlich die Formen der dritten Person (Singular und Plural) sowie der Infinitiv von Bedeutung. Letzterer übrigens ebenso wie der Nominativ bei den Substantiven aus dem einfachen Grunde, weil die Wörterbücher auf dieser Grundform aufgebaut sind. Unser Kurs vernachlässigt alle anderen Verbformen in der Erwägung, daß Sie schon recht bald andere Verbformen als Verbformen erkennen werden und zu deren Bestimmung dann die Grammatik-Übersicht ("Verben") konsultieren können. (S.613)

Ü 13 Verben (Infinitiv)

Eine statistisch bedeutsame Gruppe von Verben, die den Bestandteil -ова- und ein "internationales" Grundelement gemeinsam hat, ist Ihnen bereits vertraut.

протестова́ть, агити́ровать, организова́ть, электрифици́ровать, эксплуати́ровать, рекомендова́ть

Endet ein Wort auf

-ть

so handelt es sich in der ganz überwiegenden Mehrzahl der Fälle um einen Infinitiv. Ein weiteres Signal für den Infinitiv ist

-ти

Es ist erheblich seltener und leider noch weniger eindeutig; es kann auch mehrere Substantivformen signalisieren. Vergleichen Sie:

вести́ перегово́ры (führen)

разви́тие промы́шленности

Reflexive Varianten dieser Signale sind

-ться

-тись

Das nachgestellte Signal

-ся

-сь

entspricht hierbei dem deutschen "sich".

Lesen Sie, bitte, die folgende Liste statistisch besonders häufiger Verben

aktiv	
быть	sein
говори́ть	sprechen
дать	geben
зави́сеть	abhängig sein
заяви́ть	erklären, verlautbaren
игра́ть	spielen
име́ть	haben
представля́ть	vorzeigen, darstellen
приня́ть	annehmen
сказа́ть	sagen
сле́довать	(be)folgen
сове́товать	raten, empfehlen
стать	werden
счита́ть	glauben, halten für

reflexiv	
организова́ться	sich organisieren
представля́ться	sich vorstellen
сове́товаться	sich beraten

Ohne reflexive Entsprechung im Deutschen

боро́ться	kämpfen
состоя́ться	stattfinden

Ü 14 Das Verb: zusammengesetztes Futur

Die Verbform

бу́дет oder бу́дут

in Verbindung mit einer Infinitivform signalisiert die Futurbedeutung eines Verbs.

Ohne einen Infinitiv bedeutet (он, она́, оно́) бу́дет - (er, sie, es) wird sein, (они́) бу́дут - (sie) werden sein, d.h. es handelt sich hierbei um die Futurform von быть (sein).

Vergleichen Sie:

Вопро́с безопа́сности бу́дет име́ть большо́е значе́ние.

Э́та пробле́ма бу́дет игра́ть большу́ю роль.

Журнали́ст бу́дет рабо́тать в Москве́.

Мини́стр Ге́ншер бу́дет и в Ленингра́де.

большо́й groß
рабо́тать см. рабо́та

Ü 15 Das Verb: Präteritum

Die Präteritumformen haben in den für Sie interessanten Texten ein statistisches Übergewicht. Sie markieren nicht die Person, wohl aber den Numerus und im Singular das Genus.

он был	(er war)		
она́ была́	(sie war)	они́ бы́ли	(sie waren)
оно́ бы́ло	(es war)		

Diese Formen sind für das russische Präteritum charakteristisch. Verbformen, die auf

-л	(m.)		
-ла	(f.)	-ли	(pl., alle genera)
-ло	(n.)		

enden, sind Formen des Präteritums.

Der Wortbestandteil

-ся　　　-сь

der Ihnen das Reflexivum signalisiert, tritt auch im Präteritum in Erscheinung.

он организова́лся

она́ организова́лась

оно́ организова́лось

они́ организова́лись

Ü 16 Rückbildung des Präteritums

Die entsprechenden Infinitivformen können Sie in der Regel finden, indem Sie die genannten Erkennungsmerkmale des Präteritums durch das Infinitivsignal

-ть

ersetzen:

при́няли	при́няли	приня́ть (annehmen)
была́	была́	быть
организова́лась	организова́лась	организова́ться

Ü 17 Rückbildungsübung

Wie lauten die den folgenden Formen zugehörigen Infinitive?

.....	была́	(sein)
.....	сказа́л	(sagen)
.....	дала́	(geben)
.....	ста́ло	(werden)
.....	име́ли	(haben)
.....	говори́ли	(sprechen)
.....	зависе́ло	(abhängen von)
.....	на́чали	(anfangen)
.....	заяви́л	(Erklärung abgeben)
.....	сове́товались	(raten)
.....	организова́лось	(organisieren)
.....	приняла́	(empfangen)
.....	сле́довали	(folgen)
.....	подчеркну́ла	(unterstreichen)
.....	представля́ли	(vorstellen)
.....	игра́ла	(spielen)
.....	жил	(leben)

Ü 18 Textverständnis (Präteritum und Wiederholung)

Die folgenden kleinen Zeitungstexte und -sätze sind mit einigen Lehrbuchsätzen vermischt. Achten Sie auf die Endungskombinatorik!

Выступле́ние Х.Флора́киса

Афи́ны, 22. (ТАСС). Необходи́мость еди́нства де́йствий всех демократи́ческих сил страны́ подчеркну́л Пе́рвый секрета́рь Центра́льного Комите́та Коммунисти́ческой па́ртии Гре́ции Х.Флора́кис. Пра́вда, 25.9.1975

необходи́мость	Notwendigkeit
де́йствие	Aktion
подчеркну́ть	unterstreichen

Когда́ журнали́ст Ю.Жу́ков был в Ку́бе? Э́то бы́ло в 1972 году́.

Жене́ва. ...Сего́дня состоя́лась встре́ча делега́ций СССР и США.

Бонн, 1. (ТАСС) Ка́нцлер ФРГ Шмидт вы́ступил вчера́ по за́падно-герма́нскому ра́дио и телеви́дению с новогóдним заявле́нием. Пра́вда, 2.1.1976

Где бы́ли матрóсы? Они́ бы́ли в Ленингра́де.

Пóсле Октя́брьской социалисти́ческой револю́ции А.В.Пешехóнов борóлся прóтив Сове́тской вла́сти.

Сове́тская федера́ция - результа́т самоопределе́ния нарóдов СССР.

самоопределе́ние - Selbstbestimmung

Агра́рная рефóрма - э́то оди́н из си́мволов португа́льской револю́ции.

оди́н - ein(s)

22 а́вгуста в Кремле́ состоя́лась встре́ча парламента́риев.

Мини́стр культу́ры СССР П.Н.Демичев при́нял делега́цию монгóльских де́ятелей культу́ры.

Меньшевики́ на́чали антисове́тскую рабóту сейча́с же пóсле Октя́брьской револю́ции.

сейча́с же - sofort

В основе отношений США со странами «Общего рынка» лежит засилье в них американских монополий. (Из газет).

Пути́ америка́нского би́знеса. Рис. Д. Агаева.

17.4.1974
правда

3. LEKTION

Lernziel:

Erkennung und Rückbildung von Substantivformen (Akkusativ) und Verbformen (Präsens). Kombinatorik. Erkennung der Kasus des Personalpronomens, der Adjektive und ausgewählter Pronomina.

Ü 1 Wiederholung

1. встре́ча мини́стров ....
2. обще́ственный интере́с ....
3. центра́льная о́бласть ....
4. проте́ст прогресси́вной обще́ственности ....
   ....
5. председа́тель прези́диума Верхо́вного Сове́та СССР
   ....
6. по́сле ратифика́ции догово́ра ....
7. това́р сре́днего ка́чества ....
8. "Ле́нин жил, Ле́нин жив, Ле́нин бу́дет жить." .....
   ....

Ü 2 Lese- und Rückbildungsübung

Lesen Sie die folgenden Fügungen. Geben Sie, bitte, den Nominativ Singular der Adjektive und Substantive an!

дру́жба наро́дов, структу́ра о́бщества, солида́рность пролета́риев, реше́ние Центра́льного Комите́та, полити́ческого тече́ния, конструкти́вные реше́ния, вопро́сы энергети́ческой поли́тики, дипломати́ческие отноше́ния, ука́з прези́диума Верхо́вного Сове́та СССР, антагонисти́ческие противоре́чия капиталисти́ческого ми́ра

Ü 3 Akkusativ der Substantive

Auch ohne Kenntnis der Endungen des Akkusativs werden Sie mit hoher Wahrscheinlichkeit beim richtigen Verstehen dieses Kasus keine Schwierigkeiten haben. Das liegt zum einen daran, daß das Akkusativ-Objekt im Russischen meist wie im Deutschen unmittelbar auf das Prädikat folgt und zum anderen daran, daß - mit Ausnahme des Femininums - die Akkusativformen mit den Nominativ- oder Genitivformen (dies nur bei beseelten Wesen) übereinstimmen.

Lesen und übersetzen Sie, bitte, die folgenden Sätze:

Делега́ция подписа́ла догово́р.

Чле́ны госуда́рственной коми́ссии подписа́ли докуме́нты.

Уча́стники совеща́ния обсуди́ли докла́д чле́на Политбюро́.

Глава́ делега́ции подчеркну́л значе́ние ве́нских перегово́ров.

Секрета́рь ЦК КПА тов. Э.Шарф критикова́л де́ятельность пеки́нских руководи́телей.

Федера́льный ка́нцлер ФРГ В.Брандт при́нял замести́теля Председа́теля Сове́та Мини́стров СССР В.Н.Но́викова.

Францу́зская газе́та критикова́ла пеки́нских руководи́телей.

Косы́гин при́нял посла́ Демократи́ческой Респу́блики Вьетна́м в СССР.

де́ятельность - Tätigkeit
докла́д - Bericht
замести́тель - Stellvertreter
КПА - KPÖ
обсуди́ть - erörtern
подписа́ть - unterschreiben, -zeichnen
подчеркну́ть - unterstreichen, hervorheben
посо́л,-сла́ - Botschafter
руководи́тель - Führer
тов. = това́рищ
уча́стник - Teilnehmer
ЦК - ZK

Eine eigene Form hat der Akkusativ in folgenden Sätzen:

Коми́ссия вы́работала резолю́цию.

Премье́р-министр Ту́рции изложи́л экономи́ческую програ́мму но́вого прави́тельства.

вы́работать - ausarbeiten
изложи́ть - darlegen

Achten Sie, bitte, auf die Wortstellung in folgenden Beispielen:

Заверши́л рабо́ту съезд КПА.

Большу́ю роль замби́йских же́нщин в обще́ственной жи́зни страны́ подчеркну́л президе́нт За́мбии Ке́ннет Ка́унда.

Ва́жное значе́ние име́ло всесторо́ннее обсужде́ние экономи́ческих, техни́ческих и культу́рных свя́зей во вре́мя перегово́ров сове́тской прави́тельственной делега́ции.

в = во
ва́жный - wichtig
всесторо́нний - allseitig
заверши́ть - beenden
замби́йский - sambisch
обсужде́ние - Erörterung
прави́тельственный см.прави́тельство

Ü 4 <u>Verbformen im Präsens</u>

In der für Sie relevanten Literatur kommen fast ausschließlich die Formen der dritten Person Singular und Plural vor. Im Folgenden stehen deshalb diese Formen im Vordergrund.

Ü 5 <u>Präsens aktiv/reflexiv (3. Person)</u>

In den folgenden Sätzen finden Sie Präsensformen der dritten Person. Sie sind nach Vorkommenshäufigkeit in den Beispielen vertreten. Lesen Sie und achten Sie, bitte, auf die Bestandteile der Formen, die Ihnen die dritte Person signalisieren.

Глава́ делега́ции подчёркивает значе́ние перегово́ров.

Реше́ние Верхо́вного суда́ вызыва́ет кри́тику.

Страна́ пережива́ет кри́зис.

вызыва́ть	- hervorrufen
пережива́ть	- durchmachen,durchleben
подчёркивать	- hervorheben,unterstreichen
суд	- Gericht

Обще́ственность страны́ протесту́ет про́тив пригово́ра.

Существу́ет лишь одна́ альтернати́ва.

Съезд критику́ет реше́ние председа́теля.

лишь	- nur
одна́ см. оди́н	
пригово́р	- (Ver)Urteil(-ung)
существова́ть	- existieren

Значе́ние визи́та выхо́дит далеко́ за ра́мки райо́на Кари́бского мо́ря.

выходи́ть	- hinausgehen
далеко́	- weit
за ра́мки (pl.)	- über den Rahmen
мо́ре	- Meer

Патрио́ты, несмотря́ на терро́р, продолжа́ют борьбу́.

Из разли́чных райо́нов Соединённых Шта́тов поступа́ют кри́зисные сообще́ния.

Реакцио́нные си́лы выступа́ют про́тив внешнеполити́ческого ку́рса прави́тельства И́ндии.

Протесту́ют реакцио́нные си́лы.

Газе́ты критику́ют конце́пцию америка́нской делега́ции.

Сове́тские лю́ди хотя́т ми́ра.

внешнеполити́ческий	- außenpolitisch
несмотря́	- ungeachtet
поступа́ть	- einlaufen
продолжа́ть	- fortsetzen
разли́чный	- verschieden
хоте́ть	- wollen,wünschen

Beachten Sie auch die reflexiven Varianten:

Се́ссия зака́нчивается 4 ию́ля.

Делега́ция Верхо́вного Сове́та нахо́дится на Ку́бе.

Валю́тные резе́рвы А́нглии ещё сокраща́ются.

зака́нчиваться	-	enden
на	-	auf
находи́ться	-	sich befinden
сокраща́ться	-	sich verringern

Ü 6 Präsensendungen der dritten Person

Folgende Signale am Auslaut eines Wortes weisen Sie auf die dritte Person hin:

Singular	Plural	
-ет(ся)	-ют(ся)	-ут(ся)
-ит(ся)	-ят(ся)	-ат(ся)

Die Rückbildung von Präsensformen der dritten Person (die zum Auffinden der Bedeutung eines Verbs in einem herkömmlichen Lexikon praktisch ist) ist kompliziert und für unsere Zwecke eher pragmatisch als systematisch zu lernen.

Stoßen Sie allerdings auf einen Bestandteil "у" vor -ет oder -ют, also auf

-ует(ся) -уют(ся),

so weist dies auf eine Grundform des Verbs auf -овать hin.

критикует
критикуют
критиковать

Ü 7 Übersetzung

Übersetzen Sie, bitte:

Вре́менное прави́тельство продолжа́ло империалисти́ческую поли́тику цари́зма.

Октя́брьская револю́ция уничто́жила ча́стную со́бственность на зе́млю и на сре́дства произво́дства.

Програ́мма предусма́тривает ма́ссовые выступле́ния про́тив инфля́ции и ро́ста цен, за повыше́ние за́работной пла́ты и улучше́ние пенсио́нного обеспе́чения.

Коммунисти́ческая па́ртия и Революцио́нное прави́тельство Ку́бы подчёркивают огро́мное междунаро́дное значе́ние внешнеполити́ческого ку́рса Сове́тского Сою́за.

Чили́йские фаши́сты уси́ливают репре́ссии.

Продолже́ние сле́дует.

Конститу́ция вступи́ла в си́лу: Гава́на, 24./ТАСС/.

Сего́дня в Респу́блике Ку́ба вступи́ла в си́лу но́вая социалисти́ческая конститу́ция. /Пра́вда, 25.2.76/

вре́менный см. вре́мя
вступи́ть - eintreten
за - für
за́работная пла́та - Lohn
земля́ - Land
междунаро́дный - international
обеспе́чение - Versorgung
огро́мный - gewaltig
повыше́ние - Erhöhung
предусма́тривать - vorsehen
продолже́ние см. продолжать
сле́довать - folgen
улучше́ние - Verbesserung
уничто́жить - vernichten
уси́ливать - verstärken
цена́ - Preis
ча́стная со́бственность - Privateigentum

Ü 8 Rückbildungsübung

Bitte geben Sie zu folgenden Wörtern mögliche Grundformen an:

резолю́цию ....
програ́мму ....
большу́ю роль ....
кри́тику ....
рабо́ту ....
империалисти́ческую войну́ ....
борьбу́ ....
вне́шнюю поли́тику ....

Ü 9 Zur Lernstrategie

Wir haben bereits früher darauf hingewiesen, daß die Beherrschung der Adjektivdeklination - wegen ihres relativ geringen Formenreichtums - für das Verstehen russischer Sätze von "strategischer" Bedeutung ist, da sie meistens die Analyse des zugehörigen Substantivs erleichtert. Ein gut geeigneter Weg zur Erlernung der Adjektivdeklination ist wiederum das Personalpronomen der dritten Person. Seine Formen weisen viele Übereinstimmungen mit den Endungen des Adjektivs auf.

Ü 10 Deklination des Personalpronomens (3. Person)

Bitte, benutzen Sie die Grammatikübersicht auf Seite 615!

Die in Klammern bei der dritten Person angegebenen "н" bedeuten: Wenn das Personalpronomen im Zusammenhang mit einer Präposition gebraucht wird, erfolgt ein "н"-Einschub, z.B.:

без него́, для неё, от него́, у неё

Anmerkung:

у него́	kombiniert mit der	er(es) hat, hatte, wird haben
у неё	3. Person von быть	sie hat, hatte, wird haben
у них	ist zu übersetzen mit	sie haben, hatten, werden haben

Beispiele:

У него́ есть маши́на.

У неё были докуме́нты.

У мини́стра был план.

У них бу́дет тре́бование.

Ü 11 Adjektivdeklination

"-его" und "-ей" sind Ihnen bereits als Endungen vertraut. Die im Deklinationsschema hervorgehobenen Kasus zeigen an, daß diese Adjektivendungen der weichen Variante mit den entsprechenden Kasus des Personalpronomens übereinstimmen.

он оно́	сре́дний сре́днее	она́	сре́дняя mittlerer
(н)его́	сре́дн-его	(н)её	сре́дн-ей
(н)ему́	сре́дн-ему	(н)ей	сре́дн-ей
(н)его́	сре́дн-его,-ий,-ее	(н)её	сре́дн-юю
(н)им	средн-им	(н)ей	сре́дн-ей
(н)ём	сре́дн-ем	(н)ей	сре́дн-ей

Bei der harten Deklination der Adjektive erscheint anstelle des weichen Vokals nur der entsprechende harte:

иностра́нный иностра́нное	иностра́нная ausländisch
-ого	-ой
-ому	-ой
-ого,-ый,-ое	-ую
-ым	-ой
-ом	-ой

Entsprechend im Plural:

они́	сре́дние	иностра́нные
(н)их	-их	-ых
(н)им	-им	-ым
(н)их	-их,-ие	-ых,-ые
с ни́ми	-ими	-ыми
о них	-их	-ых

Ü 12 Mehrdeutigkeit der adjektivischen Endungen

Nennen Sie adjektivische Endungen mit mehreren Bedeutungen! Prüfen Sie Ihr Ergebnis anhand der Grammatikübersicht auf S.631!

Ü 13 Die Pronomina (weiche Variante)

Die folgenden Pronomina richten sich - ebenso wie die Adjektive - in Numerus, Genus and Kasus nach dem zugehörigen Substantiv. Aus der Grammatikübersicht auf S.615 können Sie entnehmen, welche pronominalen Formen an den gleichen Signalen zu erkennen sind wie die weiche Variante der Adjektive. Es sind dies vor allem:

весь, всего́; вся; всё; все	ganz (pl.: alle)
наш; на́ша; на́ше; на́ши	unser
свой; своя́; своё; свои́	sein, ihr
что, чего́	was

daneben auch: ваш (Euer, Ihr), мой (mein), твой (dein)

Übersetzen Sie, bitte:

XII съезд РКП(б) его́ избра́л чле́ном Центра́льного Комите́та па́ртии.
Депута́ты их критикова́ли на V съе́зде профсою́зов.
уничто́жить весь го́род
Что она́ чита́ет?
исто́рия на́шей дру́жбы
Председа́тель вы́ступил на собра́нии про́тив свои́х друзе́й.
приём на́шего президе́нта
К нача́лу XX ве́ка капитали́зм вступи́л в после́днюю ста́дию своего́ разви́тия - империали́зм.
на́ша жизнь
Из чего́ состои́т сло́во?
де́ло всего́ наро́да

рост на́шей промы́шленности

населе́ние всего́ ми́ра

на́ше пра́во на рабо́ту

электрифици́ровать весь райо́н

От чего́ зави́сит реше́ние вопро́са?

организа́ция на́шей свя́зи

де́ло всей страны́

Он чита́ет на́шу статью́.

весь социалисти́ческий ла́герь

Вся власть Сове́там!

населе́ние на́шей страны́

век	-	Jahrhundert
вступи́ть	-	eintreten
друг pl. друзья́	-	Freund
зави́сеть	-	abhängen
избра́ть	-	wählen
населе́ние	-	Bevölkerung
нача́ло	-	Anfang
после́дний	-	letzter
приём	-	Empfang
профсою́з	-	Gewerkschaft
собра́ние	-	Versammlung
состоя́ть	-	bestehen (aus)
статья́	-	Artikel
уничто́жить	-	vernichten, aufheben
чита́ть	-	lesen

Расистские и колониальные порядки, существующие в ЮАР, Южной Родезии и португальских «владениях», помогают иностранному капиталу расхищать богатства африканского континента.

(Из газет).

Пирамида грабежа.
Рис. В. [illegible].

21.1.1974 правда
"Plünderungspyramide"

Ü 14 Wortbildung

Schon aus der Vorlektion ist Ihnen eine Gruppe von Wörtern bekannt, denen das auslautende

-ство

gemeinsam ist. Es handelt sich dabei um Neutra. Die folgenden Wörter sind Ihnen bekannt. Was haben sie inhaltlich gemeinsam?

электри́чество, банкро́тство, ка́чество, госуда́рство, о́бщество, прави́тельство, произво́дство, чу́вство, хозя́йство

Sie kennen die Wörter председа́тель und представи́тель. Was bedeutet wohl

председа́тельство

представи́тельство

министе́рство

4. L E K T I O N

Lernziel

Erkennung ausgewählter Pronomina, Kombinatorik Pronomen - Substantiv, Textverständnis, Wortbildung

Ü 1 Wiederholung

Lesen Sie noch einmal Lektion 3, Übung 3!

Ü 2 Pronomina (harte Variante)

Aus der Grammatikübersicht auf S. 615 können Sie entnehmen, welche pronominalen Formen an den gleichen Signalen zu erkennen sind wie die harte Variante der Adjektive. Es sind dies vor allem:

друго́й	anderer
ка́ждый	jeder
како́й	was für ein, welcher
кото́рый	der(jenige)
кто	wer
оди́н, одного; одна́	ein
са́мый	selbst
тако́й	solcher, so ein
тот, та, то	jener
тот же	derselbe
э́тот	dieser

Bitte lesen Sie!

Основны́е пози́ции в Сове́тах Украи́ны в тот пери́од занима́ли меньшевики́ и эсе́ры.

реше́ние ва́жного вопро́са

Он критику́ет всех и ка́ждого.

тако́го ро́да аргуме́нт

предложе́ния друго́й полити́ческой гру́ппы

Ва́жное ме́сто в эконо́мике страны́ занима́ет иностра́нная по́мощь, кото́рая с 50-х годо́в игра́ет реша́ющую роль в финанси́ровании экономического ро́ста и разви́тии э́того азиа́тского госуда́рства.

Како́й приём!

Существу́ет лишь одна́ альтернати́ва.

Один член делега́ции из Москвы́, други́е - из Ленингра́да.

Кто из депута́тов воти́ровал про́тив законопрое́кта?

Кака́я у Вас пробле́ма?

поли́тика Сове́тского Сою́за и други́х социалисти́ческих стран

с одно́й стороны́ ..., с друго́й стороны́ ...

Прави́тельство ФРГ продолжа́ло тот же курс.

име́ло значе́ние и то обстоя́тельство, что ...

Населе́ние э́той страны́ протесту́ет про́тив повыше́ний цен.

и то и друго́е

аргуме́нты большо́го значе́ния

в тот же моме́нт

Кто ведёт агре́ссию в Анго́ле?

Наш ло́зунг был и остаётся оди́н и тот же: ми́рное сосуществова́ние с други́ми прави́тельствами.

крите́рии тако́го реше́ния

в тот же са́мый год

Э́то зави́сит от обстоя́тельств.

Вопро́с журнали́ста вы́ходил за ра́мки э́той пробле́мы.

собы́тия того́ пери́ода

Како́е предложе́ние они́ при́няли на собра́нии?

роль, кото́рую игра́л председа́тель

От кого́ зави́село э́то реше́ние?

предложе́ние, про́тив кото́рого воти́ровал мини́стр промы́шленности

тот же са́мый аргуме́нт

Про́тив кого́ демонстри́ровали студе́нты?

тако́е разви́тие собы́тий

реше́ния, кото́рые при́няло собра́ние

важный	-	wichtig
вести, ведёт	-	führen
выходить за рамки	-	über den Rahmen hinausgehen
зависеть	-	abhängen
занимать	-	einnehmen
играть роль	-	Rolle spielen
иностранный	-	ausländisch
население	-	Bevölkerung
обстоятельство	-	Umstand, pl. Bedingungen
оставаться	-	bleiben
повышение	-	Erhöhung
помощь	-	Hilfe
продолжать	-	fortfahren, -setzen
решающий	-	entscheidend
род	-	Art
собрание	-	Versammlung
сосуществование	-	Koexistenz
цена	-	Preis

Совещание министров иностранных дел стран — членов «Общего рынка», проходившее в Венеции, закончилось практически безрезультатно ввиду острых разногласий между его участниками.

(Из газет).

У ка́ждого гондолье́ра своя́ мане́ра. Рис. М. Абрамова.

Pravda, Sept. 1975

Ü 3 Abweichungen

Einige Pronomina folgen mit einzelnen Formen der weichen, mit anderen der harten Variante der Adjektivdeklination oder weichen von beiden ab. Nennen Sie, bitte, die Grundformen der Pronomina in den folgenden Beispielen:

Из каки́х часте́й состои́т э́та статья́?

бу́дущее на́ших друзе́й

во всех сою́зных респу́бликах

проте́ст э́тих това́рищей

пролета́рии всех стран

Ле́нин критикова́л всех тех, кото́рые выступа́ли про́тив реше́ния ЦК па́ртии.

поли́тика други́х европе́йских стран

бу́дущее - Zukunft
друг pl. друзья́ - Freund
состоя́ть из - bestehen aus

Zur Übersetzung von э́то:

Das Wort "э́то" kann nicht nur "dieser" (э́то разви́тие - diese Entwicklung) heißen, sondern auch "das ist, das sind". Lesen Sie, bitte:

Что э́то? Э́то моя́ газе́та.

Что э́то? Это мои́ журна́лы.

Э́то дру́гое де́ло.

Ü 4 Übersetzung

От него́ я получи́л газе́ту.

Они́ мно́го об э́том говоря́т.

В тот же день чле́ны делега́ции посети́ли реда́кцию газе́ты.

Речь Фиделя Ка́стро свиде́тельствует о том, что прави́тельство Ку́бы подде́рживает поли́тику СССР.

Прави́тельство Венесуэ́лы при́няло реше́ние не изменя́ть це́ны на нефть в тече́ние февраля́ э́того го́да. Об э́том сообщи́л мини́стр промы́шленности.

У сове́тско-куби́нской дру́жбы большо́е бу́дущее - тако́е убежде́ние выска́зывают многочи́сленные коммента́торы.

Президе́нт отмеча́ет, что Соединённые Шта́ты укрепи́ли свои́ внешнеторго́вые пози́ции.

Прави́тельство взя́ло под свой контро́ль всё иму́щество иностра́нных нефтяны́х компа́ний.

Заме́тно активизи́ровала в после́днее вре́мя свою́ де́ятельность ассоциа́ция "Великобрита́ния - СССР".

взять	- nehmen
внешнеторго́вый	- Außenhandels-
выска́зывать	- äußern
заме́тно	- merklich
изменя́ть	- verändern
иму́щество	- Besitz
мно́го	- viel
многочи́сленный	- zahlreich
отмеча́ть	- hervorheben
под	- unter
подде́рживать	- unterstützen
получи́ть	- erhalten, bekommen
посети́ть	- besuchen
свиде́тельствовать	- aussagen, beweisen
сообщи́ть см. сообще́ние	
убежде́ние	- Überzeugung
укрепи́ть	- stärken
я	- ich

Ü 5 Wortbildung

In Übung 4 finden sich einige Wörter, in denen Sie Ihnen bekannte Wörter wiedererkennen. Lesen Sie, bitte!

1. сообще́ние аге́нтства печа́ти
   мини́стр промы́шленности сообщи́л
2. Реше́ние ЦК па́ртии име́ет большо́е значе́ние.
   иму́щество иностра́нных компа́ний
3. изменя́ть це́ны на нефть
   измене́ние конъюнкту́ры

Leiten Sie, bitte, ab!

4. коммента́торы выска́зывают убежде́ние
   выска́зывание журнали́ста
5. США укрепи́ли свои́ пози́ции.
   укрепле́ние пози́ций
6. Куби́нское прави́тельство подде́рживает поли́тику СССР.
   подде́ржка иностра́нных интерве́нтов
7. Прави́тельство при́няло реше́ние.
   Съезд па́ртии реши́л э́ту пробле́му.

Ü 6 Textverständnis

Lesen Sie die beiden Artikel aus der "Pravda"!

Встре́ча мини́стров

Член Политбюро́ ЦК КПСС, мини́стр се́льского хозя́йства СССР Д.С.Поля́нский 27 а́вгуста при́нял мини́стра по внешнеэкономи́ческим свя́зам Да́нии И́вара Не́ргорда. .....
В бесе́де при́нял уча́стие посо́л Да́нии в СССР В.У.Ха́ммерсхаймб.

се́льское хозя́йство	- Landwortschaft
а́вгуст	- August
по	- (hier:) für
Да́ния	- Dänemark
бесе́да	- Gespräch
приня́ть уча́стие	- teilnehmen

Визи́т продолжа́ется

Председа́тель Парла́ментской гру́ппы СССР ..., А.П.Ши́тиков 24 сентября́ при́нял председа́теля ХДС, премье́р-мини́стра зе́мли Ре́йнланд-Пфальц (ФРГ) Г.Ко́ля.
В бесе́де при́няли уча́стие мини́стр иностра́нных дел РСФСР Ф.Е.Ти́тов, други́е официа́льные ли́ца. .....
В тот же день гость ... посети́л Госуда́рственную Третья-ко́вскую галере́ю. /ТАСС/

продолжа́ться	- (an)dauern
сентя́брь	- September
ХДС	- CDU

Ü 7 Adverb

Neben einigen in ihrer Bildung unregelmäßigen Adverbien sind Ihnen bereits einige regelmäßige bekannt:

дале́ко	далёкий	fern, weit
заме́тно	заме́тный	merklich
ва́жно	ва́жный	wichtig

Sie erkennen diese regelmäßigen Adverbien an der Endung

-о

die an die Stelle des -ый der Adjektive getreten ist.
Daneben gibt es Adverbien auf

-ски

die von der großen Gruppe der Adjektive auf -ский gebildet sind, z.B.:

экономи́чески	-	экономи́ческий	ökonomisch
полити́чески	-	полити́ческий	politisch

Ü 8 Wiederholung

Bitte, geben Sie den Nominativ Singular der Substantive an:

солида́рность наро́дов
чле́ны делега́ции
реда́кция газе́ты
реше́ния конфере́нции
разви́тие собы́тий
мини́стр промы́шленности
вре́мя го́да
расшире́ние конта́ктов
нефтяны́е компа́нии
це́ны на нефть
прави́тельство Ку́бы
прави́тельство Фра́нции
эконо́мика страны́

Ü 9 Schrift: Bitte Lesen Sie!

Пролета́рии всех стран, соединя́йтесь!

Пра́здник индийского наро́да

5. LEKTION

Lernziel

Erkennung von Substantivformen (außer Dativ) über die Kombinatorik Adjektiv - Substantiv, Präposition - Substantiv, Textverständnis, Erkennung von Fremdwörtern im Russischen

Ü 1 Wiederholung

1. Косы́гин при́нял посла́ Демократи́ческой Респу́блики Вьетна́м в СССР. ....
2. Коми́ссия вы́работала резолю́цию. ....
3. Премье́р-мини́стр Ту́рции изложи́л програ́мму своего́ прави́тельства. ....
4. У това́рищей тре́бование. ....
5. От него́ я получи́л газе́ту. ....
6. Они́ мно́го об э́том говоря́т.........................
7. весь социалисти́ческий ла́герь ....
8. У ка́ждого годолье́ра своя́ мане́ра. ....

Ü 2 Die Kasus der russischen Substantive

In sehr vielen Fällen können Sie beim Lesen die Wörter eines Satzes ohne Schwierigkeiten richtig aufeinander zuordnen. Dies war schon am Beispiel des Akkusativ festzustellen.

Beispiel:

Э́тот институ́т стал одни́м из основны́х це́нтров антисове́тской пропага́нды.

основно́й см. осно́ва
стать - werden

Um diesen Satz zu verstehen, genügt es für Sie vermutlich, die Bedeutung der Wörter zu kennen, da die Wortfolge in beiden Sprachen identisch ist. Der Kasus "одни́м" zum Nominativ "оди́н" mag Ihnen auffallen, wird aber ein zutreffendes Verstehen nicht behindern. Die Zuordnung von "основны́х" auf "це́нтров" und von "антисове́тской" auf "пропага́нды" macht Ihnen im übrigen schon von der Kenntnis der möglichen Endungskombinationen des Genitiv keine Schwierigkeiten.

Um auch kompliziertere Sätze genau verstehen zu können, ist die Fähigkeit unentbehrlich, den Formenreichtum der russischen Substantive ana-

lysieren zu können. Diese Fähigkeit ist - wie bereits erwähnt - über die Pronomina- und Adjektivformen leichter zu erwerben.
Dieser "kombinatorische" Weg ist für Sie der zeitlich ökonomischste.
Das folgende Beispiel soll ihn veranschaulichen.

Beispiel:

общественн	ых	контакт	ов
общественн	ых	деятел	ей
общественн	ых	структур	-

Ü 3 Präpositionen

Auch die Präpositionen können eine "kombinatorische" Funktion erfüllen, da sie teilweise nur mit einem oder jedenfalls nur einem Ihnen noch unbekannten Kasus kombiniert werden. Deshalb versuchen Sie, bitte, sich neben ihrer Bedeutung auch den zugehörigen Kasus einzuprägen.
Ziehen Sie, bitte, zur Erkennung möglicher Endungskombinationen weiterhin die Grammatikübersicht auf Seite 631 heran.

Ü 4 Der Präpositiv

Dieser Kasus kommt - daher die Bezeichnung - nur in Verbindung mit Präpositionen vor. Und zwar kommen vor:

nur beim Präpositiv		auch beim Präpositiv	
о (об, обо)	über	в (во)	in
при	in, unter	на	in, auf
		по[1]	nach (zeitl.)

Aus der Vorlektion ist Ihnen schon die einprägsame Formulierung

мир во всём ми́ре

in Erinnerung. Es handelt sich dabei um einen Präpositiv.
Lesen Sie, bitte, die folgenden Wortfügungen:

декре́т о ми́ре
говори́ть о нау́чном вопро́се
говори́ть о серьёзной пробле́ме

в э́том году́[2]
в апре́ле 1956 го́да
в пе́рвой мирово́й войне́

---

1) Die Präposition по steht in der ganz überwiegenden Mehrzahl der Fälle beim Dativ. Nur in zwei Wendungen ist sie beim Präpositiv recht gebräuchlich: по оконча́нии рабо́ты - nach Beendigung der Arbeit, по истече́нии сро́ка - nach Ablauf der Frist

2) Die Präpositivform des Wortes год: году́ ist unregelmäßig.

на но́вом эта́пе разви́тия
на пе́рвой се́ссии ООН

при капитали́зме
при председа́теле

Ü 5 Übungen zu den Präpositionen

In den folgenden Sätzen finden Sie Präpositivformen. Achten Sie, bitte, auch bei den folgenden Übungen vor allem auf die Übersetzung der Präpositionen. Sie sind (mit Ausnahme von по) statistisch sehr häufig und ausnahmslos sehr wichtig.

Съезд па́ртии при́нял резолю́цию о национа́льном вопро́се.
В Кра́кове и Поро́нине Ле́нин пи́шет програ́ммную рабо́ту "О пра́ве на́ций на самоопределе́ние". (1914)
Прави́тельство нача́ло перегово́ры о подписа́нии ми́рного догово́ра.
Ю.Жу́ков - а́втор мно́гих стате́й о вне́шней поли́тике.

пи́шет sg.präs. см. писа́ть - schreiben
самоопределе́ние - Selbstbestimmung
начина́ть/нача́ть - beginnen

Die Präposition о (vor Vokal: об, in seltenen Fällen о́бо, z.B. о́бо мне - über mich) in der Grundbedeutung "über" steht beim Präpositiv.

Ü 6 Präposition в(о)

Die Präposition в(о) in den Bedeutungen "in, an, bei" steht beim Präpositiv auf die Frage "wo?" und zur Angabe des Jahresdatums. (Beim Akkusativ steht sie oft auf die Frage "wohin?" und hat die Bedeutung "nach".)

Lesen Sie die folgenden Fügungen:

встре́ча в Бе́лом до́ме
положе́ние в Кита́е
в борьбе́ за интере́сы трудя́щихся
забасто́вка в За́падном Берли́не
в серде́чной атмосфе́ре
в бра́тских стра́нах
в 1968 году́
мир во всём ми́ре
Быть и́ли не быть - вот в чём вопро́с. /Га́млет/

aber:

отъе́зд мини́стра в Кита́й

вы́воз капита́ла в Росси́ю

бра́тский	-	brüderlich
вы́воз	-	Ausfuhr
забасто́вка	-	Streik
Кита́й	-	China
положе́ние	-	Lage, Situation
серде́чный	-	herzlich
трудя́щийся	-	werktätig, Werktätiger

Ü 7 Präposition на

Die Präposition на (auf, an, in) steht beim Präpositiv auf die Frage "wo?". (Auf die Frage "wohin?" steht sie beim Akkusativ oft mit der Bedeutung "nach".)

Übersetzen Sie die folgenden Zeitungsüberschriften!

За́падная Евро́па: пробле́мы на экономи́ческом горизо́нте

инциде́нт на ира́кско-ира́нской грани́це

на се́ссии ВСМ /Всеми́рного Сове́та Ми́ра/

на заседа́нии Исполко́ма /Исполни́тельного комите́та/ СЭВ

на валю́тных ры́нках

всеми́рный	-	Welt-
грани́ца	-	Grenze
СЭВ	-	RGW

aber:

на Москву́, пра́во на самоопределе́ние, цена́ на нефть, пра́во на рабо́ту

Ü 8 Präposition при

Die Präposition при (bei, in Anwesenheit, in, unter) ist nicht so häufig wie dei vorher genannten.

Lesen Sie die folgenden Fügungen:

при социали́зме

при Петре́ Вели́ком

совеща́ние при дире́кторе

при усло́вии

Ü 9 Präpositionen mit dem Präpositiv

Die folgenden Sätze sind meist Fragmente aus Zeitungen. Achten Sie darauf, daß der Pluralform des Präteritums und der dritten Person Plural des Präsens und des Futurs bei Fehlen eines Subjektes eine deutsche Formulierung mit "man" entspricht. (z.B. Чита́ют статьи́ э́того журнали́ста. - Man liest die Artikel dieses Journalisten.)

В газе́те статья́ о пребыва́нии в Сове́тском Сою́зе президе́нта Финля́ндской Респу́блики У.К.Ке́кконена.

Украи́нский журна́л опубликова́л реце́нзию о но́вом сбо́рнике рече́й Л.И.Бре́жнева.

В моско́вских кинотеа́трах показа́ли телевизио́нный фильм о дру́жеском визи́те тов. Бре́жнева в Респу́блику Ку́ба.

При заво́де существу́ет клуб.

Это происходи́ло при Петре́ I.

В про́шлом году́ состоя́лась конфере́нция об энергети́ческих вопро́сах в Вашингто́не.

Газе́та писа́ла о поли́тике Пеки́на в Ю́жной и Юго-Восто́чной А́зии.

Го́род Росто́в-на́-Дону нахо́дится на ю́ге Росси́и.

Бы́ло в 1903 году́.

В нача́ле уче́бного го́да студе́нты интенси́вно чита́ли все газе́ты.

В журна́ле была́ статья́ об обстано́вке в Эфио́пии.

На ли́нии прекраще́ния огня́ состоя́лась встре́ча делега́ций.

Съезд при́нял реше́ние на осно́ве при́нципов пролета́рского интернационали́зма.

Напряжённость на би́ржах За́пада растёт.

Э́то бы́ло на пе́рвой в ми́ре конфере́нции всех коммунисти́ческих па́ртий.

По оконча́нии учёбы он на́чал рабо́тать на заво́де.

В бесе́де при́нял уча́стие посо́л Да́нии в СССР.

бесе́да	- Gespräch	учёба	- Studium
би́ржа	- Börse	уче́бный год	- Studienjahr
дру́жеский см. друг		чита́ть	- lesen
напряжённость	- Spannung	юг	- Süden
обстано́вка	- Lage	ю́го-восто́чный	- südöstlich
оконча́ние	- Beendigung	ю́жный	- südlich
писа́ть	- schreiben		
показа́ть	- zeigen		
пребыва́ние	- Aufenthalt		
прекраще́ние огня́	- Feuereinstellung		
при	- bei, an		
приня́ть уча́стие	- teilnehmen		
происходи́ть	- vor sich gehen		
про́шлый	- vergangen, vorig		
расти́	- wachsen		
сбо́рник	- Sammelband		

Ü 10 Der Instrumentalis

Der Instrumentalis ist eine Besonderheit des Russischen. Er drückt in unseren Texten vor allem zweierlei aus:

1. das Mittel (fast ausschließlich im übertragenen Sinne), mit Hilfe dessen eine Handlung durchgeführt wird,
2. in Passiv-Konstruktionen [1] den Urheber der Handlung, das "logische Subjekt".

Daneben gibt es eine Reihe statistisch relevanter Verben, die den Instrumental bei sich haben.

Da dieser Kasus vor allem "rein", d.h. ohne Präpositionen vorkommt [2], achten Sie im Folgenden, bitte, auf die möglichen Endungskombinationen zwischen Adjektiven und Substantiven:

ру́сск	им	пролетариа́т	ом
социалисти́ческ	ой	па́рти	ей
законода́тельн	ым	пут	ём
наро́дн	ыми	ма́сс	ами

1. Съе́зды КПСС принима́ли реше́ния всегда́ большинство́м голосо́в.

   Свое́й де́ятельностью она́ внесла́ вклад в реше́ние пробле́мы.

   Социалисти́ческое о́бщество навсегда́ уничто́жило эксплуата́цию челове́ка челове́ком.

2. Прави́тельство СССР представля́ется Наро́дным Комисса́ром Чиче́риным, и Герма́нское Прави́тельство до́ктором Ва́льтером Ра́тенау.

   Но́вый эта́п разви́тия истори́ческой нау́ки по́сле XX съе́зда КПСС характеризу́ется расшире́нием документа́льного материа́ла.

большинство́	- Mehrheit	представля́ть	см. представитель
внести́ вклад	- Beitrag leisten	расшире́ние	- Auswertung, Verstärkung
го́лос	- Stimme	уничто́жить	- vernichten, zerstören, aufheben
навсегда́	- für immer		

---

1) Das Passiv wird weiter unten (S. 84) gesondert behandelt. Die vorkommenden Formen gleichen den Ihnen bekannten reflexiven Formen mit dem angehängten -ся- Bestandteil.

2) Auf die Präpositionen beim Instrumental wird weiter unten (S. 79) eingegangen.

Ü 11 Der "reine" Instrumentalis

Nicht immer einfach zu verstehen sind die Formen des "reinen" Instrumentalis vor allem, weil die aufeinander bezogenen Satzteile hier oft weit voneinander entfernt sind oder anders als im Deutschen aufeinander folgen und dann nur schwer als zusammengehörig erkannt werden. Neben dem Genitiv ist deshalb der Instrumentalis für Sie relativ wichtig.
In den folgenden Sätzen kommen die erwähnten Verben vor, die statistisch relevant sind und den Instrumental bei sich haben. (Übrigens gilt dies auch für die Substantive, die von diesen Verben abgeleitet sind.)

быть	etwas sein
занима́ться	sich beschäftigen
избра́ть	wählen zu
облада́ть	verfügen über, haben
оказа́ться	sich erweisen als
остава́ться	etwas bleiben
по́льзоваться	haben,genießen; benutzen,gebrauchen
рабо́тать	arbeiten als
сде́лать	zu etwas machen
служи́ть	dienen als
стать	etwas werden
счита́ть	halten für
явля́ться	etwas sein

Lesen Sie, bitte!

Добролю́бов был социали́стом-утопи́стом.
В 1936 году́ Косы́гин рабо́тал инжене́ром.
Счита́ли его́ милитари́стом.
Положе́ние в Кита́е оказа́лось напряжённым.
Учёный ча́сто занима́лся му́зыкой.
В 1906 году́ Клемансо́ стал председа́телем Сове́та мини́стров.
Повыше́ние цен явля́ется причи́ной забасто́вки.
В 1897-98 Че́рчилль служи́л офице́ром в И́ндии.
Президе́нт респу́блики по́льзовался больши́м авторите́том.
Коали́ция облада́ет в бундеста́ге 256 манда́тами.
Тала́нты Домбро́вского сде́лали его́ одни́м из популярне́йших вожде́й Пари́жской Комму́ны.
На XII съе́зде РКП(б) его́ избра́ли чле́ном ЦК па́ртии.
Инфля́ция продолжа́ет остава́ться серьёзной пробле́мой для стран За́пада.

напряжённый - gespannt
положе́ние - Situation,Lage
популярне́йший - (superlativ)
причи́на - Ursache
учёный - gelehrt; Gelehrter

Ü 12 Instrumentalis (Forts.)

Bitte, lesen Sie!

В 1972 г. Респу́блика Ку́ба ста́ла чле́ном СЭВ.

"Восто́чная поли́тика" по́льзуется в стране́ подде́ржкой 70 проце́нтов населе́ния.

Иде́и декре́та о ми́ре бы́ли програ́ммными тре́бованиями большеви́стской па́ртии.

Ма́сарик явля́лся представи́телем либера́льно-буржуа́зной группиро́вки "Град".

Агре́ссия гитлеро́вской Герма́нии явля́ется причи́ной войны́.

В э́то вре́мя он был студе́нтом.

Маркси́сты счита́ют кла́ссовые противоре́чия причи́нами вну́тренних и вне́шних конфли́ктов.

Ма́ршал Сове́тского Сою́за, Будённый, служи́л в ца́рской а́рмии у́нтер-офицёром.

Реше́ние съе́зда оказа́лось оши́бкой.

Л.И.Бре́жнев по́льзуется больши́м авторите́том в междунаро́дном коммунисти́ческом движе́нии.

В э́то вре́мя Кру́пская занима́лась вопро́сами воспита́ния.

вну́тренний - innerer
воспита́ние - Erziehung
оши́бка - Fehler
противоре́чие - Widerspruch

Ü 13 Russische Fremdwörter und -bezeichnungen

Es ist nützlich, wenn Sie russische Fremdwörter und -bezeichnungen auch dann verstehen, wenn sie von ihren deutschen Entsprechungen mehr oder weniger stark abweichen.

Lesen Sie die folgende Liste!

горизо́нт	буржуа́	нефть
Эфио́пия	Испа́ния	манёвр
телевизио́нный	гигие́на	му́зыка
губе́рния	Хе́льсинки	формулиро́вка
Афи́ны	авиа́ция	контраге́нт
ста́дия	Га́ага	Кипр

капри́з   цикл   па́фос
кли́мат   Ту́рция   испа́нский
форси́рование   иде́я

Welche Laute entsprechen russichem х, г und ф in entsprechenden deutschen Wörtern und Bezeichnungen?

В западноевропейских органах печати появились сообщения о существовании американского «плана» торможения экономики Западной Европы. (Из газет).

ПОДРУ́ГИ. **Рис. Д. Агаева.**

Правда, 18.1.1974

"Freundinnen"

Ü 14 Schrift: Bitte, lesen Sie!

междунаро́дная информация

Ве́сти из стран социали́зма

6. LEKTION

Lernziel

Erkennung von Substantivformen, von Verbformen (Tempora, Aspekte) und der wichtigsten Lautwechsel

---

Ü 1 Wiederholung

Lesen Sie, bitte, noch einmal die Übung 9 der 5. Lektion!

Ü 2 Der Dativ

In der Mehrzahl der Fälle werden Sie beim Verstehen russischer Dativformen keine Schwierigkeiten haben. Lesen Sie, bitte!

Встре́ча мини́стров дала́ сове́тско-францу́зскому сотру́дничеству но́вый и́мпульс.

Вчера́ сообщи́ли журнали́стам о результа́тах встре́чи.

В перегово́рах мно́го вре́мени уделя́ли Совеща́нию по безопа́сности и сотру́дничеству в Евро́пе.

О́бе сто́роны прида́ют ва́жное значе́ние сове́тско-америка́нским торго́во-промы́шленным отноше́ниям.

Ло́ндонская печа́ть уделя́ет пе́рвой встре́че мини́стров в Москве́ большо́е внима́ние.

Это сотру́дничество отвеча́ет интере́сам как сове́тского, так и францу́зского наро́да.

Вражде́бная де́лу ми́ра пропага́нда испо́льзует так называ́емый те́рмин "сверхдержа́ва" в отноше́нии Сове́тского Сою́за.

Газе́та уделя́ет большо́е внима́ние вне́шней поли́тике ФРГ.

в отноше́нии	- in Bezug auf
вражде́бный	- feindlich
вре́мени см. вре́мя	- (gen.sg.)
дать	- geben
испо́льзовать	- ausnutzen, benutzen
как ..., так и ...	- sowohl ... als auch
называ́емый	- genannt
о́ба, о́бе	- beide
по	- (hier:) über
придава́ть	- beimessen
сверхдержа́ва	- Supermacht
сотру́дничество	- Zusammenarbeit
уделя́ть	- zuteilen, widmen

Ü 3 Dativ (Abweichungen Russisch - Deutsch)

Wie Sie bereits wissen, gibt es im Russischen Verben, deren Rektion sich von der Rektion ihrer deutschen Entsprechungen unterscheidet. Dies gilt nicht nur für Präpositiv- und Instrumentalformen bei Verben, sondern auch für Dativformen. Die vier häufigsten Verben, die im Unterschied zum Deutschen einen Dativ bei sich haben, sind die folgenden:

мешáть - stören
препя́тствовать - behindern
содéйствовать - beitragen zu, unterstützen
спосóбствовать - fördern

Bitte, lesen Sie:

содéйствовать успéху
препя́тствие разви́тию отнóшений
мешáть товáрищу
спосóбствовать вы́возу товáров
содéйствие рабóчим
препя́тствовать разви́тию отношéний

Welchen Kasus haben die von den genannten Verben abgeleiteten Substantive bei sich?

Ü 4 Dativ (Fortsetzung)

Lesen und übersetzen Sie, bitte!

Встрéча бýдет спосóбствовать активизáции рабóты Совещáния по безопáсности и сотрýдничеству в Еврóпе.

Встрéча Л.И.Брéжнева с Ж.Помпидý бýдет спосóбствовать углублéнию сотрýдничества.

Переговóры приведýт к улучшéнию совéтско-францýзских отношéний и бýдут спосóбствовать óбщему улучшéнию полити́ческого кли́мата в Еврóпе.

Визи́т бýдет содéйствовать разви́тию ми́рных взаимоотнóшений.

Э́то полити́ческое поведéние препя́тствует регули́рованию спóрных вопрóсов.

Свои́м поведéнием он мешáет сотрýдничеству обéих стран.

взаимоотноше́ние - wechselseitige Beziehung
к + dat. - zu
о́бщий - allgemein; gemeinsam
поведе́ние - Verhalten
привести́, -едёт - führen zu
с + instr. - mit
спо́рный - strittig
углубле́ние - Vertiefung

Ü 5 Erkennung von Dativformen

Bitte, suchen Sie aus der Grammatikübersicht auf S. 609 diejenigen Merkmale heraus, die einen Dativ signalisieren können und aus der Grammatikübersicht auf S. 631 die entsprechenden Endungskombinationen!

Ü 6 Wiederholung: Zeiten des russischen Verbs

Die drei Zeitstufen des russischen Verbs sind leicht zu erkennen. Die Futurformen von быть z.B. [бу́дет], [бу́дут] (er, sie, es wird sein; sie werden sein) in Verbindung mit einem Infinitiv signalisieren das Futur.

Председа́тель бу́дет говори́ть.

Наш представи́тель бу́дет выступа́ть на собра́нии.

Она́ бу́дет принима́ть реше́ние.

Монополи́сты бу́дут удовлетворя́ть тре́бования трудя́щихся.

принима́ть - annehmen
удовлетворя́ть - befriedigen

Auslautende [-л], [-ла], [-ло]; [-ли] signalisieren bei Verben das Präteritum.

Он говори́л с председа́телем компа́нии.

Она́ говори́ла с ним.

Э́то име́ло значе́ние.

Они́ говори́ли с ней.

Auslautende [-ет(ся)], [-ит(ся)] (Singular) und [-ют(ся)], [-ят(ся)] bzw. [-ут(ся)], [-ат(ся)] signalisieren das Präsens.

Представи́тель па́ртии подде́рживает реше́ние съе́зда.

Представи́тель рабо́чих выска́зывает своё мне́ние.

Но́вое прави́тельство определя́ет свою́ поли́тику.

Мини́стры заявля́ют о свои́х пла́нах.

заявля́ть - erklären (öffentl.)
мне́ние - Meinung

Ü 7 Die Aspekte

Mit den Ihnen bekannten Zeitformen des Verbs ist nur ein Teil des russischen Verbalsystems umschrieben. Neben der Frage nach dem Zeitpunkt einer Handlung ist im Russischen auch die Frage nach ihrem Charakter, nach ihrem Ablauf (Andauern oder Abgeschlossenheit) relevant. Man nennt diese Kategorie den Aspekt.
Wenn der vom Verb bezeichnete Vorgang als solcher unwichtig ist, wichtig hingegen die Feststellung, daß der Vorgang abgeschlossen ist oder ein unbezweifelbares Resultat hat, dann wird der sogenannte vollendete Aspekt (v) eines Verbs gebraucht. Liegt jedoch der Schwerpunkt aus der Sicht des Schreibenden beim Verb auf der Handlung selbst, auf ihrer Dauer oder Wiederholung, so wird der sogenannte unvollendete Aspekt (uv) gebraucht.
Der richtige Gebrauch der Aspekte ist für denjenigen, der sprechen will, außerordentlich wichtig und zugleich besonders schwierig. Nicht so für jenen, der lediglich Texte lesend verstehen will. Für ihn sind nur zwei Sachverhalte erheblich:

1. Es gibt keine "zusammengesetze" Form des vollendeten Aspektes, d.h. den drei Zeitstufen des unvollendeten Aspektes (die Ihnen vertraut sind) entsprechen zwei des vollendeten. Präsens- und Präteritumformen beider Aspekte sind an den gleichen Signalen zu erkennen. Die Präsensform des vollendeten Aspektes hat allerdings Futurbedeutung. Erkennt man also eine Präsensform als vom vollendeten Aspekt gebildet, so ist jeweils eine futurische Bedeutung zu assoziieren. Bei der Wiedergabe in einer Übersetzung ist selbst dies allerdings sehr oft ohne Bedeutung, da im Deutschen der Gebrauch des Futurs spürbar zurückgeht.
2. Zwei sich mehr oder weniger stark unterscheidende Verben (i.e. Aspekte) haben die gleiche Bedeutung.

a) реша́ть - реши́ть beschließen, entscheiden; lösen
b) стро́ить - постро́ить bauen
c) писа́ть - написа́ть schreiben
d) говори́ть - сказа́ть sagen, sprechen

Bei den Verben, deren Aspekte sich stark unterscheiden (d) bedeutet dies, daß praktisch zwei Verben als einer deutschen Bedeutung entsprechend erkannt werden müssen. Die anderen Beispiele (a-c) zeigen aber, daß es auch bestimmte merkfähige Regelmäßigkeiten gibt.
Versuchen Sie, bitte, den inhaltlichen Unterschied der Aspekte in den folgenden Beispielen nachzuvollziehen:

Съезд реша́л, но не реши́л э́тот вопро́с.

Рабо́чие стро́или дом. - Рабо́чие постро́или дом.

Ü 8 Lesetraining und Erkennung der Aspekte

Lesen Sie, bitte, die folgende Liste so, daß unvollendeter und vollendeter Aspekt als zusammengehörig eingeprägt werden!

Typus	unvollendet	vollendet	deutsche Bedeutung
A.	проводи́ть	провести́	durchführen
	говори́ть	сказа́ть	sprechen,sagen
	брать	взять	nehmen
	почёркивать	подчеркну́ть	unterstreichen
	предлага́ть	предложи́ть	vorschlagen
	счита́ть	счесть	halten für
	принима́ть	приня́ть	annehmen
	занима́ть	заня́ть	einnehmen
B.	сообща́ть	сообщи́ть	mitteilen
	заверша́ть	заверши́ть	vollenden
	уделя́ть	удели́ть	zuteilen
	вступа́ть	вступи́ть	eintreten
	изменя́ть	измени́ть	verändern
	определя́ть	определи́ть	bestimmen
	получа́ть	получи́ть	erhalten
	реша́ть	реши́ть	entscheiden,lösen
C.	расти́	вы́расти	wachsen
	писа́ть	написа́ть	schreiben
	по́льзоваться	воспо́льзоваться	haben
	спосо́бствовать	поспосо́бствовать	fördern
	препя́тствовать	воспрепя́тствовать	behindern
	меша́ть	помеша́ть	stören
	игра́ть	сыгра́ть	spielen
	сове́товать	посове́товать	(jmd.) raten
D.	увели́чиваться	увели́читься	sich vergrößern
	пока́зывать	показа́ть	zeigen
	подде́рживать	поддержа́ть	unterstützen
	выраба́тывать	вы́работать	ausarbeiten
	выска́зывать	вы́сказать	aussprechen
	подпи́сывать	подписа́ть	unterschreiben
	вызыва́ть	вы́звать	hervorrufen
	ока́зывать	оказа́ть	erweisen
	добива́ться	доби́ться	erstreben; erringen
E.	заявля́ть	заяви́ть	erklären
	допуска́ть	допусти́ть	zulassen
	явля́ться	яви́ться	sein
	обсужда́ть	обсуди́ть	erörtern
	отмеча́ть	отме́тить	anmerken
	посеща́ть	посети́ть	besuchen
	укрепля́ть	укрепи́ть	stärken

Bitte, nennen Sie die Kriterien für die Zusammenfassung der Aspektpaare in die Gruppen A bis E!

Ü 9 Erkennung der Aspekte (Fortsetzung)

Welchen Aspekt signalisiert in der Mehrzahl der Fälle

1. ein a-Laut vor den bekannten Präsens-, Präteritum- oder Infinitivsignalen?
2. das Infix -ива- / -ыва-?

Welchen Aspekt kann häufig

3. ein Präfix signalisieren?

Ü 10 Aspekte (Erkennung und Interpretation)

Anhand der genannten Kriterien läßt sich die große Mehrzahl der Verbformen in ihrer Aspektzuordnung erkennen. Zur Erleichterung sind im folgenden jeweils beide Aspekte eines Verbs in der Reihenfolge uv/v angegeben.
Die folgenden Übungssätze stellen teilweise eine Wiederholung dar. Achten Sie besonders darauf, welcher Aspekt vorliegt und woran dies zu erkennen ist. Den Vergangenheitsformen des vollendeten Aspektes entspricht im Deutschen oft das Perfekt.

Ру́сско-япо́нская война́ вы́звала значи́тельный рост госуда́рственной задо́лженности Росси́и.

Перегово́ры приведу́т к улучше́нию сове́тско-францу́зских отноше́ний и бу́дут спосо́бствовать о́бщему улучше́нию полити́ческого кли́мата в Евро́пе.

Коммунисти́ческая па́ртия и Революцио́нное прави́тельство Ку́бы подчёркивают огро́мное междунаро́дное значе́ние внешнеполити́ческого ку́рса Сове́тского Сою́за.

Большу́ю роль замби́йских же́нщин в обще́ственной жи́зни страны́ подчеркну́л президе́нт За́мбии Ке́ннет Ка́унда.

Генера́льный секрета́рь КПИ С.Кари́льо сказа́л, что испа́нские коммуни́сты подде́рживают разря́дку и счита́ют, что без неё не мо́жет быть успе́шной борьба́ за демокра́тию в Испа́нии.

У сове́тско-куби́нской дру́жбы большо́е бу́дущее - тако́е убежде́ние выска́зывают многочи́сленные коммента́торы.

Президе́нт отмеча́ет, что Соединённые Шта́ты укрепи́ли свой внешнеторго́вые пози́ции.

К нача́лу XX ве́ка капитали́зм вступи́л в после́днюю ста́дию своего́ разви́тия - империали́зм.

Вчера́ сообщи́ли журнали́стам о результа́тах встре́чи.

В связи́ с кри́тикой руководи́телей э́йзенахской па́ртии Маркс написа́л "Кри́тику Го́тской програ́ммы".

С 1907 по 1913 год дохо́ды бюдже́та Росси́и увеличи́лись с 2,5 до 3,5 миллиа́рдов рубле́й, и́ли на 40 %.

Съезд реша́л, но не реши́л вопро́с.

В связи́ с ро́стом промы́шленного произво́дства увеличи́валось число́ за́нятых в нём рабо́чих.

При социали́зме нау́ка заняла́ тако́е ме́сто, како́е она́ никогда́ пре́жде не занима́ла.

А.А.Жда́нов мно́го сде́лал в о́бласти маркси́стско-ле́нинской тео́рии литерату́ры и иску́сства.

Мы предпологá́ли, что формулиро́вка на́шего вопро́са ока́жет влия́ние на хара́ктер отве́тов.

влия́ние	- Einfluß
внешне-	- außen-
выступа́ть/вы́ступить	
де́лать/сде́лать	- tun, machen
дохо́д	- Einkommen, Ertrag, Einnahme
задо́лженность	- (Ver-)Schuld(ung)
занима́ть/заня́ть	
за́нятый	- beschäftigt; Beschäftigter
значи́тельный	- bedeutend
иску́сство	- Kunst
на	- um
никогда́	- niemals
ока́зывать/оказа́ть	- erweisen, leisten
отве́т	- Antwort
по	- bis
подде́рживать/поддержа́ть	
предполога́ть/предположи́ть	- annehmen, vermuten
пре́жде	- früher
разря́дка	- Entspannung
реша́ть/реши́ть см.реше́ние	
сообща́ть/сообщи́ть см.сообще́ние	
увели́чивать/увели́чить	- erhöhen, vergrößern
успе́шный	- erfolgreich

Ü 11 <u>Lautwechsel</u>

Aus den Tagesvokabellisten ist Ihnen bekannt, daß es im Russischen zahlreiche Lautwechsel gibt. Die Kenntnis der wichtigsten Lautwechsel erweitert erheblich Ihre Fähigkeit, Zusammenhänge zwischen Wörtern und Wortformen zu erkennen.

In Erscheinung tritt der Lautwechsel:

1. bei manchen unvollendeten Aspekten gegenüber dem entsprechenden vollendeten Aspekt
   встреча́ть - встре́тить, прекраща́ть - прекрати́ть
2. bei manchen Präsensformen gegenüber dem Infinitiv
   писа́ть - он пи́шет, сказа́ть - она́ ска́жет
3. bei der Steigerung der Adjektive
   ча́стый (häufig) - ча́ще, просто́й (einfach) - про́ще
   бога́тый (reich) - бога́че
4. bei der Wortbildung
   дру́жба - друг, восточный - восто́к
5. bei den Partizipien gegenüber dem Infinitiv.

Ü 12 <u>Lautwechsel (Fortsetzung)</u>

In den folgenden Beispielen finden Sie besonders häufige Lautwechsel. Eine umfassendere Übersicht finden Sie in den Grammatikübersichten S. 619. Bitte, lesen Sie:

дру́жба наро́дов, дру́жеский визи́т	друг ру́сского наро́да
напряжённость в Евро́пе	напряга́ть все си́лы
ю́жный фронт а́рмии	на ю́ге Росси́и
он ска́жет всё	сказа́ть пра́вду
Um welchen Lautwandel handelt es sich?	ж - ..., ...
энергети́ческий вопро́с	Энерге́тика - о́бласть те́хники.
восто́чный райо́н Пру́ссии	на восто́ке
встре́ча мини́стров, встреча́ть президе́нта	Бре́жнев встре́тит Помпиду́.
увели́чить число́ рабо́чих	Пётр Вели́кий
ли́чный вопро́с	ва́жное лицо́
СССР бога́че Кита́я.	Крупп - бога́тый капитали́ст.
рабо́чие протесту́ют	после́дние рабо́ты а́втора

нау́чные пробле́мы	управле́ние нау́кой
Um welchen Lautwandel handelt es sich?	ч - ..., ..., ..., ...
Жу́ков пи́шет статью.	писа́ть докла́д
междунаро́дные отноше́ния	Э́то отно́сится к те́ме.
Председа́тель говори́т: Ти́ше!	Ти́хий океа́н
успе́шное реше́ние пробле́мы	Кни́га име́ет успе́х.
Um welchen Lautwandel handelt es sich?	ш - ..., ..., ...
прекраще́ние огня́	прекрати́ть перегово́ры
Он и́щет реше́ния.	иска́ть пра́вды
ча́ще всего́	ча́стые встре́чи
Um welchen Lautwandel handelt es sich?	щ - ..., ..., ...

богатый - reich
иска́ть, и́щет - suchen
лицо́ - Person; Gesicht
ли́чный - persönlich
напряга́ть - anspannen
относи́ться - sich beziehen auf
пра́вда - Wahrheit
прекраща́ть/прекрати́ть - einstellen
ти́хий - ruhig, still
ча́стый - häufig
ча́ще всего́ - ("häufiger als alles" =) meistens

Между монополиями в капиталистическом мире не прекращается ожесточенная борьба за овладение рынками сбыта.
(Из газет).

На монополисти́ческом ри́нге. Рис. **Д. Агаева.**

Pravda, 10.6.1976

7. LEKTION

Lernziel

Wortbildung, Präpositionen, Textverständnis, reflexive Verben

---

Ü 1 Wiederholung

Декре́т о земле́

забасто́вка во Фра́нции

Она́ занима́лась пробле́мами О́бщего ры́нка.

Быть и́ли не быть - вот в чём вопро́с.

эксплуата́ция челове́ка челове́ком

Наро́ды по́льзуются пра́вом на самоопределе́ние.

Домбро́вский стал одни́м из руководи́телей по́льской демократи́ческой эмигра́ции.

в э́том году́

Ü 2 Dativ (Wiederholung)

Dativformen sind Ihnen meist ohne Schwierigkeiten verständlich. Lesen Sie, bitte, zur Wiederholung!

А́втор придаёт э́тому вопро́су большо́е значе́ние.

О́пыт про́шлого го́да показа́л нам всем, что рабо́тать мо́жно лу́чше.

Реше́ние Контро́льного сове́та отвеча́ло жи́зненным интере́сам неме́цкого наро́да.

Реше́ние правле́ния предприя́тия соотве́тствует экономи́ческим тре́бованиям профсою́зов.

Кому́ слу́жит совреме́нный троцки́зм?

лу́чше	- besser
нам dat. см.мы	- uns
неме́цкий	- deutsch
правле́ние	- Leitung
придава́ть/прида́ть	- beimessen
совреме́нный	- modern
соотве́тствовать	- entsprechen

Bei der Interpretation von Dativformen in Zeitungsüberschriften werden Sie aber manchmal Schwierigkeiten haben.

Правле́нию о́бщества "Ирла́ндия - Сове́тский Сою́з"

Генера́льному секретарю́ Коммунисти́ческой па́ртии Чи́ли това́рищу Лу́ису Корвала́ну

Самде́ку Но́родому Сиану́ку, главе́ госуда́рства, председа́телю Национа́льного еди́ного Фро́нта Камбо́джи

Уча́стникам междунаро́дной встре́чи "Банду́нг и афроазиа́тская солида́рность"

О́бществу венге́ро-сове́тской дру́жбы

Центра́льному комите́ту Социалисти́ческой еди́ной па́ртии Герма́нии, Госуда́рственному сове́ту Герма́нской Демократи́ческой Респу́блики, Сове́ту мини́стров ГДР

Свобо́ду Лу́ису Корвала́ну

Евро́пе - мир и сотру́дничество

Свобо́ду чили́йским демокра́там

Акаде́мии нау́к на́шей страны́ - 250 лет

Внешторгба́нку - 50 лет

Всем гра́жданам Росси́и!

венге́рский - ungarisch
граждани́н - (Staats-)Bürger
еди́ный - Einheits-
лет см.год

In der Mehrzahl handelt es sich hier um Grußadressen oder -telegramme, die den Adressaten im Dativ nennen. Im Deutschen werden Sie diese Formen spontan mit einer Präposition ("an, für, zum") versehen. Auf diesem Umweg wird Ihnen auch die russische Art der Altersangabe verständlich.

Ü 3 Exkurs (Wortbildung)

In den vorhergehenden Texten kommen zwei Wortbildungen vor, die im Russischen seit 1917 sehr verbreitet sind:

профсою́з	-	профессиона́льный сою́з	Gewerkschaft
внешторгба́нк	-	внешнеторго́вый банк	Außenhandelsbank

Sie werden sehr schnell ein Gefühl dafür entwickeln, bei welchen Wörtern es sich um derartige synthetische Bildungen handelt.
Weitere Beispiele:

оргбюро́	-	организацио́нное бюро́	Organisationsbüro
обко́м	-	областно́й комите́т	Gebietskomitee
нарко́м	-	наро́дный комисса́р	Volkskommissar
наркома́т	-	наро́дный комиссариа́т	Volkskommissariat
промфинпла́н	-	промы́шленно-фина́нсовый план	Betriebs(finanz)plan

комсомо́л	- Коммунисти́ческий сою́з молодёжи	(kommunistischer Jugendverband)

Diese Neubildungen werden fast ausnahmslos wie Substantive dekliniert.

Э́ти коми́ссии яви́лись пе́рвыми наркома́тами.

Ü 4 Präpositionen beim Dativ

Der Dativ ist der statistisch seltenste Kasus. Verwenden Sie deshalb keine Zeit auf das Einprägen der Endungskombinationen. Ziehen Sie in Zweifelsfällen die Grammatikübersichten auf S. 609 und 631 zu Rate. Sie sollten nur die Präpositionen по und к(о) kennen. "К" steht ausschließlich beim Dativ und hat die Grundbedeutung "zu". "По" steht fast nur beim Dativ, ist außerordentlich häufig (es vertritt im modernen Amtsrussisch öfter den Genitiv) und hat eine weit gefächerte Bedeutung. (Eine etwas hölzerne, aber für das Verständnis meist hinreichende Rohübersetzung: "entsprechend", "bezüglich".) Folgende Wendungen mit "по" sind häufig:

по мне́нию	- nach Meinung
по по́воду	- anläßlich
по приглаше́нию	- auf Einladung
по слу́чаю	- anläßlich, infolge
по сообще́нию	- laut Mitteilung
по существу́	- im wesentlichen, im Grunde genommen

Lesen Sie folgende Sätze und Zeitungsüberschriften!

К перегово́рам Дж.Фо́рда в Пеки́не

Замести́тель Председа́теля Сове́та Мини́стров СССР, председа́тель Госуда́рственного Комите́та Сове́та Мини́стров СССР по нау́ке и те́хнике, при́нял замести́теля мини́стра иностра́нных дел Ита́лии.

По сообще́нию аге́нтства Ре́йтер

Они́ рабо́тают по но́вому пла́ну.

К визи́ту В СССР премьермини́стра Францу́зской респу́блики Жа́ка Шира́ка

Ми́тинги и демонстра́ции проте́ста прошли́ по всей стране́.

К 75-ле́тию со дня рожде́ния Мори́са Торе́за

По приглаше́нию ЦК па́ртии

Ла́ппо-Даниле́вский а́втор ря́да рабо́т по социа́льно-экономи́ческой исто́рии Росси́и пери́ода феодали́зма.

По мне́нию а́втора, уже́ в нача́ле XX в. Росси́я была́ второ́й страно́й в ми́ре по величине́ госуда́рственного до́лга.

По пóводу дня рождéния Лéнина

По слýчаю междунарóдного жéнского дня

Выступлéние тов. Л.И.Брéжнева по телевúдению и рáдио

"Трудń по истóрии Востóчной Еврóпы"

Э́тот институ́т, к сожалéнию, стал однúм из основных центров антисовéтсткой пропагáнды.

призы́в Комúссии ООН по правáм человéка

К нóвым побéдам!

кнúга по истóрии Китáя

По существý, это не так.

брошю́ра по истóрии совéтской шкóлы

агéнтство	- Agentur
величинá	- Größe
вторóй	- zweiter
день рождéния	- Geburtstag
долг	- Schuld
жéнский день	- Frauentag
-летие	- Jahrestag
побéда	- Sieg
приглашéние	- Einladung
проходúть/пройтú	- sich verbreiten
ряд	- Reihe
/к/ сожалéнию	- "zum Bedauern", leider
шкóла	- Schule

Ü 5 Wortbildung

In den Texten kamen mehrfach Wörter vor, die auf

-тель

auslauten. Sie charakterisieren meist männliche Personen durch ihre Tätigkeit. Ihnen liegt oft ein Verb zugrunde.

представи́тель	- предста́вить	vertreten
руководи́тель	- руководи́ть	führen
писа́тель	- писа́ть	schreiben
жи́тель	- жить	leben
учи́тель	- учи́ть	lehren
замести́тель		
председа́тель		
предпринима́тель	- предпринима́ть	unternehmen
показа́тель	- показа́ть	zeigen

Die weibliche Entsprechung ist an dem zusätzlich angehängten

-ница

zu erkennen:

писа́тельница
учи́тельница
руководи́тельница

Ü 6 Präpositionen mit dem Instrumental

Mit dem Instrumental stehen folgende Präpositionen; einige sind bereits bekannt.

за	- hinter (wo?)
ме́жду	- zwischen
над	- über
пе́ред	- vor
под	- unter (wo?)
с (=со)	- mit

Lesen Sie, bitte, die folgenden Beispiele:

Встре́ча А.Н.Косы́гина с мини́стром иностра́нных дел Куве́йта

Господство монопо́лий над коло́ниями

Под фла́гом антикоммуни́зма

Перегово́ры с посло́м

Дру́жба со все́ми наро́дами

Пе́ред на́ми интере́сный факт.

Перегово́ры Л.И.Бре́жнева и А.А.Громы́ко с Г.Ки́ссинджером

Борьба́ с радика́льными си́лами

Встре́ча това́рища Л.И.Бре́жнева с руководи́телями Грузи́нской ССР

Отноше́ния ме́жду СССР и Норве́гией

В Москве́ под председа́тельством мини́стра вне́шней торго́вли Н.С.Пато́личева начала́ рабо́ту се́ссия сове́тско-австри́йской коми́ссии по эконо́мико-нау́чно-техни́ческому сотру́дничеству.

По приглаше́нию ВЦСПС в Москву́ прибыла́ делега́ция профсою́зов.

Уси́лия прави́тельства по укрепле́нию свя́зей учёных с пра́ктиками ...

По мне́нию ря́да о́рганов печа́ти ...

Косы́гин посла́л руководи́телям Национа́льного еди́ного фро́нта Камбо́джи, всем прогресси́вным си́лам страны́ поздравле́ния в связи́ с 5-й годовщи́ной образова́ния НЕФК.

За кули́сами капиталисти́ческого ми́ра

австри́йский	- österreichisch
годовщи́на	- Jahrestag
госпо́дство	- Herrschaft
грузи́нский	- georgisch
на́ми instr. pl.	см. мы
образова́ние	- Bildung
поздравле́ние	- Glückwunsch
посыла́ть/посла́ть	- schicken
прибыва́ть/прибы́ть	- eintreffen
укрепле́ние	- Festigung
уси́лие	- Bemühung

Ü 7 Textverständnis

Bitte, lesen Sie!

Перегово́ры в Пеки́не

Бонн, 17. ТАСС. Как сообща́ет о́рган промы́шленно-фина́нсовых круго́в ФРГ газе́та "Ха́ндельсблат", в Пеки́не состоя́лись перегово́ры ме́жду крупне́йшими западногерма́нским авиацио́нно-раке́тным конце́рном "Ме́ссершмит-Бе́льков-Блом" и промы́шленной компа́нией "Се́верный Кита́й". Це́лью перегово́ров бы́ло "изуче́ние возмо́жностей те́сного сотру́дничества обе́их компа́ний".

изуче́ние	- Studium, Untersuchung
крупне́йший	- größter, bedeutendster
те́сный	- eng; dicht

Ü 8 Reflexive Verben (Wiederholung)

Die reflexiven Verben sind an dem Signal

-ся oder -сь

zu erkennen.

обязывать/обязáть - verpflichten
Репутáция обязывает.
Рабóчие обязáлись.

In einigen statistisch relevanten Fällen hat das russische reflexive Verb keine reflexive deutsche Entsprechung:

борóться uv. - kämpfen
добиться + gen. v. - erreichen
касáться uv. - betreffen
оставáться/остáться - bleiben
пóльзоваться instr.uv.- benutzen, haben
пытáться uv. - versuchen
состоя́ться uv. - stattfinden
стреми́ться uv. - streben nach, bestrebt sein
считáться uv. - gelten als; in Betracht ziehen, rechnen mit
явля́ться uv. - sein

Контрáсты Зáпада. Рис. И. Смирнова.

Pravda, 22.5.1976

Ü 9 Leseverständnis (reflexive Verben)

Lesen Sie, bitte, die folgenden Sätze, die Reflexivverben enthalten:

Как они́ доби́лись э́того большóго успéха?
Он считáется лу́чшим рабóчем.

Сего́дня состоя́тся в италья́нском парла́менте деба́ты по правительственной програ́мме.

Специфи́ческим для совреме́нного эта́па фа́ктором явля́ется значи́тельный рост культу́рного у́ровня рабо́чего кла́сса.

Студе́нты стремя́тся рабо́тать на произво́дстве с совреме́нной те́хникой и лу́чшими усло́виями труда́.

В Кремле́ под председа́тельством Н.В.Подго́рного состоя́лось заседа́ние Прези́диума Верхо́вного Сове́та СССР.

Состоя́лся обме́н мне́ниями тов. В.Ба́йройтера с чле́ном Политбюро́ ЦК КПСС, председа́телем ВЦСПС А.Н.Шеле́пиным.

Кри́тика председа́теля относи́лась ко мне.

Сотру́дничество ме́жду СССР и А́встрией развива́ется.

Профессиона́льный Сою́з бо́рется за еди́нство междунаро́дного профсою́зного движе́ния.

Инфля́ция продолжа́ет остава́ться серьёзной пробле́мой для стран За́пада.

Что каса́ется Ста́лина, то он был про́тив предложе́ния Тро́цкого.

В усло́виях госуда́рственно-монополисти́ческого капитали́зма пра́вящие круги́ США стремя́тся укрепи́ть и рационализи́ровать госуда́рственную маши́ну.

"Восто́чная поли́тика" по́льзуется в стране́ подде́ржкой 70 проце́нтов населе́ния.

лу́чший	- bester
мне dat. см.я	
обме́н мне́ниями	- Meinungsaustausch
пра́вящие круги́	- herrschende Kreise
совреме́нный	- gegenwärtig; modern
сотру́дничество	- Zusammenarbeit
укрепи́ть	- stärken
у́ровень	- Niveau, Stand

Ü 10 <u>Wortbildung</u>

Bitte, erschließen Sie anhand Ihnen bekannter Signale Unbekanntes aus Bekanntem:

разви́тие ...	значе́ние ...
развива́ть ...	значи́тельный ...
развива́ться ...	значи́ть ...
рабо́та ...	встре́ча ...
рабо́тать ...	встреча́ть ...

жизнь ...
жить ...
жи́зненный ...
жи́тель ...

Силы империализма пытаются решить кипрский вопрос в своих интересах путем раздела острова.

(Из газет).

Их подхо́д...

Рис. В. Фомичева.

о́стров	- Insel
подхо́д	- Zugang, "approach"
путём	- "auf dem Wege", durch
разде́л	- Teilung

Ü 11 Schrift:

Bitte, lesen Sie!

Телеви́дение с 24 по 30 сентября́

П Л Е́ Н У М
НА́ЧАЛ РАБО́ТУ

Парти́йная жизнь

Совеща́ние акти́ва идеологи́ческих рабо́тников Москвы́

8. L E K T I O N

Lernziel

Erkennung und Interpretation von Passivkonstruktionen, Textverständnis, die wichtigsten Konjunktionen, Erkennung des Konjunktivs und der Fragesätze

---

Ü 1 **Wiederholung**

Bitte, wiederholen Sie Lektion 5, Übung 10!

Ü 2 **Passiv**

Vergleichen Sie, bitte, folgende Sätze!

1. aktiv: Рабо́чие организу́ют демонстра́цию. - ...
2. reflexiv: Рабо́чие организу́ются. - ...
3. passiv: Демонстра́ция организу́ется рабо́чими. - ...

Im Russischen können reflexive Verbformen passive Bedeutung signalisieren. Reflexive Formen, die ein Substantiv im Instrumentalis bei sich haben, weisen oft auf eine Passivkonstruktion hin, wobei im Instrumentalis der Urheber der Handlung angegeben wird.

Ü 3 **Textverständnis**

Achten Sie bei der Lektüre der folgenden Sätze darauf, daß der Instrumentalis auf den Urheber der Handlung hinweist!

Догово́р подпи́сывается обе́ими сторона́ми.

Пробле́ма реша́ется руково́дством па́ртии.

Рабо́та конфере́нции продолжа́ется.

В 1972 г. э́кспорт несоциалисти́ческого ми́ра увели́чился по сравне́нию с 1971 го́дом на 18,5 %.

В 70-е го́ды в подхо́де Пеки́на к разли́чным гру́ппам африка́нских стран наблюда́ются измене́ния: заме́тно растёт интере́с к стра́нам прoза́падной ориента́ции.

Результа́ты перегово́ров Генера́льного секретаря́ ЦК КПСС Л.И.Бре́жнева с президе́нтом США Р.Ни́ксоном, президе́нтом Фра́нции Ж.Помпиду́, ка́нцлером ФРГ В.Бра́ндтом и руководи́телями ря́да други́х стран рассма́триваются как значи́тельный вклад в обеспе́чение междунаро́дного ми́ра и безопа́сности и продолже́ние проце́сса разря́дки.

Я рассма́триваю визи́т в СССР, говори́тся в телегра́мме Косы́гина, как ва́жную возмо́жность для укрепле́ния сотру́дничества ме́жду на́шими стра́нами.

Журна́л "Пробле́мы ми́ра и социали́зма" выпуска́ется 51 бра́тской па́ртией.

В рабо́тах Са́ртра, Камю́, Мерло́-Понти́, С. де Бовуа́р игнори́руется кла́ссовая су́щность фаши́зма.

В главе́ "За́падная Евро́па и США" анализи́руется отноше́ния ме́жду За́падной Евро́пой и США, поли́тика "атланти́зма", вое́нно-полити́ческая консолида́ция Се́веро-атланти́ческого сою́за, западноевропе́йская интегра́ция.

Позити́вное разви́тие: Официа́льный визи́т президе́нта Португа́льской Респу́блики Ф. да Ко́шта Го́меша в Сове́тский Сою́з продолжа́ет комменти́роваться в португа́льской печа́ти.

Вне́шняя поли́тика СССР определя́ется социалисти́ческим хара́ктером сове́тского обще́ственного и госуда́рственного стро́я.

выпуска́ть	- hinauslassen; herausgeben
глава́,-вы́ f.	- Kapitel
измене́ние	- Veränderung
наблюда́ть	- beobachten
обеспе́чение	- Versorgung, Sicherung
определя́ть	- festellen, bestimmen, definieren
подхо́д	- Zugang, Einstellung
рассма́тривать	- erkennen,beurteilen; betrachten
руково́дство	- Leitung, Führung
сравне́ние	- Vergleich
строй	- Bau, Struktur
су́щность	- Wesen, Kern

Ü 4 Konjunktionen

Richtiges Verständnis der Konjunktionen ist deshalb besonders sichtig, weil die Konjunktionen den Sinn des Satzgefüges oft in hohem Maße festlegen oder verändern. Maßgebend für die folgende Auswahl war die Häufigkeit des Vorkommens in den relevanten Texten. Einige der Konjunktionen sind bereits bekannt.

а	- und; aber; (nach Verneinung) sondern	и́бо	- denn,da,weil
		и́ли	- oder
же (nach gestellt)	- aber; jedoch, hingegen; denn	и́ли...и́ли	- entweder...oder
		и́менно, а и́менно	- undzwar; nämlich
и	- und; auch	но	- aber; sondern
и...и	- sowohl... als auch	однáко	- doch,aber; indessen
		поэ́тому	- deshalb

Ка́нцлер ФРГ Г.Шмидт вы́ступил вчера́ по ра́дио и телеви́дению с заявле́нием.

Принима́ли уча́стие все, а и́менно Петро́в, Ива́но́в и Си́доров.

И́менно поэ́тому реше́ние пробле́мы нам не удало́сь.

Мы око́нчили рабо́ту, и́бо уже бы́ло по́здно.

Что же каса́ется пла́на проду́кции, то ещё ну́жно говори́ть о нём.

И он и она́ э́то зна́ют.

Быть и́ли не быть - вот в чём вопро́с.

В ми́тингах проте́ста приня́ли уча́стие не то́лько рабо́чие, но и студе́нты.

План выполня́ется и́ли в ноябре́ и́ли в декабре́ го́да.

Одна́ко проце́сс укрепле́ния ЕЭС привёл к измене́нию ро́ли За́падной Евро́пы во всём капиталисти́ческом ми́ре.

Он говори́л и с юри́стом.

Занима́ются вопро́сом европе́йской безопа́сности и в ФРГ.

Он рабо́тает в министе́рстве вне́шней торго́вли, а она́ в министе́рстве иностра́нных дел.

Па́ртия большевико́в рассма́тривала борьбу́ испа́нского наро́да не как ча́стное де́ло испа́нцев, а о́бщее де́ло всего́ прогресси́вного челове́чества.

выполня́ть	- erfüllen
знать	- wissen
око́нчить	- beenden
по́здно	- spät
привести́	- führen
уда́ться	- gelingen

Ü 5 Leseverständnis

О ВИЗИ́ТЕ А. А. ГРО́МЫКО В КАНА́ДУ

По приглаше́нию кана́дского прави́тельства член Политбюро́ ЦК КПСС, мини́стр иностра́нных дел СССР А. А. Громы́ко посети́т 25—26 сентября́ Кана́ду с офици́альным визи́том.

Гость из ФРГ

По приглаше́нию Сове́та Мини́стров РСФСР 22 сентября́ в Москву́ при́был председа́тель ХДС, премье́р-мини́стр зе́мли Ре́йнланд-Пфальц (ФРГ) Г. Коль.

На аэродро́ме его встреча́ли замести́тель Председа́теля Сове́та Мини́стров РСФСР В. А. Де́мченко, мини́стр иностра́нных дел РСФСР Ф. Е. Ти́тов, други́е официа́льные лица.

А́втор кни́ги с 1968 по 1973 г. рабо́тал в ка́честве замести́теля генера́льного секретаря́ ООН по полити́ческим вопро́сам и дела́м Сове́та Безопа́сности.

кни́га	- Buch
посети́ть	- besuchen

Ü 6 Konjunktionen (Forts.)

Auch die folgenden Konjunktionen sind sehr häufig:

где	- wo
е́сли.., то...	- wenn..., dann...
как	- wie
когда́	- als, wenn
пока́	- während, solange
потому́ что	- weil
что	- daß; was
что́бы	- um zu; damit; daß

В телегра́ммах пи́шется, что сове́тско-камеру́нские отноше́ния полу́чат дальне́йшее разви́тие.

По мне́нию ЦК КПФ,- говори́тся в заявле́нии пле́нума,- необходи́мо приступи́ть к подгото́вке конфере́нции коммунисти́ческих па́ртий Евро́пы, что́бы рассмотре́ть но́вое положе́ние в Евро́пе.

О.Во́лков говори́л в своём докла́де о том, как повы́сить экономи́ческую эффекти́вность автоматиза́ции.

Агита́тор в свое́й ре́чи стреми́лся к тому́, что́бы рабо́чие измени́ли своё отноше́ние к забасто́вке.

Значи́тельно укрепи́лись пози́ции коммуни́стов в городско́м собра́нии Копенга́гена, где КПА получи́ла 7 из 55 депута́тских мест.

Нельзя́ сказа́ть, что́бы в Североатланти́ческом бло́ке по́сле Хе́льсинки всё оста́лось без измене́ний.

Пери́од рабо́ты Ма́ркса в "Ре́йнской Газе́те" Ле́нин характеризу́ет как пери́од, когда́ намеча́ется перехо́д Ма́ркса от идеали́зма к материали́зму и от революцио́нного демократи́зма к коммуни́зму.

Пока́ пролетариа́т ещё нужда́ется в госуда́рстве, он нужда́ется в нём не в интере́сах свобо́ды, а в интере́сах подавле́ния свои́х проти́вников.

Е́сли по́льский вопро́с пра́вящие круги́ капиталисти́ческих стран счита́ли междунаро́дным вопро́сом, то че́шского вопро́са как междунаро́дного в 1870ых года́х не существова́ло.

Това́рищ Петро́в не мо́жет идти́ в теа́тр, потому́ что за́втра бу́дет собра́ние на заво́де.

Е́сли в 1962 г. среди́ депута́тов Верхо́вного Сове́та бы́ло 23,5 % рабо́чих, то в 1970 г. - 31,4%.

городско́й см. го́род
дальне́йший - weiterer
за́втра - morgen
идти́ - gehen
намеча́ться - sich abzeichnen
нельзя́ - man kann nicht
необходи́мо - es ist notwendig
нужда́ться - nötig haben
перехо́д - Übergang
повы́сить - erhöhen
подавле́ние - Unterdrückung
подгото́вка - Vorbereitung
получа́ть - bekommen
приступи́ть - beginnen
проти́вник см. про́тив, -ик
рассмотре́ть - prüfen, untersuchen
среди́ - zwischen, unter

Ü 7 Modale Hilfsverben

In der vorigen Übung haben Sie zwei neue Wörter kennen gelernt, die deutschen modalen Hilfsverben entsprechen.

необходи́мо приступи́ть к подгото́вке конфере́нции

нельзя́ сказа́ть, ...

Bekannt ist Ihnen bereits:

мо́жно сказа́ть ...

Diese Wörter kommen auch im Futur und Präteritum vor:

мо́жно бу́дет ...

нельзя́ бы́ло ...

Auch ein russischer Infinitiv kann mitunter im Deutschen einem modalen Hilfsverb entsprechen.

Во́лков говори́л в своём докла́де о том, как повы́сить эффекти́вность.

Ü 8 Konjunktiv

Der russische Konjunktiv ist leicht an der Partikel

бы

zu erkennen, die in Verbindung mit einer Verbform der Vergangenheit auftritt. Ebenso wie den russischen Präteritumformen entsprechen dem russischen Konjunktiv im Deutschen verschiedene Zeitstufen:

она́ могла́ бы
- sie könne
- sie könnte (würde können)
- sie habe gekonnt
- sie hätte gekonnt

Э́тот ло́зунг противоре́чил бы ку́рсу па́ртии на ми́рное развитие револю́ции.

Е́сли бы она́ могла́, она́ пришла́ бы к нам.

По мне́нию журнали́ста бы́ло бы интере́сно, говори́ть о вопро́се европе́йской безопа́сности.

Е́сли бы мы не заключи́ли Бре́стского ми́ра, мы сра́зу отда́ли бы власть ру́сской буржуази́и.

Der russische Konjunktiv muß im Deutschen keineswegs schematisch als Konjunktiv aufgefaßt werden: Sein Gebrauch ist oft lediglich durch ein bestimmtes Verb oder einen adverbialen Ausdruck bedingt, dessen deutsche Entsprechung keinen Konjunktiv bei sich hat.

План тре́бует, что́бы но́рмы выполня́ли. (чтобы aus что бы)

Профсою́зы типогра́фских рабо́чих тре́буют тако́го повыше́ния зарпла́ты, кото́рое бы компенси́ровало рост цен за проше́дший пери́од.

заключи́ть - (ab)schließen
отда́ть - zurückgeben
приходи́ть/прийти́ - kommen
противоре́чить см.противоре́чие
проше́дший - vergangen
сра́зу - sofort
тре́бовать см.тре́бование

Ü 9 Fragesätze

Die Partikel

ли

signalisiert entweder eine direkte Frage und bleibt in diesem Falle unübersetzt, oder eine indirekte Frage und bedeutet dann "ob".

Име́ет ли э́тот вопро́с большо́е значе́ние?

Влия́ет ли э́тот фа́ктор на реше́ние пробле́мы?

В свое́й рабо́те а́втор пыта́ется определи́ть, соотве́тствует ли э́та тео́рия действи́тельности.

влия́ть см. влия́ние
действи́тельность - Wirklichkeit
пыта́ться - versuchen

Ü 10 Texte zur Wiederholung

Тра́урный ми́тинг в Пеки́не: Пеки́н, 16. ТАСС. Здесь состоя́лись тра́урная церемо́ния и ми́тинг по слу́чаю конча́ны премье́ра Госсове́та КНР Чжоу Энь-Ла́я.

"Ги́тлеры" прихо́дят и ухо́дят, а герма́нский наро́д и германское госуда́рство остаю́тся.

По ме́ре того́, как активизи́ровалась борьба́ Ма́ртина Лю́тера Ки́нга за равнопра́вие не́гров, уси́ливалась не́нависть к нему́ реа́кции.

Капитали́сты боро́лись не то́лько про́тив экономи́ческих тре́бований рабо́чих, но и помога́ли цари́зму вести́ полити́ческую борьбу́ с революцио́нным аванга́рдом.

Разря́дка явля́ется еди́нственной альтернати́вой я́дерной конфронта́ции.

еди́нственный	- einziger
кончи́на	- Tod, Ableben
не́нависть	- Haß
помога́ть см. по́мощь	
равнопра́вие	- Gleichberechtigung
уходи́ть/уйти́	- (weg)gehen

В то время как зарплата трудящихся в странах **капитала находится в** тесных рамках ограничений, цены на товары растут практически бесконтрольно. **(Из газет).**

В нера́вных усло́виях. **Рис. В. Тильмана.**

Pravda, 11.9.1976

9. L E K T I O N

Lernziel

Erkennung und Interpretation von Präfixen, Textverständnis

Ü 1 Wiederholung

1. Крити́ка председа́теля относи́лась ко мне. ....
   ....
2. Сего́дня состои́тся в италья́нском парла́менте деба́ты по пра- ви́тельственной програ́мме. ....
   ....
3. Специфи́ческим для совреме́нного эта́па фа́ктором явля́ется значи́тельный рост культу́рного у́ровня рабо́чего кла́сса.
   ....
   ....
4. Догово́р подпи́сывается обе́ими сторона́ми. ....
   ....
5. Пробле́ма реша́ется руково́дством па́ртии. ....
   ....
6. "Ги́тлеры" прихо́дят и ухо́дят, а герма́нский наро́д и гер- ма́нское госуда́рство остаю́тся. ....
   ....
7. По мне́нию журнали́ста бы́ло бы интере́сно, говори́ть о вопро́- се европе́йской безопа́сности. ....
   ....

Ü 2 Die Präfixe

Sie haben bereits eine große Zahl von Präfixen kennengelernt. Denken Sie beispielsweise an

вы́работать	ausarbeiten	вы-
внести́	hineintragen	в-
за̀мести́тель (место)	Stellvertreter	за-
обсужде́ние (суд)	Erörterung	об-

Wenn Sie die Bedeutung der Präfixe kennen, erweitert sich damit Ihr Wortschatz um ein Vielfaches.

Der Zusammenhang zwischen Präfixen und Präpositionen ist augenfällig.

In dem Beispiel

из (aus, heraus) дава́ть (geben)

издава́ть (herausgeben)

ist der bedeutungsmäßige Zusammenhang relativ eng. Leider gilt dies nur für die Minderzahl der Fälle. Die meisten Präfixe haben nicht nur eine mehr oder weniger stark abweichende Bedeutung gegenüber den Präpositionen, aus denen sie sich entwickelt haben, sondern ihre Bedeutung variiert auch stark. Bei den Verbpräfixen kommt hinzu, daß sie oft lediglich den vollendeten Aspekt markieren, also bedeutungsleer sind.

Beispiel: писа́ть/написа́ть

Ле́нин написа́л протоко́л заседа́ния.

aber: писа́ть подписа́ть

Мини́стр подписа́л докуме́нт.

Die Grammatikübersicht auf Seite 625 enthält eine Auswahl der Präfixe, von denen einige im Folgenden vorgestellt werden. Aus den Tagesvokabellisten sind Ihnen bereits viele dieser Präfixe bekannt. Welche erkennen Sie in den folgenden Texten wieder?

Ü 3 Textverständnis und Präfixe

Bitte, lesen Sie und versuchen Sie, Präfixe zu erkennen!

В главе́ "Преодоле́ние анархи́зма в профессиона́льном движе́нии" рассма́тривается пози́ция анархи́стов в вопро́се ро́ли профсою́зов в освободи́тельной борьбе́ рабо́чего кла́сса и строи́тельстве но́вого, социалисти́ческого о́бщества. Перестро́йка организацио́нной структу́ры профсою́зов по произво́дственной систе́ме на осно́ве при́нципов демократи́ческого централи́зма встре́тила акти́вное сопротивле́ние со стороны́ анархи́стов, меньшевико́в и эсе́ров. Анархи́сты агити́ровали за децентрализа́цию профессиона́льного движе́ния, построе́ние ма́ссовых организа́ций рабо́чих на осно́ве федерали́зма. Но, как отмеча́ет а́втор, им не удало́сь повести́ за собо́й рабо́чий класс. Анархи́сты выступа́ли про́тив испо́льзования пролета́рского госуда́рства в ка́честве ору́дия построе́ния социали́зма и противопоставля́ли профсою́зы Сове́там, госуда́рственным о́рганам управле́ния наро́дным хозя́йством и пра́вящей Коммунисти́ческой па́ртии. .....

Um was für eine Auseinandersetzung geht es in dem Text? Welche Rolle spielt dabei der "demokratische Zentralismus"? Um was für einen Text handelt es sich?

Расшире́ние междунаро́дного сотру́дничества на осно́ве равнопра́вия, взаимной вы́годы и невмеша́телства во вну́тренние дела́ - важне́йший фа́ктор углубле́ния разря́дки напряжённости, дальне́йшего укрепле́ния ми́ра и безопа́сности ме́жду наро́дами.

Основно́й зада́чей социа́л-демократи́ческой фра́кции в Госуда́рственной ду́ме явля́ется соде́йствие кла́ссовому воспита́нию и кла́ссовой борьбе́ пролетариа́та как для освобожде́ния трудя́щихся от капиталисти́ческой эксплуата́ции, так и для выполне́ния им ро́ли полити́ческого вождя́, кото́рую он до́лжен сыгра́ть в ны́нешней буржуа́зно-демократи́ческой револю́ции в Росси́и.

(aus dem Beschluß einer Versammlung von Bevollmächtigten der Arbeiterkurie in Baku über die Aufgaben der sozial-demokratischen Abgeordneten der 3. Duma, 22.9.1907)

В 1974 г. продолжа́лось расшире́ние и углубле́ние проце́сса специализа́ции и коопери́рования в стра́нах-чле́нах СЭВ.

(aus einem Bericht über die wirtschaftliche Entwicklung im RGW-Bereich, veröffentlicht in "Voprosy ėkonomiki", No.6,1975)

Ü 4 Lexikonbenutzung

Lesen Sie den Satz:

Изда́тельство "Мысль" в Москве́ выпуска́ет мно́го книг по исто́рии.

Das Wort "изда́тельство" ist Ihnen bisher nicht bekannt. Bitte, suchen Sie nun das in Ihrem Lexikon (Bielfeldt) verzeichnete Präfix "из-" sowie das "Grundwort" "дать".

Aus Präfix und Grundwort werden Sie ohne Schwierigkeiten die Bedeutung des präfigierten Wortes erschließen.

Ein solches "indirektes" Nachschlagen lohnt den zeitlichen Aufwand, den es kostet. Wenn Sie in den nächsten Tagen öfter nach dieser Methode verfahren, d.h. nicht das unbekannte Wort unmittelbar, sondern das unbekannte Präfix und/oder das unbekannte Grundwort nachschlagen, werden Sie sehr schnell den Schlüssel zum Verständnis zahlloser Wörter gewinnen.

Ü 5 Textverständnis

Bitte, lesen Sie!

Его́ Превосходи́тельству
господи́ну Валери́ Жиска́р д'Эстэ́ну
Президе́нту Францу́зской Респу́блики

Уважа́емый господи́н Президе́нт,
направля́ю Вам серде́чные поздравле́ния в связи́ с избра́нием Вас на пост Президе́нта Францу́зской Респу́блики.
В Сове́тском Сою́зе высоко́ це́нят то, что традицио́нные дру́жественные отноше́ния ме́жду на́шими стра́нами получа́ют всё бо́лее плодотво́рное и разносторо́ннее разви́тие как в полити́ческой о́бласти, так и в сфе́рах торго́во-экономи́ческого, нау́чно-техни́ческого и культу́рного сотру́дничества.

Поли́тика согла́сия СССР и Фра́нции, кото́рая стро́ится на обою́дной заинтересо́ванности в укрепле́нии европе́йской и междунаро́дной безопа́сности, ста́ла постоя́нным элеме́нтом междунаро́дной жи́зни, ва́жным фа́ктором ми́ра. После́довательное проведе́ние э́той поли́тики - кру́пный вклад в де́ло углубле́ния проце́сса разря́дки напряжённости, утвержде́ния при́нципов ми́рного сосуществова́ния в ка́честве но́рмы взаимоотноше́ний госуда́рств с разли́чным обще́ственным стро́ем.
Мы твёрдо убежде́ны, что, сле́дуя тем ку́рсом, кото́рый получи́л закрепле́ние в основополага́ющих сове́тско-францу́зских докуме́нтах - При́нципах сотру́дничества ме́жду СССР и Фра́нцией и Протоко́ле о полити́ческих консульта́циях, на́ши стра́ны добью́тся ещё бо́лее весо́мых результа́тов в де́ле дальне́йшего разви́тия взаимовы́годного двусторо́ннего сотру́дничеста, активиза́ции совме́стных уси́лий в по́льзу ми́ра и безопа́сности в Евро́пе и во всём ми́ре.
Прими́те, господи́н Президе́нт, наилу́чшие пожела́ния успе́хов в Ва́шей но́вой де́ятельности, благополу́чия и процвета́ния наро́ду Фра́нции.

Н. Подго́рный

Его Превосходительству

господину Валери ЖИСКАР д'ЭСТЭНУ

Президенту Французской Республики

Уважаемый господин Президент,

направляю Вам сердечные поздравления в связи с избранием Вас на пост Президента Французской Республики.

В Советском Союзе высоко ценят то, что традиционные дружественные отношения между нашими странами получают все более плодотворное и разностороннее развитие как в политической области, так и в сферах торгово-экономического, научно-технического и культурного сотрудничества.

Политика согласия СССР и Франции, которая строится на обоюдной заинтересованности в укреплении европейской и международной безопасности, стала постоянным элементом международной жизни, важным фактором мира. Последовательное проведение этой политики — крупный вклад в дело углубления процесса разрядки напряженности, утверждения принципов мирного сосуществования в качестве нормы взаимоотношений государств с различным общественным строем.

Мы твердо убеждены, что, следуя тем курсом, который получил закрепление в основополагающих советско-французских документах—Принципах сотрудничества между СССР и Францией и Протоколе о политических консультациях, наши страны добьются еще более весомых результатов в деле дальнейшего развития взаимовыгодного двустороннего сотрудничества, активизации совместных усилий в пользу мира и безопасности в Европе и во всем мире.

Примите, господин Президент, наилучшие пожелания успехов в Вашей новой деятельности, благополучия и процветания народу Франции.

Н. ПОДГОРНЫЙ

Правда,
22-ого мая
1974 г.

благополу́чие - Wohlergehen
бо́лее - mehr
вас, вам gen./akk.,dat. см.вы - ihr,Sie
весо́мый - gewichtig
взаимовы́годный - für beide Seiten nützlich
взаимоотноше́ния pl. - gegenseitige Beziehungen
всё - immer
высоко́ - hoch
господи́н - Herr
двусторо́нний - bilateral, zweiseitig
дру́жественный - freundschaftlich
его́ - (hier:) seiner
заинтересо́ванность - Interessiertheit, Interesse
закрепле́ние - Festigung, Sicherung
избра́ние - Wahl
ка́чество - Qualität, Eigenschaft
(в) ка́честве - als
кру́пный - groß, bedeutend
наилу́чший - bester
(я) направля́ю поздравле́ния - ich richte Glückwünsche
обою́дный - gegen-, beiderseitig
основополага́ющий - grundlegend, Grund-
плодотво́рный - fruchtbar
пожела́ние - Wunsch
по́льза - Nutzen
после́довательный - konsequent

превосходи́тельство - Exzellenz
techn
приму́те imp.pl. см.приня́ть

процвета́ние - Gedeihen, Bemühen
разносторо́нний - vielseitig
серде́чный - herzlich
сле́дуя тем ку́рсом - wenn man dem Kurs folgt
совме́стный - gemeinsam
строй - Bau; Ordnung
твёрдый - fest
(мы) убеждены́ - wir sind überzeugt
уважа́емый - geehrt
утвержде́ние - Bestätigung; Festigung
цени́ть - schätzen

«НО́ЖНИЦЫ» ЦЕНЗУ́РЫ. Рис. В. Тильмана.

4.2.1974, Pravda
("Schere der Zensur")

10. L E K T I O N

Lernziel

Erkennung und Interpretation von Partizipien (Langformen), substantivierten Partizipien und partizipialen Konstruktionen, Leseverständnis

---

Ü 1 **Lektüre zur Wiederholung und Partizipien**

Versuchen Sie, die folgenden kleinen Texte zu verstehen!

1. Западногерма́нские институ́ты подде́рживают те́сную связь с институ́тами США и А́нглии, занима́ющимися исто́рией СССР.

2. В систе́ме западногерма́нской "Ostforschung" ви́дное ме́сто занима́ет Ге́ттингенское иссле́довательское о́бщество (Göttinger Arbeitskreis), со́зданное в 1946 г.

3. Приме́ром игнори́рования всеми́рно-истори́ческого значе́ния Вели́кого Октября́ мо́жет служи́ть юбиле́йный фундамента́льный труд по исто́рии лейбори́стской па́ртии, вы́пущенный в 1925 г.

4. Все ука́занные о́бщества вы́полнили тре́буемые англи́йскими зако́нами усло́вия при их образова́нии и зарегистри́рованы в министе́рстве торго́вли.

5. Возро́сший интере́с студе́нческой обще́ственности ФРГ к маркси́зму-ленини́зму (об э́том пи́шут сами́ а́вторы сбо́рника) испо́льзуется для культиви́рования у неме́цкой молодёжи чу́вства вражде́бности к сове́тскому наро́ду. Э́то же мо́жно сказа́ть и о ку́рсе ле́кций по маркси́зму, прочи́танных в Тю́бингенском университе́те.

6. Основны́м содержа́нием на́шей эпо́хи явля́ется перехо́д от капитали́зма к социали́зму, на́чатый Вели́кой Октя́брьской револю́цией в Росси́и.

7. Больши́е успе́хи Сове́тского Сою́за в о́бласти эконо́мики, нау́ки и те́хники, результа́ты, дости́гнутые други́ми социалисти́ческими стра́нами, пока́зывают вели́кую жи́зненность социали́зма.

8. Контраге́нт поруча́ет О́бществу прода́жу во всей Росси́и и за грани́цей (в слу́чае, предусма́триваемом § 15 сего́ догово́ра) производи́мых Контраге́нтом для прода́жи предме́тов своего́ произво́дства.

ви́дный	-	bedeutend
возрасти́	-	anwachsen
вражде́бность	-	Feindseligkeit
выпуска́ть/вы́пустить	-	herausgeben
жи́зненность см.жизнь		
иссле́довательский	-	Forschungs-
молодёжь	-	Jugend
неме́цкий	-	deutsch
основно́й см.осно́ва		
перехо́д	-	Übergang
подде́рживать	-	unterstützen,aufrecht erhalten
поруча́ть	-	übertragen
приме́р	-	Beispiel
продава́ть/прода́ть	-	verkaufen
прода́жа см.продава́ть		
производи́ть см.произво́дство		
сей, сего́	-	dieser
содержа́ние	-	Inhalt
создава́ть/созда́ть	-	gründen
ука́зывать/указа́ть	-	angeben

Die Texte enthalten Partizipien. Als ausgesprochen buchsprachliche Erscheinung sind diese Formen der Verben sehr häufig in den relevanten Texten zu finden und darum für Sie von sehr großer Bedeutung.
Scheuen Sie sich, bitte, beim Lesen nicht, die partizipiale Satzkonstruktion, die im Deutschen oft ungewöhnlich oder gar unpassend scheint, ruhig nachzuvollziehen. Das auf diese Weise gewonnene Verständnis eines Satzes reicht oft für Ihre Zwecke aus.

Ü 2 Erkennungsmerkmale für Partizipien

Bitte, suchen Sie aus Ü 1 die Partizipformen heraus. Vom Verständnis der Satzzusammenhänge her wird es Ihnen nicht schwerfallen zu erkennen, daß es passive und aktive Formen des Partizips gibt.
Statistisch am häufigsten sind die Formen des Partizips Präteritum Passiv, etwas weniger häufig die Partizipien des Präsens Aktiv. Die anderen Formen sind vergleichsweise selten.
Die Partizipformen sind an charakteristischen Suffixen zu erkennen. Pragmatisch ausgedrückt: Wenn bei einem Wort, das als Adjektiv erkennbar ist, dem Adjektivmerkmal ein

	-u- oder -a- Laut + щ	(präs.akt.)
oder	-НН-, ЕНН-, -ЁНН-, -Т-	(präs.pass.)

vorangeht, handelt es sich meist um Partizipien.
Zur Erleichterung ist der Grammatik eine Übersicht über die Erkennungsmerkmale der Partizipien beigefügt. (S.617)

Ü 3 Rückbildung von Partizipien

Wenn Sie die partizipialen Formen als solche erkennen, ergeben sich zwei Schwierigkeiten:

1. Wie finden Sie die Bedeutung des zugrundeliegenden Verbs im Lexikon?
2. Wie ist die partizipiale Form im Satzzusammenhang zu interpretieren?

Für das erste Problem gibt es eine sehr einfache Lösung: Sie finden die Grundform im Lexikon, indem Sie die Erkennungsmerkmale für das Adjektiv und für das Partizip abstreichen und ein zu dem verbleibenden Worttorso passendes Verb suchen. Die Praxis wird Ihnen zeigen, daß Sie bei dieser Methode kaum je mehr als eine Spalte des Lexikons zu überfliegen brauchen.

Ü 4 Lexikonbenutzung

Bitte, suchen Sie nach der in Ü 3 beschriebenen Methode die Grundformen zu den partizipialen Formen im Lexikon!

занима - ющ - ими - ся ....
созда - нн - ое ....
выпущ - енн - ый ....

Im dritten Fall stoßen Sie auf eine Schwierigkeit: Lassen Sie sich nicht von der Tatsache verwirren, daß in partizipialen Formen ein Lautwandel gegenüber der Grundform des entsprechenden Verbs vorliegen kann.

Ü 5 Syntaktische Funktion der Partizipien

Die zweite in Ü 3 genannte Schwierigkeit liegt darin, daß das Partizip im Satz oft nicht neben seinem Bezugswort steht. Benutzen Sie deshalb die Kombinatorik-Übersicht auf S. 631!

Кни́ги выхо́дят в изда́тельстве "Нау́ка".
... выходя́щие в изда́тельстве "Нау́ка" кни́ги ...
Выходя́щие в изда́тельстве "Нау́ка" кни́ги продаю́тся в специа́льных кни́жных магази́нах.

Институ́ты занима́ются исто́рией СССР.
... занима́ющиеся исто́рией СССР институ́ты ...
Западногерма́нские институ́ты подде́рживают те́сную связь с занима́ющимися исто́рией СССР институ́тами США и А́нглии.

На произво́дстве возника́ют ва́жные измене́ния.

... возника́ющие на произво́дстве ва́жные измене́ния ...

Возника́ющие на произво́дстве ва́жные измене́ния име́ют огро́мное экономи́ческое значе́ние.

возника́ть/возни́кнуть - entstehen
кни́жный см.кни́га
продава́ть/прода́ть - verkaufen
те́сный - eng

Der Vergleich zeigt Ihnen, daß die Partizipien in der Sprache dort Verwendung finden, wo es darum geht, selbständige Sätze so umzuformen, daß sie als Teilsätze in eine komplexe Satzstruktur integriert werden können. Bildlich könnte dies folgendermaßen dargestellt werden:

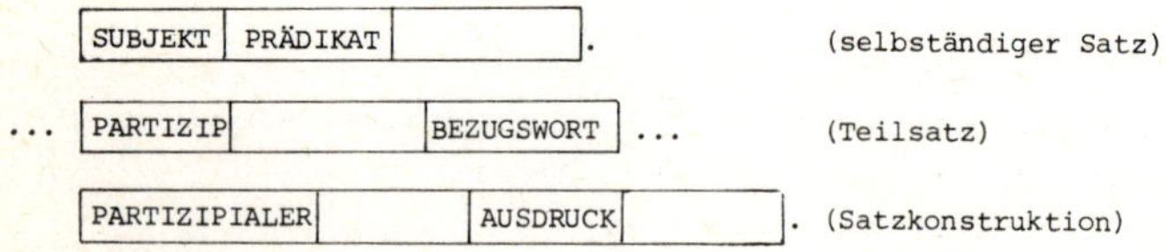

	SUBJEKT	PRÄDIKAT		.	(selbständiger Satz)
...	PARTIZIP		BEZUGSWORT	...	(Teilsatz)
	PARTIZIPIALER		AUSDRUCK	.	(Satzkonstruktion)

Lesen Sie den folgenden Satz: (kritisiert wird hier Bertrand Russells Sicht der Oktoberrevolution von 1920)

Э́то была́ конце́пция буржуа́, переходя́щего на пози́ции лейбори́зма, фронди́рующего про́тив ста́рого руково́дства Фабиа́нского о́бщества и жонгли́рующего ста́вшими мо́дными по́сле Октя́брьской револю́ции поня́тиями.

переходить/перейти см.переход
понятие - Begriff

In diesem Satz sind die partizipialen Formen ihrem Bezugswort nachgestellt. Dieser Fall ist außerordentlich häufig. Als einfach zu findende und dabei elegante Auflösung solcher ("nachgestellter Partizipial"-) Konstruktionen bietet sich der Relativsatz an.

Ü 6 Adjektivierung und Substantivierung von Partizipien

Es gibt eine große Zahl von adjektivierten und von substantivierten Partizipien, die Sie kennen sollten.

SUBSTANTIVIERT

бу́дущее,-его Zukunft

Э́то бы́ло ва́жное реше́ние о бу́дущем страны́.

трудя́щийся,-егося Werktätiger
Трудя́щиеся протесту́ют про́тив инфля́ции.
уча́щийся,-егося Schüler, Student
В а́вгусте мно́го уча́щихся рабо́тает в Сиби́ри.
слу́жащий,-его Angestellter
Слу́жащие и рабо́чие - две ва́жных гру́ппы о́бщества.

ADJEKTIVIERT

сле́дующий,-его folgender, nächster
сле́дующий това́рищ
блестя́щий,-его glänzend, glanzvoll
блестя́щий результа́т
люби́мый,-ого beliebt, Lieblings-
люби́мый а́втор
бу́дущий,-его zukünftig
бу́дущее устро́йство о́бщества
госпо́дствующий,-его herrschend
госпо́дствующие кла́ссы

Ü 7 Partizipien (Erkennung und Interpretation)

Übersetzen Sie folgende Sätze!

При́нципы ми́рного сосуществова́ния ста́ли правово́й но́рмой, регули́рующей отноше́ния ме́жду госуда́рствами.

Свои́ми аргуме́нтами они́ убеди́ли свои́х колле́г, уча́ствующих в забасто́вке.

Наро́дные комисса́ры спо́рили о вопро́се, решённом уже́ давно́ съе́здом па́ртии.

Рабо́чие получи́ли повыше́ние зарпла́ты, соотве́тствующее их тре́бованиям.

Се́льское и городско́е населе́ние уча́ствовало в выполне́нии пятиле́тки, при́нятой съе́здом Верхо́вного Сове́та.

Игра́ющие роль аргуме́нты бы́ли сле́дующие.

Ока́зывающие нам по́мощь организа́ции бы́ли сле́дующие.

Часть живу́щих в Моско́вской губе́рнии крестья́н пересели́лась в Сиби́рь.

Съезд рабо́чих и солда́тских депута́тов при́нял соотве́тствующие тре́бованиям Росси́йской Социа́л-демократи́ческой Рабо́чей па́ртии /РСДРП/ ме́ры.

Охвати́вший капиталисти́ческий мир энергети́ческий кри́зис чрезвыча́йно обостри́л отноше́ния ме́жду стра́нами "О́бщего ры́нка" и Соединёнными Шта́тами /США/.

На строи́тельстве кана́ла применя́лись но́вые маши́ны, выпуска́емые на́шей промы́шленностью.

Рецензи́руемая кни́га, подгото́вленная Акаде́мией обще́ственных нау́к при ЦК КПСС представля́ет собо́й оди́н из пе́рвых трудо́в о ра́звитом социали́зме.

Руководя́щая и мобилизи́рующая роль на́шей па́ртии я́рко проявля́ется в де́ятельности её перви́чных организа́ции.

давно́ - längst
жить см. жизнь
зарпла́та = за́работная пла́та
обостри́ть - zuspitzen
охвати́ть - erfassen
перви́чный - Grund-
пересели́ться - übersiedeln
подготовля́ть - vorbereiten
правово́й см. пра́во
представля́ть собо́й - darstellen
применя́ть - anwenden, einsetzen
проявля́ть - hervortreten
пятиле́тка - Fünfjahresplan
се́льский - ländlich
спо́рить - streiten
убеди́ть v. см. убежда́ть uv. - überzeugen
уча́ствовать - teilnehmen
чрезвыча́йный - außerordentlich
я́ркий - leuchtend

Ü 8 Wortbildung

Sie kennen bereits eine große Zahl von Wörtern, die männliche Personen bezeichnen.

инициа́тор
сена́тор
а́втор -ор
констру́ктор

писа́тель
де́ятель
руководи́тель -ель (weibl. -ительница)
представи́тель

социали́ст
национали́ст
маркси́ст
коммуни́ст -ист (weibl. -истка)
-
полеми́ст
экономи́ст

Wichtig sind auch folgende Gruppen von Wörtern:

теоре́тик
кри́тик
докла́дчик (см.докла́д) -ик (weibl. -ица)
поме́щик (Gutsbesitzer)
худо́жник (Künstler)

боре́ц,-рца́ (см.борьба́)
комсомо́лец,-льца
не́мец,-мца
белогварде́ец,-е́йца -ец (weibl. -ка)
красноарме́ец,-е́йца
торго́вец,-вца (см.торго́вля)

Огромный ущерб экономическому развитию стран Латинской Америки наносит деятельность иностранного монополистического капитала. (Из газет).

Неоколониали́стское разделе́ние труда́. Рис. В. Волкова.

Pravda, 9.7.1976

11. LEKTION

Lernziel

Erkennung und Interpretation der Partizipien (Kurzformen), der Kurzformen der Adjektive, Rückbildung der Partizipien, Erkennung von Steigerungsformen

---

Ü 1 **Wiederholung**

1. Nennen Sie, bitte, die Grundbedeutung folgender Präfixe! Die Beispiele sollen eine Gedächtnisstütze sein.

a) под-, подо- .... подписа́ть докуме́нт
b) из- (=ис), изо- .... издава́ть брошю́ру
c) вы- .... вы́работать план
d) в-, во- .... ввози́ть капита́л
e) пере-, пре- .... перерабо́тать статью́

Übersetzen Sie, bitte, und bedenken Sie dabei, daß das Partizip und sein Bezugswort oft nicht nebeneinander stehen!

2. ... занима́ющиеся исто́рией СССР институ́ты ...
....
3. ... охвати́вший капиталисти́ческий мир энергети́ческий кри́зис
....
4. ... живу́щие в Моско́вской губе́рнии крестья́не ...
....
5. ... изло́женная Бре́жневым програ́мма ...
....
6. ... при́нятое съездом реше́ние ...
....
7. Рецензи́руемая кни́га, подгото́вленная Акаде́мией обще́ственных нау́к при ЦК КПСС представля́ет собо́й оди́н из пе́рвых трудо́в о ра́звитом социали́зме.
....
....

Ü 2 **Wiederholung und Kurzformen der Partizipien**

Bitte, lesen Sie!

1. В сотру́дничестве с исто́риками други́х буржуа́зных стран (США и Ита́лии) западногерма́нские исто́рики предприня́ли совме́стное изда́ние специа́льной се́рии книг по исто́рии Октя́брьской револю́ции ("Труды́ по исто́рии Восто́чной Евро́пы"). В ней и́зданы, в ча́стности, рабо́ты В.Га́львега "Возвраще́ние Ле́нина в Росси́ю в 1917 г.", П.Ша́йберта "От Баку́нина до Ле́нина" и О.А́нвайлера "Возникнове́ние и разви́тие сове́тов в Росси́и 1905 - 1925 гг."

Wie wird die Herausgabe der Bücher Hahlwegs, Scheiberts und Anweilers in dem Text interpretiert?

2. Все ука́занные о́бщества вы́полнили тре́буемые англи́йскими зако́нами усло́вия при их образова́нии и зарегистри́рованы в Министе́рстве торго́вли.

In welcher Weise erfüllten die Aktiengesellschaften die englischen Gesetze?

3. В 1929 францу́зскими прогресси́вными буржуа́зными исто́риками М.Бло́ком и Л.Фе́вром был осно́ван журна́л "Annales d'histoire économique et sociale", ста́вший крупне́йшим (по́сле "Revue historique") францу́зским истори́ческим журна́лом.

Wie wird die Bedeutung der Zeitschrift "Annales" eingeschätzt?

4. В э́тих журна́лах "Ру́сский архи́в", "Ру́сская старина́", "Истори́ческий ве́стник" опублико́вано мно́го це́нных пи́сьменных исто́чников по исто́рии Росси́и, осо́бенно мемуа́ров, пи́сем, дне́вников, а́ктов и докуме́нтов.

Was wurde in den genannten Zeitschriften veröffentlicht?

5. Завершен пе́рвый эта́п диску́ссии. Пози́ция Изра́иля реши́тельно осуждена́. Заявле́ние Сове́тского прави́тельства нахо́дит широ́кую подде́ржку.

Wie stellt sich die sowjetische Politik im Sicherheitsrat der UNO in der Israelfrage dar?

6. Всё уси́ливающимся противоре́чиям ме́жду стра́нами империали́зма противостои́т расту́щее еди́нство стран социалисти́ческого содру́жества.

Wie ist hier das Verhältnis zwischen den imperialistischen und sozialistischen Ländern charakterisiert?

7. 4 декабря́ в Москве́ в результа́те прове́денных перегово́ров подпи́сано соглаше́ние об оказа́нии техни́ческого соде́йствия Наро́дной Респу́блике Болга́рии в строи́тельстве в 1976 - 1980 гг. промы́шленных предприя́тий и други́х объе́ктов.

Worum geht es in dem Abkommen zwischen der UdSSR und der VR Bulgarien?

ве́стник	- Bote
возвраще́ние	- Rückkehr
возникнове́ние	- Entstehung
дне́вник	- Tagebuch
изда́ние см.дать	
исто́чник	- Quelle
крупне́йший	- bedeutendster
находи́ть/найти́	- finden
оказа́ние см.оказа́ть	
основа́ть см.осно́ва	
осо́бенно adv.	- besonders
пи́сьменный см.писа́ть	
письмо́	- Brief
подписа́ть см.писа́ть	
предприня́ть	- unternehmen
проведённый см.провести́	- durchführen
противостоя́ть	- gegenüberstellen
расту́щий см.расти́	
реши́тельно adv. см.реши́ть	
соглаше́ние	- Abkommen
соде́йствие см.соде́йствовать	
содру́жество	- Gemeinschaft
це́нный см.цена́	
в ча́стности	- unter anderem

Ü 3 <u>Kurzformen des Partizips</u>

Neben den Ihnen bekannten vier"Langformen" des Partizips gibt es noch von den Passivpartizipien abgeleitete sog. "Kurzformen". Es sind dies Partizipformen, die ihre adjektivische Endung -ый oder -ий eingebüßt haben. Vor allem die vom Partizip Präteritum Passiv abgeleitete Kurzform ist sehr gebräuchlich. Sie tritt in prädikativer Funktion (oft in Verbindung mit einer Form von "быть") auf und ist deshalb nur nach Genus und Numerus veränderlich. Die Kurzform des Partizip Präsens Passiv ist dagegen äußerst selten und kann hier vernachlässigt werden. Vergleichen Sie:

Partizip Präteritum Passiv

Langform	Kurzform
вы́работанный план	План вы́работан.
проведённая пе́репись населе́ния	Пе́репись населе́ния бу́дет проведена́ в 1984 году́.

опубликóванное сообщéние	Бы́ло опубликóвано сообщéние.
полýченные результáты	Результáты полýчены.

Anmerkung: In diesem Zusammenhang sei darauf hingewiesen, daß entsprechende Kurzformen, die von Adjektiven gebildet sind, in prädikativer Stellung gebraucht werden. Sie sind verhältnismäßig selten. Z.B.:

Adjektiv

Langform	Kurzform
трýдная задáча	Задáча труднá.
высóкий дом	Дом высóк.
прáвильное решéние	Решéние прáвильно.
трýдные задáчи	Задáчи трудны́.
живóй примéр героúзма	Лéнин жив.

живóй см.жизнь
пéрепись - Zählung
прáвильный - richtig
проведённый см.провестú - durchführen
трýдный см.труд

Ü 4 Kurzformen des Partizips und des Adjektivs

Лорéнсу-Мáркиш, 27. /ТАСС/

Здесь подпúсано коммюникé об установлéнии дипломатúческих отношéний и обмéне дипломатúческими представúтельствами мéжду Совéтским Сою́зом и Нарóдной Респýбликой Мозамбúк.

В кнúге представлены основны́е направлéния наýчных интерéсов А.Л.Сúдорова.

Предусмóтрена возмóжность введéния на Парúжскую бúржу áкций Рýсско-Балтúйского óбщества.

Решéние бы́ло прúнято большинствóм голосóв.

Истóрия россúйского либералúзма в начáле XX вéка изýчена слáбо.

Интервью́ с дирéктором и ответственным редáктором югослáвской газéты бы́ло опубликóвано.

Вчера́ договорённость была́ дости́гнута.

Разви́тие госуда́рственно-монополисти́ческого капитали́зма неразры́вно свя́зано с разви́тием бюрократи́ческо-технократи́ческого аппара́та.

Програ́мма ми́ра при́нята XXIV съе́здом КПСС.

Освобождено́ о́коло 70 проце́нтов террито́рии страны́.

За́втра бу́дут напеча́таны материа́лы конгре́сса.

Вне́шняя поли́тика СССР напра́влена на достиже́ние ми́ра.

Е́сли все си́лы ми́ра на земле́ объединя́тся, что́бы сде́лать необрати́мым всё то хоро́шее и положи́тельное, что бы́ло дости́гнуто в результа́те осуществле́ния Програ́ммы ми́ра, при́нятой XXIV съе́здом КПСС, то мы суме́ем навсегда́ изба́виться от войн и постро́ить но́вый мир.

При определе́нии теку́щих и перспекти́вных зада́ч экономи́ческого и социа́льно-полити́ческого разви́тия па́ртия исхо́дит из того́, что в на́шей стране́ постро́ено ра́звитое социалисти́ческое о́бщество, постепе́нно перераста́ющее в коммунисти́ческое.

Ли́ния КПСС в отноше́нии КНР ясна́ и после́довательна.

введе́ние см.вести́
договорённость см.догово́р
достиже́ние см.достига́ть
здесь - hier
изба́виться - sich retten
изуча́ть - erforschen
исходи́ть см.ходи́ть = gehen
навсегда́ см.всегда́
направле́ние - Richtung, Tendenz
направля́ть/напра́вить - richten
необрати́мый - irreversibel
неразры́вно - untrennbar
объединя́ться - sich vereinigen
о́коло + gen. - fast
определе́ние см.определя́ть
освобожда́ть/освободи́ть см.свобо́да
осуществле́ние - Verwirklichung
отве́тственный см.отвеча́ть, отве́т
перераста́ть см.расти́
перспекти́вный - künftig
печа́тать/напеча́тать - drucken
положи́тельный - positiv
постепе́нный - allmählich
постро́ить v. см.стро́ить uv.

представля́ть/предста́вить	-	darstellen
связа́ть см.связь		
сла́бо	-	schwach, schlecht
суме́ть	-	können
установле́ние	-	Errichtung
хоро́ший	-	gut
я́сный	-	klar

Ü 5 Rückbildung von Partizipien

Beim Auffinden des einem Partizip zugehörigen Infinitivs ergeben sich gewisse Schwierigkeiten. Bitte, erinnern Sie sich an die Rückbildungsregel auf S. 97 und suchen Sie mit Hilfe des Lexikons die Infinitive zu folgenden Partizipien.

встре́ченный
встреч-
...........v. treffen

возвращённый
возвращ-
.... v. zurückerstatten

оби́женный
обиж-
.... v. beleidigen

освобождённый
освобожд-
.............v. befreien

повы́шенный
повыш-
.... v. steigern

опу́щенный
опущ-
.... v. auslassen

осла́бленный
ослабл-
.... v. schwächen

ку́пленный
купл-
.... v. kaufen

поста́вленный
поставл-
.... v. liefern

Ü 6 Rückbildung von Partizipien (Fortsetzung)

Stehen vor dem Infix -енн/ -ённ ein

-ж- -жд- -ч- -ш- -щso weist dies sehr oft auf einen Lautwandel gegenüber dem Infinitiv hin. Ein

-л-

vor dem Infix ist sehr oft zusätzlich eingeschoben. Zur Rückbildung solcherFormen: Vergleichen Sie den Lautwandel in Ihrer Grammatik und Lektion 6, Ü 11 und 12.

Ü 7 Die Steigerung (Erkennung des Komparativs)

Steigerungsformen der Adjektive sind meist leicht zu erkennen. Adjektive, vor denen das Wort

бо́лее = mehr oder ме́нее = weniger

steht, sind Komparative. Бо́лее und ме́нее sind indeklinabel, das zugehörige Adjektiv folgt den Regeln der Kongruenz, d.h. es stimmt in Genus, Numerus und Kasus mit seinem Bezugswort überein. Beispiele:

бо́лее (ме́нее) бы́строе реше́ние
бо́лее (ме́нее) высо́кая цена́
бо́лее (ме́нее) ва́жный вопро́с
бо́лее (ме́нее) ра́нние сро́ки

Das im Zusammenhang mit dem Komparativ sehr häufig vorkommende Wort "чем" ist eine "vergleichende" Konjunktion und entspricht dem deutschen "als".

— Мы должны́ сде́лать «О́бщий ры́нок»...

...бо́лее совреме́нным.

Рис. М. Абрамова.

Правда, 28 января 1976 г.

Ü 8 Der Komparativ (Erkennung und Interpretation)

Bitte, lesen Sie!

Бо́лее высо́кий у́ровень производи́тельности труда́ в Домбро́вском бассе́йне характе́рен для всего́ рассма́триваемого пери́ода (1880-1913).

В го́ды пе́рвой мирово́й войны́ Украи́на име́ла уже́ бо́лее чем миллио́нный рабо́чий класс.

Не ме́нее ва́жны печа́тные выступле́ния делега́та IV конгре́сса Коминте́рна Франси́ско Пи́нтоса, публикова́вшиеся в газе́те "Justicia".

Рабо́ты ука́занных а́второв (Ля́щенко, Ге́фтер и др.)позволя́ют бо́лее убеди́тельно, на основа́нии соли́дных документа́льных да́нных, суди́ть о взаимоотноше́ниях монопо́лий с ца́рским прави́тельством.

Эконо́мика Сове́тского Туркмениста́на в девя́той пятиле́тке развива́ется бо́лее бы́стрыми те́мпами, чем в предыду́щем пятиле́тии.

Есть ли у нас кни́га, кото́рая даёт нам бо́лее и́ли ме́нее по́лную карти́ну ме́ста и ро́ли национа́льного моме́нта в совреме́нном мирово́м проце́ссе? К сожале́нию, нет.

бы́стрый - schnell
да́нные см.дава́ть/дать
девя́тый - neunter
име́ть - haben
карти́на - Bild
основа́ние см.осно́ва
печа́тный см.печа́ть
позволя́ть/позво́лить - gestatten
по́лный - vollständig
предыду́щий см.идти́ = gehen
производи́тельность см.произво́дство
суди́ть см.суд
убеди́тельный - überzeugend

Ü 9 Der Superlativ (Erkennung)

Auch der Superlativ tritt im Russischen oft als zusammengesetzte Form auf. Adjektive, vor denen das Wort

са́мый (-ая, -ое; -ые)

steht, haben Superlativbedeutung. Са́мый ist deklinabel und kongruiert mit dem zugehörigen Adjektiv und dessen Beziehungswort. Das seltenere Wort наибо́лее signalisiert Ihnen ebenfalls den Superlativ. Es ist indeklinabel.

Beispiele:

са́мый интере́сный вопро́с
са́мое кру́пное предприя́тие
са́мые бы́стрые реше́ния

наибо́лее вероя́тный кандида́т (wahrscheinlich)

Ü 10 Der Superlativ (Erkennung und Interpretation)

Bitte, lesen Sie!

Ф.Пи́нтос явля́ется са́мым кру́пным уругва́йским исто́риком Октября́.

Госуда́рственный сове́т был одни́м из наибо́лее реакцио́нных и консервати́вных учрежде́ний ца́рской Росси́и.

Октя́брьская револю́ция принесла́ но́вые иде́и в са́мую большу́ю латиноамерика́нскую страну́ - Брази́лию.

Росси́йский рабо́чий класс уже́ в нача́ле XX в. был са́мым революцио́нным кла́ссом не то́лько в на́шей стране́, но и во всём ми́ре.

Са́мое си́льное влия́ние среди́ парти́йных руководи́телей име́л Ста́лин.

Неде́ля А́зии - э́то но́вая фо́рма борьбы́ миллио́нов и миллио́нов люде́й за са́мые насу́щные интере́сы азиа́тских наро́дов.

Э́тот го́род принадлежи́т к са́мому кру́пному промы́шленному райо́ну страны́.

Са́мые передовы́е представи́тели брази́льской обще́ственности приве́тствовали и высоко́ оцени́ли роль и значе́ние Октя́брьской револю́ции.

Ганс Ро́тфельс не нужда́ется в простра́нных рекоменда́циях: Он признанный глава наиболее влиятельной группы буржуазных историков ФРГ.

влия́тельный см.влия́ние		
насу́щный	-	Lebens-
не то́лько ... но и	-	nicht nur ... sondern auch
оце́нивать/оцени́ть	-	einschätzen
передово́й	-	fortschrittlich
приве́тствовать	-	begrüßen
признава́ть/призна́ть	-	anerkennen

принадлежа́ть	-	gehören
приноси́ть/принести́	-	bringen
простра́нный	-	ausführlich
си́льный см.си́ла		
учрежде́ние	-	Institution

Ü 11 Der Komparativ (Forts.)

Neben den zusammengesetzten Komparativ- und Superlativformen gibt es sogenannte einfache Formen. Sie sind an charakteristischen Suffixen erkennbar. Das häufigste Suffix lautet

-ее

Es tritt an die Stelle der Adjektivendung des Positivs und kann auch eine Steigerung des Adverbs signalisieren.

Beispiele:

ва́жный	-	важне́е	=	бо́лее ва́жный
интере́сный	-	интере́снее	=	бо́лее интере́сный
но́вый	-	нове́е	=	бо́лее но́вый
си́льный	-	сильне́е	=	бо́лее си́льный

Über die genannten hinaus gibt es noch weitere Suffixe, an denen Sie den einfachen Komparativ erkennen können. Sie kommen allerdings vor allem mit Lautwandel und anderen Unregelmäßigkeiten kombiniert vor und sollen hier deshalb vernachlässigt werden. Sie sind alle in das Wörterverzeichnis aufgenommen. Nach mehrmaligem Nachschlagen werden Ihnen diese Formen vertraut sein.

Ü 12 Komparativ (Erkennung und Interpretation)

Bitte, lesen Sie!

В сбо́рник вошли́ в перерабо́танном ви́де все ра́нее опублико́ванные рабо́ты по ука́занной пробле́ме.

Коли́чество голосо́в в 1974 на 70 проце́нтов бо́льше, чем в 1970 году́.

По́сле книги Дж.Не́ру "Сове́тская Росси́я", вы́пущенной в 1928г., в газе́тах и журна́лах И́ндии на́чали ча́ще печа́таться корреспонде́нции о Росси́и.

Во́ля наро́дов сильне́е войны́.

бо́льше	-	größer
вид	-	Art, Weise; Aspekt
вошли́ prät. см.входи́ть/войти́		

колúчество - Quantität
на + Prozentangabe - um
рáнний - früh
чáще см. чáстый
чем - (hier:) als

Ü 13 Genitivformen nach Komparativen

Manchmal folgen Komparativformen Substantive oder Adjektive im Genitiv. Sie bezeichnen die Wörter, die zum Vergleich herangezogen werden.

Ленингрáд бóльше Кúева.
= Ленингрáд бóльше, чем Кúев.

Э́тот вопрóс важнée другóго.
= Э́тот вопрóс важнée, чем другóй.

Merken Sie sich, bitte, in diesem Zusammenhang besonders:

бóльше всегó vor allem ("mehr als alles")
чáще всегó meistens ("öfter als alles")

Ü 14 Superlativ (Erkennung und Interpretation)

Die einfache Form des Superlativs ist erkennbar an dem Infix

-ЕЙШ- , -АЙШ- ,

das an den Adjektivstamm angehängt ist. Die einfachen Superlativformen sind deklinierbar wie normale Adjektive. Sehr oft sind sie als Elativ aufzufassen.
Beispiele:

вáжный	важнéйший	wichtig
глáвный	главнéйший	hauptsächlich
интерéсный	интереснéйший	interessant
блúзкий	ближáйший	nahe
дáльний	дальнéйший	weit

в ближáйшее врéмя
обсуждéние важнéйших проблéм
быстрéйшая реализáция положéний
интереснéйшие кни́ги

"Фóльксваген" - крупнéйший в ФРГ автомобúльный концéрн.

Важнéйшим этáпом в развúтии аграрной теóрии пóсле Велúкой Октя́брьской революции явúлся лéнинский кооперати́вный план.

П.Н.Милюко́в счёл "полити́ческое, эконо́ми́ческое и финансо́вое сближе́ние с США ... одно́й из важне́йших ближа́йших зада́ч".

ближа́йший см.бли́зкий
сближе́ние - Annäherung
счесть см.счита́ть
яви́ться см.явля́ться

Ü 15 Unregelmäßige Formen

Zu den wichtigen Unregelmäßigkeiten und Schwierigkeiten der Steigerung von Adjektiven gehören:

1. Es gibt eine besondere Gruppe von Komparativen, die Komparativ- und teilweise zugleich Superlativbedeutung haben und deklinabel sind:

бо́льший	größerer
ме́ньший	kleinerer
вы́сший	höherer, höchster, oberster
ни́зший	niedrigerer, niedrigster, schlechtester
лу́чший	besserer, bester
ху́дший	schlechterer, schlechtester
ста́рший	älterer, ältester
мла́дший	jüngerer, jüngster

2. Der Komparativ kann durch folgende sehr häufig vorkommende Wörter/ Wendungen verstärkt werden:

ещё
ещё ме́ньше — noch weniger

всё
всё бо́льше — immer mehr

гора́здо
гора́здо быстре́е — bei weitem schneller

как мо́жно
как мо́жно про́ще — so einfach wie möglich

Anmerkung: Einige einfache Superlativformen sind zugleich deklinable Komparative. Besonders wichtig ist das Wort дальне́йший = der weiteste, weitere.

Beispiel: дальне́йший проце́сс экономи́ческого разви́тия

Ü 16 Steigerung der Adverbien

Adverbien, die von Adjektiven abgeleitet sind, haben im Komparativ die gleiche Form wie der einfache Komparativ des entsprechenden Adjektivs. Der Superlativ des Adverbs besteht aus der einfachen Komparativform in Verbindung mit всего́ oder всех.

Пётр рабо́тает быстре́е, чем Ири́на.
Они́ вы́полнили план ра́ньше сро́ка.
Он чита́ет быстре́е всех.
Бо́льше всего́ она́ лю́бит свою́ ро́дину.

любить - lieben

Ü 17 Wendungen

Lesen Sie, bitte, und prägen Sie sich die Fügungen ein!
Die Bedeutung der Wörter ist in Ü 15 angegeben.

бо́льший — бо́льшее значе́ние; бо́льшей ча́стью

ме́ньший — ме́ньший челове́к; по ме́ньшей ме́ре

вы́сший — вы́сший проце́нт; вы́сшая матема́тика; вы́сшее уче́бное заведе́ние /=ВУЗ/

ни́зший — ни́зший у́ровень; ни́зшая ра́са

лу́чший — лу́чшее реше́ние

ху́дший — ху́дшее положе́ние

ста́рший — ста́рший брат; ста́рший лейтена́нт

мла́дший — мла́дшая сестра́; мла́дшее поколе́ние

Мла́дший нау́чный сотру́дник, как пра́вило, ведёт самостоя́тельную те́му и мо́жет руководи́ть гру́ппой сотру́дников.

Ста́рший нау́чный сотру́дник избира́ется на но́вый срок че́рез ка́ждые 5 лет.

избира́ть/избра́ть
пра́вило - Regel
самостоя́тельный - selbständig
сотру́дник см.сотру́дничество

Ü 18 Leseverständnis

Bitte, lesen Sie!

Перегово́ры на вы́сшем у́ровне ме́жду Л.И.Бре́жневым и Р.Ни́ксоном состоя́лись в ма́е 1972 го́да и в ию́не 1973 го́да.Они́ име́ли бо́льшее значе́ние, чем предше́ствующие встре́чи. Ме́жду обе́ими стра́нами происхо́дит переме́на полити́ческого кли́мата к лу́чшему.

Wie unterscheidet der Autor die sowjetisch-amerikanischen Treffen von 1972 von denen danach?

Серьёзный кри́зис пережива́ет эконо́мика Уругва́я. Дефици́т торго́вого бала́нса страны́ возро́с за во́семь ме́сяцев теку́щего го́да бо́лее чем на 71 проце́нт и составля́ет о́коло 103 миллио́нов до́лларов.

Um welches Problem handelt es sich?

Ва́жное реше́ние
Бонн, 12. /ТАСС/. Сего́дня бундесра́т (пала́та зе́мель западногерма́нского парла́мента) единогла́сно ратифици́ровал подпи́санные в октябре́ про́шлого го́да соглаше́ния ме́жду ФРГ и ПНР, предусма́тривающие дальне́йшую нормализа́цию и разви́тие отноше́ний ме́жду 2 стра́нами.
Ра́нее э́ти соглаше́ния бы́ли одо́брены бундеста́гом ФРГ.
Федера́льный президе́нт ФРГ В.Шеель подписа́л сего́дня зако́н о ратифика́ции соглаше́ний ме́жду ФРГ и ПНР.

Welchen Vorgang beschreibt die Pravda-Notiz?

единогла́сно см.го́лос
одобря́ть/одобри́ть - billigen
переме́на - Änderung
предше́ствующий - vorhergehend
составля́ть/соста́вить - sich belaufen auf
торго́вый см.торго́вля

12. LEKTION

Lernziel

Erkennung und Interpretation des Adverbialpartizips

Ü 1 Wiederholung

1. Реше́ние было при́нято большинство́м голосо́в.
   ....
2. Москва́ более кру́пный промы́шленный центр, чем Ленингра́д.
   ....
3. Wie lautet der Infinitiv zu встре́ченный? ....
4. дости́гнутая договорённость ....
5. Договорённость дости́гнута. ....
6. руководи́мое инжене́ром предприя́тие ....
7. Э́тот вариа́нт лу́чше друго́го. ....
8. на 20 % ме́ньше, чем в 1960 году́ ....
9. как мо́жно быстре́е ....
10. Господство капита́ла междунаро́дно. ....
    ....

Ü 2 Wiederholung und Adverbialpartizip

Lesen Sie, bitte, und versuchen Sie, die syntaktische Funktion der unbekannten Verbformen zu erraten!

1. Говоря́ о поли́тике китайского руково́дства в отноше́нии Индии, а́втор ука́зывает, что Китай подде́рживает сепарати́стские движе́ния на се́веро - восто́ке Индии, снабжа́я их ору́жием и обуча́я их ме́тодам веде́ния партиза́нской войны́.

Welche Politik betreibt China angeblich in Indien? Um was für einen Text handelt es sich?

2. Премье́р-мини́стр Инди́ра Га́нди, выступа́я по ра́дио, заяви́ла что чрезвыча́йное положе́ние пришло́сь объяви́ть потому́, что наме́рение оппозицио́нных па́ртий организова́ть беспоря́дки созда́ло серьёзную угро́зу демокра́тии.

Worum ging es Indira Gandi in ihrer Radioansprache?

3. Ли́ма 1. /ТАСС/ ... Каса́ясь экономи́ческого положе́ния страны́, президе́нт Перу́ Франси́ско Мора́лес Берму́дес заяви́л: Одно́й из важне́йших зада́ч прави́тельства явля́ется проведе́ние радика́льных преобразова́ний, напра́вленных на повыше́ние у́ровня жи́зни перуа́нцев.

Welches Programm entwickelt der peruanische Präsident?

беспоря́док - Unruhe
веде́ние см.вести́ = führen
кита́йский см.Кита́й
наме́рение - Absicht
обуча́ть - lehren
обьяви́ть - erklären
ору́жие - Waffe
преобразова́ние - Reform
пришло́сь prät. см.прийти́сь = müssen
се́веро- - Nord-
снабжа́ть - versorgen
угро́за - Drohung, Gefahr
чрезвыча́йное положе́ние - Ausnahmezustand

Ü 3 Das Adverbialpartizip (Satzstruktur)

Eine wichtige Erscheinung in den für uns relevanten Texten ist das sogenannte Adverbialpartizip. Es stellt im Satz eine Art zweites (zugeordnetes, untergeordnetes) Prädikat dar. Dabei ist beiden Prädikaten logischerweise das Subjekt gemeinsam.

Schema:

UNTERGEORDNETES PRÄDIKAT (meist mit Objekt o.ä.)	SUBJEKT	HAUPTPRÄDIKAT (u.U. mit Objekt)
Выступа́я в парла́менте,	мини́стр	заяви́л сле́дующее.

Ü 4 Adverbialpartizip (Satzstruktur, Fortsetzung)

In einigen Fällen ist auch eine andere Reihenfolge des Schemas möglich:
SUBJEKT - HAUPTPRÄDIKAT - UNTERGEORDNETES PRÄDIKAT oder
SUBJEKT - UNTERGEORDNETES PRÄDIKAT - HAUPTPRÄDIKAT.

СССР и США,

исходя́ из того́, что я́дерная война́ име́ла бы для всего́ челове́чества опустоши́тельные после́дствия, учи́тывая, что эффекти́вные ме́ры по ограниче́нию систе́м противораке́тной оборо́ны привели́ бы к уменьше́нию опа́сности возникнове́ния войны́ с примене́нием я́дерного ору́жия,

исходя́ из того́, что ограниче́ние систе́м противораке́тной оборо́ны спосо́бствовали бы созда́нию бо́лее благоприя́тных усло́вий для после́дующих перегово́ров по ограниче́нию стратеги́ческих вооруже́ний,

учи́тывая свои́ обяза́тельства по статье́ VI Догово́ра о нераспростране́нии я́дерного ору́жия,

заявля́я о своём наме́рении как мо́жно скоре́е дости́гнуть прекраще́ния го́нки я́дерных вооруже́ний,

жела́я соде́йствовать разря́дке напряжённости,

согласи́лись о нижесле́дующем: ...

Welches sind die Gründe für die Einigung zwischen den USA und der UdSSR? Um was für einen Text handelt es sich?

благоприя́тный	- günstig
вооруже́ние	- Rüstung
го́нка вооруже́ний	- Wettrüsten
жела́ть	- wünschen
нераспростране́ние	- Nichtweiterverbreitung
нижесле́дующий	- (weiter) unten folgend
оборо́на	- Verteidung
обяза́тельство	- Verpflichtung
ограниче́ние см.грани́ца	
опа́сность	- Gefahr
опустоши́тельный	- verheerend
после́дствие	- Folge
примене́ние	- Anwendung
ско́рый	- schnell
соглаша́ться/согласи́ться	см.соглаше́ние
созда́ние см.созда́ть	
уменьше́ние	- Verringerung
учи́тывать/уче́сть	- berücksichtigen
я́дерный	- nuklear

Eine formale Verwechselung mit dem adjektivischen Signal -ая und -яя ist vermeidbar: Das Adverbialpartizip steht fast immer am Beginn einer Satzkonstruktion, d.h. am Beginn eines Satzes oder nach einem Komma.

J 5 Adverbialpartizip (Fortsetzung)

Schwierigkeiten beim Verstehen des Adverbialpartizips treten in zweierlei Hinsicht auf: Erstens bei der zutreffenden Zuordnung zum Hauptprädikat - das Adverbialpartizip kann unterschiedliche Bedeutung haben und muß vom deutschen Leser also interpretiert werden, zweitens insbesondere bei der zeitlichen Zuordnung - es gibt Adverbialpartizipien der Gleichzeitigkeit und der Vorzeitigkeit.

Ü 6 Adverbialpartizip (Rohübersetzung)

Die erste Schwierigkeit ist meist mit einer Rohübersetzung lösbar: In Frage kommen hier

1. die Wiedergabe mit einem deutschen Partizip,
2. die Erhebung der Adverbialpartizipkonstruktion zu einem Hauptsatz, der dem eigentlichen Hauptsatz beigeordnet wird.

Die Variante 1 ist im Deutschen außerordentlich unelegant, bietet aber den Vorzug, daß die russische Wortstellung weitgehend erhalten werden kann. Die Variante 2 ist stilistisch meist gut, kommt aber nicht in allen Fällen in Betracht.

Ü 7 Adverbialpartizip (Rohübersetzung)

Geben Sie, bitte, eine Rohübersetzung der folgenden Beispielsätze! Suchen Sie zunächst das Subjekt des Gesamtsatzes!

Выступáя в парлáменте, минúстр заявúл слéдующее.
Отвечáя на вопрóсы журналúстов, Кúссинджер сказáл: ...
Считáя положéние опаснéйшим, ЦК заявлáет слéдующее.

Ü 8 Adverbialpartizip (deutsche Entsprechungen)

Versuchen Sie nun, eine stilistisch bessere deutsche Entsprechung für das Adverbialpartizip zu finden!

1. Выступáя в парлáменте, минúстр заявúл слéдующее.
2. Отвечáя на вопрóсы журналúстов, Кúссинджер сказáл: ...

In den Beispielen 1 und 2 ist die Wiedergabe der Adverbialpartizipkonstruktion durch ein passendes prädikatives Substantiv am besten.

3. Считая положéние опаснéйшим, ЦК заявлáет слéдующее.

Im Beispiel 3 ist die Widergabe durch einen kausalen Nebensatz am besten.

Ü 9 Adverbialpartizip (zeitliches Verhältnis zum Hauptprädikat)

Für eine richtige zeitliche Zuordnung ist es erforderlich, die unterschiedlichen Erkennungssignale des Adverbialpartizips zu kennen.

Es werden zwei Adverbialpartizipien unterschieden:

das Adverbialpartizip der Gleichzeitigkeit ("während")

das Adverbialpartizip der Vorzeitigkeit ("nachdem").

Bei dieser Unterscheidung liegt als Kriterium das unterschiedliche zeitliche Verhältnis des untergeordneten Prädikats zum Hauptprädikat zugrunde.

Ü 10 Adverbialpartizip der Gleichzeitigkeit (Erkennung)

Das Adverbialpartizip der Gleichzeitigkeit ist an dem formbildenden Suffix

-я (-ясь)

zu erkennen, das am Wortende steht. Das Adverbialpartizip der Gleichzeitigkeit ist vom unvollendeten Aspekt gebildet. Beispiele:

Infinitiv (uv.)		Adverbialpartizip der Gleichzeitigkeit
учи́тывать	berücksichtigen	учи́тыва-я
жела́ть	wünschen	жела́-я
заявля́ть	erklären	заявля́-я
име́ть	haben	име́-я
издава́ть	herausgeben	издава́-я
выраба́тывать	ausarbeiten	выраба́тыва-я
развива́ться	sich entwickeln	развива́-ясь
находи́ться	sich befinden	наход-я́сь
aber: быть	sein	бу́дучи

Нато́вский аккомпанеме́нт. Рис. М. Абрамова.

Ü 11 Adverbialpartizip der Vorzeitigkeit (Erkennung)

Das Adverbialpartizip der Vorzeitigkeit ist an dem formbildenden Suffix

-в (-вшись)

zu erkennen, das am Wortende steht. Das Adverbialpartizip der Vorzeitigkeit ist vom vollendeten Aspekt gebildet.

Beispiele:

Infinitiv (v.)		Adverbialpartizip der Vorzeitigkeit
получи́ть	bekommen	получи́-в
реши́ть	lösen, entscheiden	реши́-в
око́нчить	beenden	око́нчи-в
оста́вить	lassen	оста́ви-в
возни́кнуть	entstehen	возни́к-ши (s.u.)
убеди́ться	sich überzeugen	убеди́-вшись
преврати́ться	sich verwandeln	преврати́-вшись

Anmerkungen: 1. In sehr seltenen Fällen kann das formbildende Suffix statt -в auch -вши sein: выступи́вши (=выступи́в), написа́вши (=написа́в). Nach Konsonanten lautet das Suffix -ши: возни́кши.

2. Adverbialpartizipien, die von Komposita der Verben идти́ (gehen) und нести́ (tragen) gebildet sind, enden zwar auf -я, sind aber dennoch Adverbialpartizipien der Vorzeitigkeit.

Ü 12 Adverbialpartizip (Erkennung des zeitlichen Verhältnisses)

VergleichenSiefolgende Konstruktionen! Achten Sie dabei vor allem auf das zeitliche Verhältnis zwischen dem untergeordneten und dem Hauptprädikat!

Издава́я информацио́нное бюллете́нь, аге́нтство сообща́ет об отъе́зде мини́стра из Москвы́.

Аге́нтство издаёт информацио́нное бюллете́нь о перегово́рах. В нём оно́ сообща́ет об отъе́зде мини́стра из Москвы́.

...

Возни́кши в нача́ле 19 ве́ка в А́нглии, рабо́чее движе́ние пото́м распространи́лось по всему́ ми́ру.

В нача́ле 19 ве́ка рабо́чее движе́ние возни́кло в А́нглии. Пото́м оно́ распространи́лось по всему́ ми́ру.

Вырабáтывая план, комиссия бýдет способствовать развитию сотрýдничества мéжду обéими стрáнами.
Комиссия бýдет вырабо́тать план. Тем онá бýдет способствовать развитию сотрýдничества мéжду обéими стрáнами.

...

Успéшно решив пéрвую проблéму, инженéр сейчáс рабóтает над решéнием послéдующей.
Инженéр успéшно решил пéрвую проблéму. Сейчáс он рабóтает над решéнием послéдующей.

...

Находясь ещё на Кýбе, делегáция заявила о результáтах встреч.
Делегáция ещё находилась на Кýбе. Онá заявила о результáтах встреч.

...

Окóнчив университéт в Москвé, армя́нская студéнтка покá не хочет возвратиться на Кавкáз.
Армя́нская студéнтка окóнчила университéт в Москвé. Онá покá не хóчет возвратиться на Кавкáз.

...

Получив повышéние зарплáты, рабóчий всё-таки не бýдет покупáть энциклопéдию.
Рабóчий получил повышéние зарплáты. Но всё-таки не бýдет покупáть энциклопéдию.

...

Развивáясь быстро, нарóдное хозя́йство Алгéрии достигло ужé бóльших успéхов.
Нарóдное хозя́йство Алгéрии развивáлось быстро. Онó ужé достигло бóльших успéхов.

возвращáться/возвратиться	- zurückkehren
возникáть/возникнуть	- entstehen
всё-таки	- trotzdem
достигáть/достигнуть	- erreichen
окáнчивать/окóнчить	- beenden
покá	- während, solange; einstweilen, vorläufig
покупáть/купить	- kaufen
послéдующий	- (darauf)folgend
потóм	- später, dann
распространя́ться/распространиться	- sich ausbreiten

Ü 13 Adverbialpartizip (deutsche Entsprechungen, Fortsetzung)

Die Satzbeispiele in den vorhergehenden Lerneinheiten haben gezeigt, daß das Adverbialpartizip bei der Übersetzung meistens zu einem vollständigen Hauptsatz entwickelt werden kann, der neben den eigentlichen Hauptsatz tritt. Diese parataktische Rohübersetzung erschließt zumeist den ungefähren Sinn des Textes.
Eine Präzisierung des Verhältnisses von Haupt- und Nebenprädikat wird im Deutschen meist als notwendig empfunden. Der Verwendung eines prädikativen Substantivs ist die Umformung des Adverbialpartizips in einen Nebensatz meist vorzuziehen.
Bitte, interpretieren Sie die folgenden Adverbialpartizipien mit Hilfe eines Nebensatzes:

Прочита́в все кни́ги по те́ме, учёный начина́л писа́ть статью́.

Жела́я стать инжене́ром, он поступи́л в те́хникум.

Оконча́в вое́нную акаде́мию, он всё-таки не стал офице́ром.

Найдя́ ми́нимум затра́т на но́вую програ́мму произво́дства, мо́жно определи́ть оптима́льную програ́мму произво́дства.

Отвеча́я на вопро́сы журнали́стов, ми́нистр де́лал оши́бку.

...

Око́нчив педагоги́ческий институ́т, он рабо́тает преподава́телем.

...

Не принима́я во внима́ние нове́йшие результа́ты нау́ки, социо́лог сде́лал далеко́ иду́щие вы́воды из своего́ иссле́дования.

жела́ть/пожела́ть	- wünschen
затра́та	- Aufwendung, Ausgabe
найдя́ ap. см.найти́	
начина́ть/нача́ть	- anfangen, beginnen

Ü 14 Leseverständnis und Wiederholung

Bitte, lesen Sie und schlagen Sie unbekannte Wörter im Lexikon nach!

Де́ньги при социали́зме

Де́ньги при социали́зме явля́ются, как и в предше́ствующих экономи́ческих форма́циях, всео́бщим эквивале́нтом, т.е. слу́жат всео́бщей ме́рой обще́ственного труда́, затра́ченного на произво́дство това́ров. Объекти́вная необходи́мость де́нег в социалисти́ческом о́бществе обусло́влена нали́чием това́рного произво́дства и това́рного обраще́ния и де́йствием зако́на сто́имости.

Исто́чник: Фина́нсово-креди́тный слова́рь 1, Москва́ 1961, стр. 376

Welche Bedeutung hat das Geld im Sozialismus?

В Чили намечено провести очередную сессию генеральной ассамблеи Организации американских государств (ОАГ).

(Из газет).

— У нас есть все основа́ния для проведе́ния се́ссии ОАГ в Сантья́го.

Рис. М. Абрамова.

Pravda, [illegible]

Энергетический кризис, охвативший капиталистические страны, вызвал рост цен на нефтепродукты и повлек сокращение производства автомашин.

(Из газет).

Сло́жная ситуа́ция...

Рис. В. Волкова.

Pravda, 14.4.1974

13. LEKTION

Lernziel

Leseverständnis, Possessivpronomina, Reflexivpronomen, Präpositionen, Präfixe und Suffixe, Verneinung

---

Ü 1 Wiederholung (partizipiale Formen, Präfixe, Suffixe, Steigerung)

Bitte, lesen Sie!

Джон Го́бсон, Империали́зм. Перево́д с англи́йского с предисло́вием к ру́сскому изда́нию В.Б.Беле́нко.Ленингра́д 1927

Рабо́та завершена́.Цель не дости́гнута. Пла́ны бу́дут вы́полнены. Испа́но-америка́нский догово́р подпи́сан.Пра́вда вы́ступила. Что сде́лано? И́збраны делега́тами съе́зда.

Журна́л "Исто́рия СССР" осно́ван в 1957 году́ и выхо́дит 6 раз в год.

Реце́нзия напи́сана изве́стным сове́тским экономи́стом.

Кни́га иллюстри́рована фотогра́фиями моне́т.

Координа́ция пла́нов: 21 а́вгуста в Москве́ подпи́сан протоко́л об ито́гах координа́ции народнохозя́йственных пла́нов ме́жду СССР и ЧССР на 1976-1980 го́ды. Не́сколькими дня́ми ра́ньше подо́бный докуме́нт был подпи́сан ме́жду Сове́тским Сою́зом и По́льской Наро́дной Респу́бликой.

Um welche politischen Vorgänge geht es hier?

Расту́щее беспоко́йство определённых круго́в на За́паде вызыва́ет то, что в антимонополисти́ческий фронт всё акти́вней (= акти́внее) включа́ются стра́ны, кото́рые, с их то́чки зре́ния, счита́лись "лоя́льными".

О́ТТАВА. Бо́лее миллиа́рда до́лларов соста́вил во второ́м кварта́ле э́того го́да внешнеторго́вый дефици́т Кана́ды. Дефици́т торго́вого бала́нса уже́ мно́гие ме́сяцы но́сит хрони́ческий хара́ктер, обостря́я экономи́ческие пробле́мы, стоя́щие пе́ред страно́й. По да́нным кана́дского статисти́ческого бюро́, в це́лом за пе́рвое полуго́дие он дости́г почти́ 2,6 млрд. до́лларов.

Was wird hier über das Verhältnis der außen- und der binnenwirtschaftlichen Lage Kanadas gesagt?

беспоко́йство - Unruhe, Aufregung
включа́ть - einfügen, einbeziehen
заверши́ть - beenden
ито́г - Resultat
ме́сяц - Monat
не́сколько - einige; etwas
носи́ть - tragen
определённый см. определя́ть
перево́д - Übersetzung
подо́бный - ähnlich
раз - mal
стоя́ть - stehen
то́чка зре́ния - Gesichts-, Standpunkt

Ü 2 Possessivpronomina его́, её, их und свой

Все ука́занные о́бщества вы́полнили тре́буемые англи́йскими зако́нами усло́вия при их образова́нии и зарегистри́рованы в министе́рстве торго́вли.

Свои́ми аргуме́нтами они́ убеди́ли свои́х колле́г, уча́ствующих в забасто́вке.

Руководя́щая и мобилизу́ющая роль на́шей па́ртии я́рко проявля́ется в де́ятельности её перви́чных организа́ций.

Карл Маркс роди́лся 5 ма́я 1818 г. в Герма́нии, в го́роде Три́ре. Оте́ц его́ был адвока́том.

Установи́ла по́лный контро́ль над свои́ми нефтяны́ми бога́тствами Венесуэ́ла.

бога́тство - Reichtum
оте́ц - Vater
установи́ть - einrichten

Das Possessivpronomen свой, своя́, своё; свои́ zeigt an, daß der "Besitzer" Subjekt des Satzes ist. Es wird für alle drei Personen des Singulars und Plurals gebraucht. Vergleichen Sie den Gebrauch des Pronomens свой mit dem der Pronomina мой, твой, наш, ваш:

Мы говори́ли то́лько о на́ших пробле́мах.
- Wir sprechen nur über unsere Probleme.

Мы говори́ли то́лько о свои́х пробле́мах.
- Wir sprechen nur über unsere (eigenen) Probleme.

Die Possessivpronomen его, её, их (indeklinabel, nur Genus und Numerus richten sich nach dem "Besitzer") zeigen demgegenüber an, daß der "Besitzer" und das Satzsubjekt nicht identisch sind.

Испы́танное ору́жие пролетариа́та. Рис. В. Волкова

Ü 3 Das Reflexivpronomen себя́

Das Reflexivpronomen себя́ (= mich, dich, sich, uns, euch) wird für alle drei Personen des Singular und Plural gebraucht. Es weist darauf hin, daß das pronominale Objekt zugleich Subjekt des Satzes ist. Die Formen finden sich in der Grammatikübersicht S. 615.

Bitte, lesen Sie!

Не изжи́л ли себя́ капитали́зм?

Они́ ста́вили себе́ це́лью, вы́полнить план досро́чно.

Мо́жно предста́вить себе́, что э́то явля́ется нелёгкой зада́чей.

Само́ собо́й разуме́ется, что невозмо́жно обрабо́тать все да́нные в тече́ние двух ме́сяцев.

Попы́тки не́которых па́ртий сформирова́ть прави́тельство по изжи́вшим себя́ фо́рмулам не реша́ют пробле́мы кри́зиса.

Мадри́д, 20. /ТАСС/ Здесь официа́льно объя́влено о сме́рти дикта́тора Фра́нко. Обя́занности главы́ госуда́рства вре́менно взял на себя́ реге́нтский сове́т.

Сочине́ние Ма́ркса "К кри́тике полити́ческой эконо́мии" содержа́ло в себе́ пе́рвое системати́ческое изложе́ние ма́рксовой тео́рии сто́имости, уче́ние о де́ньгах.

При социали́зме лю́ди рабо́тают не на эксплуата́торов, а на себя́, на своё госуда́рство.

возмо́жный - möglich
два, две - zwei
досро́чно см.срок
излага́ть - darlegen
лёгкий - leicht
не́которые - einige, manche
обя́занность - (Ver-) Pflicht(ung)
попы́тка - Versuch
разуме́ть - verstehen
смерть - Tod
содержа́ть см.содержа́ние
сочине́ние - Werk
сто́имость - Wert, Preis
уче́ние - Lehre

Ü 4 Leseverständnis

Lesen Sie, bitte:

20 дней вели́ борьбу́ инди́йские железнодоро́жники, тре́бовавшие увеличе́ния за́работной пла́ты и улучше́ния усло́вий труда́. Их забасто́вка была́ напра́влена про́тив монополи́стов и землевладе́льцев. Одна́ко э́та забасто́вка, в кото́рой на пе́рвых эта́пах при́няло уча́стие почти́ два миллио́на челове́к, в значи́тельной ме́ре усугуби́ла экономи́ческие тру́дности в стране́. Учи́тывая э́то, комите́т при́нял реше́ние о её прекраще́нии.

желе́зная доро́га - Eisenbahn
землевладе́лец - Grundbesitzer
увеличе́ние см.вели́кий
усугуби́ть - verstärken

Wie motiviert der Verfasser den Beschluß des Streikkomitees?

Ü 5 Präpositionen

Die Bedeutung der Präpositionen für das Textverständnis ist kaum zu überschätzen. Die meisten Präpositionen sind vieldeutig. Zur Übung lesen Sie, bitte, die folgenden Texte.

Ну́жны реши́тельные ме́ры

Рим, 19. /ТАСС/. За приня́тие реши́тельных мер про́тив провока́ций неофаши́стов вы́сказался на заседа́нии пала́ты депута́тов италья́нского парла́мента депута́т-коммуни́ст А.Малагуджи́ни. Он отме́тил, что за после́днее вре́мя в результа́те манёвров пра́вых сил, террористи́ческих де́йствий экстреми́стских группиро́вок , в ча́стности осо́бой акти́вности неофаши́стских "отря́дов де́йствия Муссоли́ни", внутриполити́ческое положе́ние в стране́ осложни́лось. А.Малагуджи́ни указа́л на необходи́мость реши́тельной борьбы́ всех прогресси́вных сил Ита́лии за демократи́ческое обновле́ние страны́.

внутри- - innen-
группиро́вка см.гру́ппа
обновле́ние см.но́вый
осложне́ние см.сло́жный = kompliziert
осо́бый - besonders
отря́д де́йствия - Aktionstrupp
пала́та - Kammer
пра́вый - rechts
приня́тие см.приня́ть

Welche politische Stoßrichtung wird in den Äußerungen Malaguginis deutlich und wie werden sie begründet?

В металлообраба́тывающей промы́шленности капиталисти́ческого ми́ра вы́пуск проду́кции уменьши́лся на 2,3 %, в о́бщем машинострое́нии на 4,1 % (паде́ние от вы́сшей то́чки в ма́е 1970 г. до ни́зшей в ма́е 1971 г. соста́вило 8,3 %). Сниже́ние произво́дства в э́той о́трасли произошло́ во всех стра́нах, кро́ме Япо́нии. В За́падной Евро́пе с декабря́ 1970 г. по а́вгуст 1971 г. оно́ упа́ло на 31,9 %. В це́лом по капиталисти́ческому ми́ру те́мпы ро́ста промы́шленного произво́дста снизи́лись с 8 % в 1969 г. до 2,7 % в 1970 г.

Welche Position nehmen Japan und Westeuropa in der wirtschaftlichen Entwicklung der kapitalistischen Länder ein?

Проду́кция уменьши́лась в 90 % в сравне́нии с преды́ду́щим го́дом, т.е. уменьши́лась на 10 %.

С 21 до 25 мая 1974 г. в г. По́знань (ПНР) состоя́лось 26-е заседа́ние Постоя́нной коми́ссии СЭВ по валю́тно-фина́нсовым вопро́сам.

Со дня его́ прие́зда прошло́ мно́го вре́мени.
С одно́й стороны́ он прав, с друго́й стороны́ он не учи́тывает всех обстоя́тельств.

Че́рез год они́ вновь соберу́тся.

Он возврати́лся че́рез ме́сяц.

Това́рищ Си́доров пришёл за 5 мину́т до нача́ла заседа́ния.

За э́тот срок всё могло́ быть гото́во.

Ле́нин роди́лся в 1870 году́.

Конфере́нция состоя́лась в нача́ле октября́.

В суббо́ту он не рабо́тает.

вновь	- wieder
вы́пуск	- Ausstoß
гото́вый	- fertig, bereit
ни́зший	- niedrigster
паде́ние	- Sinken
прие́зд	- Ankunft
пришёл prät. см. приходи́ть/прийти́	
произошло́ см. происходи́ть/произойти́	
сниже́ние см. ни́зкий	
соберу́тся собра́ться см. собра́ние	
суббо́та	- Sonnabend
уменьши́ться	- zurückgehen
упа́ло prät. z. па́дать/упа́сть см. паде́ние	

Ü 6 Die Verneinung

Die Verneinungspartikel

не

signalisiert, daß das darauffolgende Wort im Satz verneint ist. Steht sie unmittelbar vor dem Verb oder dem Hilfsverb, so ist der ganze Satz verneint.

Он не председа́тель па́ртии, он замести́тель председа́теля.

Он не получи́л кни́гу.

Das Objekt steht nach verneinten transitiven Verben häufig im Genitiv statt im Akkusativ.

Вопро́сы автоно́мии не нашли́ своего́ реше́ния.

Die Verneinungspartikel

нет

bedeutet entweder "nein" oder "es gibt nicht, kein"; das verneinte Wort steht im Genitiv.

Вы бы́ли на собра́нии? Нет, не был.

У меня́ нет вре́мени.

Альтернати́вы разря́дке нет.

Ü 7 Die doppelte Verneinung

Die Partikel

ни

dient zur Verstärkung der Verneinung [1] ("kein einziger").

Он не сказа́л ни одного́ сло́ва.

Ни дня без сюрпри́за.

Он ни сего́дня, ни за́втра придёт.

Ни Карр, ни други́е исто́рики ни сло́ва не пи́шут о том, что иде́и Декре́та о ми́ре бы́ли програ́ммными тре́бованиями большеви́стской па́ртии и бы́ли сформули́рованы в рабо́тах В.И.Ле́нина и реше́ниях па́ртии задо́лго до побе́ды револю́ции.

до́лгий - lange
придёт präs. v. см.приходи́ть/прийти́

Ebenso wie bei der Partikel ни ist nach den mit ни- gebildeten Pronomen und Adverbien (никто́, ничто́, никако́й, нигде́, никуда́, никогда́) das Prädikat nochmals durch не verneint:

Никто́ не сообщи́л ему́ пове́стку дня́ совеща́ния.

Он об э́том ничего́ не зна́ет.

Он никого́ не встре́тил.

Он ни с кем об э́том не говори́т.

Она́ никогда́ об э́том не говори́ла.

При социали́зме нау́ка заняла́ тако́е ме́сто, како́е она́ никогда́ пре́жде не занима́ла.

встре́титься v.см.встреча́ть
пове́стка дня - Tagesordnung

---

[1] ни ... ни - weder ... noch

14. LEKTION

В после́дующие[1] го́ды (до 1956) вы́шло большо́е коли́чество рабо́т по разли́чным вопро́сам исто́рии Октя́бря. Осо́бенно мно́го бы́ло напи́сано диссерта́ций. В э́ти го́ды шло[2] накопле́ние факти́ческого материа́ла, была́ расши́рена проблема́тика иссле́дований[3]. Но в це́лом[4] литерату́ра тех лет не означа́ла заме́тного[5] движе́ния вперёд в разрабо́тке исто́рии Октя́брьской револю́ции. Рабо́ты бы́ли напи́саны под влия́нием ку́льта ли́чности Ста́лина и носи́ли в большинстве́ своём компиляти́вный хара́ктер. Исто́рики не шли[2] да́льше[6] основны́х[7] положе́ний, сформули́рованных в 7-й главе́[8] "Кра́ткого ку́рса" и рабо́тах Ста́лина об Октя́брьской револю́ции, в кото́рых он со́здал односторо́ннюю схе́му её разви́тия, по́лностью не отража́ющую объекти́вных социа́льно-экономи́ческих проце́ссов, обусло́вливавших побе́ду[9] револю́ции, её основны́е[7] эта́пы. В рабо́тах исто́риков, напи́санных под влия́нием ку́льта ли́чности Ста́лина, не дава́лось всесторо́ннего[10] объекти́вного освеще́ния ро́ли Ле́нина, Коммунисти́ческой па́ртии, её ЦК, ме́стных[11] парти́йных организа́ций, сла́бо[12] раскрыва́лись социа́льно-экономи́ческие предпосы́лки социалисти́ческой револю́ции, о́бщие закономе́рности, определи́вшие[13] её победоно́сное разви́тие, а та́кже своеобра́зие социалисти́ческой револю́ции, свя́занное с истори́ческими усло́виями Росси́и. Не пока́зывалось до́лжным о́бразом[14] революцио́нное тво́рчество наро́да, име́ло ме́сто отступле́ние от истори́ческих фа́ктов в уго́ду возвели́чивания Ста́лина, зама́лчивались его́ оши́бки и колеба́ния (март[15] 1917, на VI съе́зде па́ртии, в Октя́брьские дни[16]). Для мно́гих рабо́т того́ вре́мени бы́ли характе́рны схемати́зм, догмати́зм и иллюстрати́вность[17] при испо́льзовании факти́ческого материа́ла, отсу́тствие историогра́фии и ана́лиза исто́чников.

Реши́тельный[18] перело́м в о́бласти[19] изуче́ния исто́рии Октя́брьской револю́ции произошёл[20] по́сле XX съе́зда КПСС, взя́вшего[21] реши́тельный[18] курс на искорене́ние ку́льта ли́чности Ста́лина. Появи́лись обобща́ющие труды́, монографи́ческие иссле́дования[3], в том числе́ рабо́ты по исто́рии Октя́бря.

erscheinen
besonders
Ansammeln
erweitern
bedeuten.vorwärts.Untersuchung
Personenkult.tragen
kurz
schaffen.einseitig
völlig.zum Ausdruck bringen.
bedingen
Personenkult.geben
Beleuchtung
aufdecken
Voraussetzung.Gesetzmäßigkeit.
siegreich
und auch.Eigentümlichkeit.verbinden
zeigen
gehörig.Schaffen
Abweichung.zugunsten.Preisen.verschweigen
Schwankung
Verwertung
Fehlen
Quelle
Umschwung.Untersuchung
Ausmerzung.Personenkult.erscheinen
zusammenfassen
darunter

1.	ppa adj см. послéдовать	darauffolgend
2.	prt n см. идтѝ	gehen
3.	исслéдование	Untersuchung, Forschung, wiss. Abhandlung
4.	цéлый	ganz
5.	замéтный	bemerkbar, merklich; bemerkenswert
6.	kmp см. далёкий	weit, fern
7.	основнóй	Haupt-, hauptsächlich, grundlegend
8.	главá, -ы́ f.	Kapitel, Abschnitt
9.	побéда	Sieg
10.	всесторóнний	allseitig
11.	мéстный	Orts-, lokal, einheimisch
12.	слáбый	schwach, schlecht
13.	определя́ть / определѝть	feststellen, bestimmen, definieren; bedingen
14.	óбраз	Gestalt, Typ; Art, Weise
15.	март	....
16.	akk pl см. день	....
17.	иллюстратѝвность	eine auf das Illustrative gerichtete Haltung
18.	решѝтельный	entschieden; entscheidend, entschlossen
19.	в óбласти	im Bereich, auf dem Gebiet
20.	происходѝть / произойтѝ	geschehen, vorsichgehen; herrühren von
21.	брать / взять	nehmen

	14-25 февраля́[1] 1956 состоя́лся XX съезд КПСС, котóрый
billigen	одóбрил политѝческую лѝнию и практѝческую дéятельность
Fünfjahres-	ЦК пáртии, утвердѝл[2] директѝвы о 6-м пятилéтнем плáне
Volkswirtschaft	развѝтия нарóдного хозя́йства (1956-60). Съезд указáл
	направлéния[3] решéния основнóй экономѝческой задáчи СССР.
sich gründen auf. Verallgemeinerung	Оснóвываясь на анáлизе и обобщéнии нóвых общéственных
Erscheinung. vorschlagen	явлéний мировóго[4] развѝтия, XX съезд вы́двинул ряд[5] нóвых
	вы́водов[6] и положéний: о проведéнии лéнинского прѝнципа
Gesellschafts-ordnung	мѝрного сосуществовáния государств с различным общéст-
	венным стрóем на совремéнном этáпе; о возмóжности
Verhütung	предотвращéния войн в совремéнных междунарóдных услó-
Mannigfaltigkeit	виях; разнообрáзии форм перехóда[7] разлѝчных стран капи-
	талѝзма к социалѝзму. Вáжное мéсто в рабóте XX съéзда
einnehmen. Über-windung. fremd	зáнял вопрóс о преодолéнии чýждого марксѝзму-ленинѝзму
unterwerfen	кýльта лѝчности Стáлина и егó послéдствий. Съезд пóдверг
Entstellung	принципиáльной крѝтике ошѝбки и извращéния, свя́занные[8]
konsequent	с кýльтом лѝчности Стáлина, предложѝл[9] ЦК послéдовательно

verwirklichen.sicherstellen .Überwindung
streng
Beachtung
Beschluß.Überwindung
Erklärung

осуществля́ть ме́ры, обеспе́чивающие по́лное[10] преодоле́ние ку́льта ли́чности, ликвида́цию его́ после́дствий, стро́гое соблюде́ние ле́нинских норм парти́йной жи́зни и при́нципа коллекти́вности руково́дства. В докла́де XX съе́зду па́ртии и в постановле́нии ЦК КПСС от 30 ию́ля[11] 1956 "О преодоле́нии ку́льта ли́чности и его́ после́дствий" бы́ли даны́[12] разъясне́ния причи́н[13] возникнове́ния[14] и хара́ктера проявле́ния ку́льта ли́чности, его́ тяжёлых после́дствий.

1.	февра́ль, -ля́	....
2.	утвержда́ть /утверди́ть	bekräftigen, bestätigen
3.	направле́ние	Richtung
4.	мирово́й	Welt-
5.	ряд	Reihe
6.	вы́вод	Schlußfolgerung; Rückzug
7.	перехо́д	Übergang
8.	свя́зывать / связа́ть	verbinden
9.	предлага́ть / предложи́ть	anbieten,vorschlagen,vorlegen
10.	це́лый	ganz
11.	ию́ль, -ля	....
12.	ppp kf см.дать	
13.	причи́на	Ursache
14.	возникнове́ние	Entstehung

hervorrufen.Verwirrung
mutig.konsequent
unabhängig
Gesellschaftsordnung. finden
friedliebend.hervorrufen
kalt.Zusammenzimmern
zufällig
allergrößter.Lärm. wegen
erheben
nützlich.Vorhandensein.negativ.Erscheinung. связь
kämpfen.nun
mutig.überwinden
sehen.beschleunigen
vorwärts.abschwächen

Реше́ния XX съе́зда па́ртии, вну́тренняя[1] и вне́шняя поли́тика Сове́тского прави́тельства вы́звали смяте́ние в империалисти́ческих круга́х[2] США и други́х госуда́рств.
Сме́лая и после́довательная вне́шняя поли́тика СССР по обеспе́чению ми́ра и сотру́дничества ме́жду госуда́рствами, незави́симо от их обще́ственного стро́я, нахо́дит подде́ржку в широча́йших[3] наро́дных ма́ссах всех стран ми́ра, расширя́ет фронт миролюби́вых госуда́рств и вызыва́ет глубо́кий[4] кри́зис поли́тики "холо́дной войны́", поли́тики скола́чивания вое́нных[5] бло́ков и го́нки вооруже́ний[6]. Не случа́йно, что наибо́льший шум вокру́г борьбы́ с ку́льтом ли́чности в СССР по́дняли империалисти́ческие круги́ в США. Им[7] бы́ло вы́годно нали́чие отрица́тельных явле́ний, свя́занных с ку́льтом ли́чности, для того́, что́бы, по́льзуясь[8] э́тими фа́ктами, боро́ться про́тив социали́зма. Тепе́рь, когда́[9] на́ша па́ртия сме́ло преодолева́ет после́дствия ку́льта ли́чности, империали́сты ви́дят в э́том фа́ктор, ускоря́ющий движе́ние на́шей страны́ вперёд, к коммуни́зму и ослабля́ющий пози́ции капитали́зма.

1. вну́тренний — innerer, Innen-
2. круг — Kreis
3. sp/el см. широ́кий — breit, weit
4. глубо́кий — tief
5. вое́нный — militärisch, Kriegs-
6. го́нка вооруже́ний — Wettrüsten
7. dat pl см. он, она́, оно́
8. по́льзоваться / воспо́льзоваться — benutzen, gebrauchen; haben, genießen
9. когда́ Interrogativ-pr/kj — wann, als, wenn; da

plötzlich.Umschwung	ХХ съезд КПСС положи́л[1] нача́ло круто́му перело́му в жи́зни
gewaltig	на́шей страны́. Его́ реше́ния оказа́ли[2] могу́чее возде́йствие[3]
darunter	на разви́тие всех обще́ственных нау́к, в том числе́ на раз-
	ви́тие истори́ческой нау́ки. ...
beginnen.Untersuchung	Но́вый эта́п начался́ и в разрабо́тке экономи́ческой исто́рии
	Росси́и пери́ода империали́зма. В ра́мках[4] рассма́триваемой[5]
beginnen.Hälfte	на́ми[6] проблема́тики нача́вшийся во второ́й[7] полови́не 50-х
	годо́в эта́п характеризу́ется:
Gesichtspunkt	- с то́чки зре́ния разрабо́тки проблема́тики - поворо́том к
schöpferisch.leiten.Erscheinung	тво́рческому иссле́дованию веду́щих проце́ссов и явле́ний,
Voraussetzung	относя́щихся к пробле́ме материа́льных предпосы́лок
	Вели́кой Октя́брьской социалисти́ческой револю́ции;
Gesichtspunkt.quellenmäßig	- с то́чки зре́ния источникове́дческой ба́зы - значи́тель-
	ным расшире́нием документа́льного материа́ла, полу́ченного
Zugang	исто́риками в результа́те широ́кого[8] до́ступа в архи́вы
	страны́ и расшире́ния публика́торской рабо́ты;
Gesichtspunkt.Forschungs-	- с то́чки зре́ния координа́ции нау́чно-иссле́довательской
	рабо́ты - созда́нием[9] /в конце́[10] 1957 г./ под[11] председа́-
	тельством[12] А.Л. Си́дорова нау́чного сове́та;
endlich.Gesichtspunkt	- наконе́ц, с то́чки зре́ния методоло́гии иссле́дований -
vertiefen.Untersuchung	углу́бленным изуче́нием трудо́в В.И. Ле́нина.

1. положи́ть v — legen; machen
2. ока́зывать / оказа́ть — erweisen; leisten
3. возде́йствие — Einfluß
4. в ра́мках — im Rahmen
5. рассма́тривать / рассмотре́ть — erkennen, beurteilen; prüfen
6. instr pl см. мы
7. второ́й — zweiter
8. широ́кий — weit, breit
9. созда́ние — Schaffen, Werk; Gründung, Schaffung

10. коне́ц, -нца́ m — Ende
11. под prp + instr — unter, bei
12. председа́тельство см. председа́тель

Сме́лая самокри́тика в вопро́се о ку́льте ли́чности яви́лась но́вым я́рким свиде́тельством си́лы на́шей па́ртии и сове́тского социалисти́ческого стро́я. Мо́жно с уве́ренностью сказа́ть, что ни[1] одна́[2] из пра́вящих па́ртий капиталисти́ческих стран никогда́[3] не ри́скнула бы пойти́ на подо́бный шаг. Наоборо́т, они́ постара́лись бы замолча́ть, скрыть от наро́да таки́е[4] неприя́тные фа́кты. Но КПСС, воспи́танная на революцио́нных при́нципах маркси́зма-ленини́зма, сказа́ла всю[5] пра́вду[6], как бы она́ ни была́ горька́. Па́ртия пошла́ на э́тот шаг исключи́тельно по свое́й инициати́ве, руково́дствуясь принципиа́льными соображе́ниями. Она́ исходи́ла[7] из того́, что если выступле́ние про́тив ку́льта Ста́лина и вызовёт не́которые[8] вре́менные[9] тру́дности[10], то в перспекти́ве, с то́чки зре́ния коренны́х интере́сов рабо́чего кла́сса, э́то даст[11] огро́мный положи́тельный[12] результа́т. Тем са́мым создаю́тся про́чные гара́нтии того́, что́бы никогда́[3] впредь в на́шей па́ртии и в стране́ не могли́ возни́кнуть[13] явле́ния, подо́бные ку́льту ли́чности, что́бы впредь руково́дство па́ртией и страно́й осуществля́лось коллекти́вно, в усло́виях развёрнутой[14] внутрипарти́йной демокра́тии, при акти́вном тво́рческом уча́стии миллио́нов трудя́щихся, при всеме́рном разви́тии сове́тской демокра́тии.

mutig.Selbst-.sein
hell.Beweis
Bau.Sicherheit
herrschend
riskieren.sich bereitfinden.ähnlich
Schritt.im Gegenteil.
streben.verschweigen.verbergen.unangenehm.erziehen
wie auch immer.bitter
sich bereitfinden.
Schritt.ausschließlich.eigen.sich leiten lassen
Erwägung
hervorrufen
Gesichtspunkt.grundlegend
eben.
schaffen.dauerhaft.künftig
ähnlich
verwirklichen
inner-
schöpferisch
größtmöglich

1. ни partikel verstärkter Verneinung — überhaupt nicht
2. оди́н, одна́, одно́ — ein(s)
3. никогда́ — niemals
4. тако́й — solcher, solch ein
5. akk sg f см. весь — ....
6. пра́вда — Wahrheit
7. исходи́ть uv — stammen, ausgehen von
8. не́который — ein gewisser; (pl) einige, mancher
9. вре́менный — nichtständig, provisorisch, vorübergehend
10. тру́дность — Schwierigkeit
11. präs sg v см. дава́ть/дать — ....
12. положи́тельный — positiv
13. возника́ть / возни́кнуть — entstehen
14. развёртывать / разверну́ть — entwickeln, entfalten

15. LEKTION

В э́ти дни[1] проце́сс ратифика́ции берёт старт в бу́ндестаге. Прави́тельство Бра́ндта-Ше́еля предста́вило парла́менту соотве́тствующие[2] законопрое́кты[3]. 23 февраля́ "восто́чные догово́ры", как их[4] зачасту́ю называ́ют здесь[5], бу́дут обсужда́ться в пе́рвом чте́нии на плена́рном заседа́нии бу́ндестага. Федера́льный ка́нцлер В.Брандт вы́ступит с прави́тельственным заявле́нием. Мини́стр иностра́нных дел В. Шеель - с докла́дом, обосно́вывающим необходи́мость ратифика́ции догово́ров ФРГ с СССР и По́льшей...

Расстано́вка сил в парла́менте и в стране́ накану́не пе́рвых деба́тов не измени́лась. Пра́вящая[6] коали́ция - СДПГ и СвДП - облада́ет[7] в бу́ндестаге 251 манда́том. Её парла́ментское большинство́ невели́ко - то́лько 6 голосо́в, - но до сих пор оно́ проводи́ло свои́ реше́ния успе́шно[8]. Весьма́ важна́ для большинства́ и внепарла́ментская опо́ра. Проводи́мые опро́сы обще́ственного мне́ния пока́зывают, что реалисти́ческие направле́ния восто́чной поли́тики прави́тельства СДПГ-СвДП и предста́вленные[9] на ратифика́цию догово́ры по́льзуются в стране́ подде́ржкой по ме́ньшей ме́ре 70 проце́нтов населе́ния.

Оппози́ция ХДС/ХСС чи́сленно сильна́[10]. Она́ занима́ет в парла́менте 245 мест. Э́тот блок попре́жнему ско́ван не только устаре́вшими представле́ниями[11], но и вну́тренней дисципли́ной. Хотя́[12] в бесе́дах[13] не́которые из депута́тов-оппозицио́не́ров даю́т[14] поня́ть, что ви́дят[15] реа́льную действи́тельность, сознаю́т невозмо́жность для ФРГ дальне́йшей жи́зни без приня́тия э́той действи́тельности, одна́ко почти[16] никто́[17] из них[18] не нахо́дит[19] в себе́[20] му́жества откры́то вы́ступить с одобре́нием "восто́чных догово́ров".

...

Поско́льку пози́ции большинства́ и меньшинства́ в бу́ндестаге остаю́тся[21] неизме́нными, в практи́ческом пла́не деба́ты не име́ли влия́ния на проце́сс ратифика́ции восто́чных догово́ров. В соотве́тствии с парла́ментской процеду́рой э́ти докуме́нты пере́даны на дальне́йшее рассмотре́ние во внешнеполити́ческую и юриди́ческую коми́ссии бу́ндестага,

---

oft.nennen
Lesung
основа. Zweckmäßigkeit
Verteilung.am Vorabend
SPD.FDP
bis jetzt
äußerst
außer-.Unterstützung
Meinungsumfrage
mindestens
CDU/CSU. число.einnehmen
nach wie vor.befangen.veraltet
verstehen . Wirklichkeit.sich bewußt sein
Mut.offen
Billigung
soweit
unveränderlich
Übereinstimmung
Prüfung

endgültig	кото́рые начну́т э́ту рабо́ту в нача́ле ма́рта. ... Оконча́-
голос	тельное голосова́ние по догово́рам состо́ится в ма́е. Де-
bevorstehen. Auseinandersetzung	ба́ты показа́ли, что предстои́т о́строе[22] противобо́рство
	на внутриполити́ческой аре́не ФРГ.

1.	дни nom/acc pl см. день	
2.	соотве́тствовать	entsprechen
3.	законопрое́кт	Gesetzesvorlage
4.	их gen/acc pl см. они́	
5.	здесь adv	hier
6.	vgl. прави́тельство	
7.	облада́ть + instr	besitzen, haben
8.	успе́шно adv см. успе́х	
9.	представля́ть/предста́вить	vorzeigen, vorlegen, vorstellen, verursachen, vertreten
10.	си́льный adj см. си́ла	
11.	представле́ние vgl. Anm. 9	
12.	хотя́ konj	obwohl, jedoch, aber
13.	бесе́да	Gespräch
14.	дава́ть, даёт/дать, даст	geben
15.	ви́деть/уви́деть	sehen
16.	почти́ adv	beinahe, fast
17.	никто́ pron	niemand
18.	них=их vgl. Anm. 4	
19.	находи́ть uv	finden, antreffen; meinen
20.	себя́ pron	sich
21.	остава́ться, остаётся/оста́ться, оста́нется	(übrig)bleiben
22.	о́стрый adj	scharf

	Прави́тельство РСФСР, предста́вленное Наро́дным Комисса́ром
	Чиче́риным, и Герма́нское Прави́тельство, предста́вленное
Reichs-	Рейхсмини́стром до́ктором Ва́льтером Ра́тенау, согласи́лись[1]
hinsichtlich	относи́тельно нижесле́дующих[2] постановле́ний[3]:
übereinstimmend.	Статья́ 1. О́ба прави́тельства согла́сны, что разногла́сия
Meinungsverschiedenheit	ме́жду РСФСР и Герма́нским Госуда́рством по вопро́сам, воз-
Zustand	ни́кшим[4] за вре́мя состоя́ния войны́ ме́жду Росси́ей и Гер-
	ма́нией, регули́руются на сле́дующих основа́ниях[5]:
gegenseitig. verzichten	а) РСФСР и Герма́нское Госуда́рство взаи́мно отка́зываются
Entschädigung. Ausgabe	от возмеще́ния вое́нных расхо́дов ...
	Статья́ 3. Дипломати́ческие и ко́нсульские отноше́ния ме́жду
unverzüglich. erneuern	РСФСР и Герма́нским Госуда́рством неме́дленно возобновля́-
Zulassung	ются. Допуще́ние ко́нсулов той и друго́й Стороны́ бу́дет
Abkommen	урегули́ровано специа́льным Соглаше́нием.

ferner
(Staats-)bürger
хозяйство .gelten
Meistbegünstigung
Vorteil.gewähren
Bestandteil.быть
wohlwollend
Geist.entgegen
vorhergehend
erklären
erleichtern

Статья́ 4. О́ба прави́тельства да́лее согла́сны в том, что для о́бщего правово́го[6] положе́ния гра́ждан одно́й Стороны́ на террито́рии друго́й и для о́бщего урегули́рования взаи́мных торго́вых[7] и хозя́йственных отноше́ний до́лжен де́йствовать при́нцип наибо́льшего благоприя́тствования. При́нцип наибо́льшего благоприя́тствования не распространя́ется[8] на преиму́щества, кото́рые РСФСР предоставля́ет друго́й Сове́тской Респу́блике или госуда́рству, кото́рое ра́ньше[9] бы́ло составно́й ча́стью бы́вшего Роси́йского Госуда́рства.

Статья́ 5. О́ба прави́тельства бу́дут в доброжела́тельном ду́хе взаи́мно идти́ навстре́чу хозя́йственным потре́бностям[10] обе́их стран. В слу́чае[11] принципиа́льного урегули́рования э́того вопро́са на междунаро́дном ба́зисе, они́ всту́пят[12] ме́жду собо́й[13] в предвари́тельный обме́н мне́ниями[14]. Герма́нское прави́тельство объявля́ет о свое́й гото́вности[15] оказа́ть возмо́жную[16] подде́ржку ... проекти́руемым ча́стными[17] фи́рмами соглаше́ниям и облегчи́ть проведе́ние их в жизнь. ...

1.	соглаша́ться/согласи́ться	übereinkommen, sich einigen
2.	см. ни́же, сле́довать	
3.	постановле́ние	Beschluß, Bestimmung, Verordnung
4.	part prt a v см. возника́ть/возни́кнуть	entstehen
5.	основа́ние	Gründung, Fundament, Basis; (pl.) Grundlagen
6.	см. пра́во	
7.	см. торго́вля	
8.	распространя́ться/распространи́ться	sich ausdehnen, sich erstrecken
9.	kmp см. ра́нний	früh
10.	потре́бность	Bedürfnis
11.	слу́чай	Ereignis, Gelegenheit, (Zu)fall
12.	вступа́ть/вступи́ть	eintreten
13.	себя́ pr	sich
14.	обме́н мне́ниями	Meinungsaustausch
15.	см. гото́вый	bereit, fertig
16.	см. возмо́жность	
17.	ча́стный	privat; Sonder-

Ва́жное ме́сто в борьбе́ за миролюби́вую[1] демократи́ческую Герма́нию занима́ет[2] выступле́ние Сове́тского прави́тельства 10. III 1952 с прое́ктом осно́в ми́рного догово́ра с Герма́нией. Э́тот прое́кт исходи́л из необходи́мости заключи́ть с Герма́нией демократи́ческий и справедли́вый мир, кото́рый восстана́вливал бы её суверените́т, обеспе́чивал[3] равнопра́вное положе́ние Герма́нии среди́ други́х госуда́рств и не допуска́л возрожде́ния герма́нского милитари́зма. Сове́тское предложе́ние предусма́тривало скоре́йшее[5] образова́ние[6] общегерма́нского прави́тельства, кото́рое при́няло бы уча́стие в разрабо́тке[7] догово́ра и его́ подписа́нии от и́мени всей Герма́нии. В но́те от 9. IV 1952 Сове́тское прави́тельство предлага́ло, что́бы в э́тих це́лях[8] в ближа́йшее[9] вре́мя бы́ли проведены́[10] общегерма́нские вы́боры. Одна́ко США, А́нглия, Фра́нция и ФРГ не пошли́[11] на обсужде́ние сове́тских предложе́ний. 15. VIII 1953 Сове́тское прави́тельство обрати́лось[12] к США, А́нглии и Фра́нции с предложе́ниями созва́ть[13] ми́рную конфере́нцию для рассмотре́ния вопро́са о ми́рном догово́ре с Герма́нией, образова́ть вре́менное общегерма́нское прави́тельство путём соотве́тствующей договорённости[14] ме́жду парла́ментами ГДР и ФРГ при широ́ком уча́стии демократи́ческих организа́ций и провести́[10] свобо́дные[15] общегерма́нские вы́боры, облегчи́ть фина́нсово-экономи́ческие обяза́тельства[16] Герма́нии, свя́занные[17] с после́дствиями войны́.

За́падные держа́вы за́няли отрица́тельную[18] пози́цию и в отноше́нии[19] э́тих сове́тских предложе́ний. Руководя́щие круги́ США, А́нглии и Фра́нции стреми́лись[20] пре́жде всего́ расчи́стить путь к восстановле́нию герма́нского милитари́зма.

(ab)schließen
gerecht
wiederherstellen
gleichberechtigt
zulassen.Wiedergeburt
gesamtdeutsch
im Namen
Wahlen
рассматривать
образование
durch
DDR
erleichtern
Macht
führend
vor allem
freimachen.Wiederherstellung

1. миролюби́вый — friedliebend
2. занима́ть/заня́ть — einnehmen
3. обеспе́чивать/обеспе́чить — sicherstellen; versorgen mit
4. среди́ + gen — inmitten, unter
5. sp/el см. ско́рый — schnell
6. образова́ние — Bildung
7. разрабо́тка — Ausarbeitung
8. в э́тих це́лях (pl) — mit diesem Ziel, zu diesem Zweck

9.	sp/el см. бли́зкий	
10.	ppp kf см. провести́	durchführen
11.	пойти́ v	sich bereitfinden, geneigt sein
12.	обраща́ться/обрати́ться	sich wenden an
13.	созыва́ть/созва́ть	zusammenrufen, einberufen
14.	договорённость	Übereinkunft, Vereinbarung
15.	см. свобо́да	
16.	обяза́тельство	Verpflichtung
17.	свя́зывать/связа́ть	(ver)binden
18.	отрица́тельный	negativ
19.	в отноше́нии +gen	bezüglich
20.	стреми́ться к	anstreben, streben nach

Komplott
Aufteilung
zufügen.Schlag
Geschäft
nach
Macht
Eroberung.Frühling
Abwehr
abschließen.gegenseitig
danach
Abkommen.sich überzeugen
gegenseitige Hilfe
zwingen
Nichtangriff
erretten.so sehr
Pflicht
Zusammen
seine Zuflucht nehmen.übrigbleiben
Verfügung.Verfahren

Мю́нхенский сго́вор А́нглии и Фра́нции с фаши́стской Герма́нией не то́лько[1] привёл к расчлене́нию Чехослова́кии, но и нанёс уда́р де́лу коллекти́вной безопа́сности в Евро́пе. Мю́нхенская сде́лка подгото́вила[2] усло́вия для дальне́йшей экспа́нсии Герма́нии на Восто́к - в сто́рону По́льши и СССР. Фаши́стские Герма́ния и Ита́лия испо́льзовали мю́нхенскую поли́тику, проводи́мую[3] за́падными держа́вами, для осуществле́ния[4] дальне́йших захва́тов. К весне́ 1939 г. напряжённость в Евро́пе ещё бо́лее усили́лась. Но и в э́тих тяжёлых[5] усло́виях Сове́тский Сою́з продолжа́л свою́ поли́тику организа́ции фро́нта ми́ра для отпо́ра агре́ссии. С э́той це́лью[6] Сове́тское прави́тельство предложи́ло прави́тельствам А́нглии и Фра́нции заключи́ть догово́р о взаи́мной по́мощи[7]. В хо́де[8] перегово́ров об э́том па́кте, а зате́м перегово́ров о заключе́нии вое́нной конве́нции с А́нглией и Фра́нцией Сове́тский Сою́з сде́лал всё возмо́жное[9], что́бы дости́чь[10] соглаше́ния с ни́ми. То́лько убеди́вшись в невозмо́жности заключи́ть с А́нглией и Фра́нцией пакт о взаимопо́мощи, а та́кже[11] вое́нную конве́нцию, Сове́тский Сою́з был вы́нужден приня́ть герма́нское предложе́ние о подписа́нии па́кта о ненапа́дении. ...
Избавля́я СССР от войны́ в столь тяжёлой[5] обстано́вке[12], прави́тельство выполня́ло свой долг пе́ред[13] сове́тским наро́дом. Вме́сте[14] с тем оно́ выполня́ло и свой интернациона́льный долг пе́ред междунаро́дным пролетариа́том: оно́ прибе́гло к еди́нственному[15] остава́вшемуся в его́ распоряже́нии спо́собу обеспе́чения безопа́сности СССР - гла́вного[16] опло́та социали́зма во всём ми́ре, еди́нст-

венной[15] в ту по́ру[17] социалисти́ческой страны́.

1. не только ...но и	nicht nur ... sondern auch
2. см. гото́вый	bereit, fertig
3. проводи́ть/провести́	durchführen, ausführen, durchsetzen
4. осуществле́ние	Ausführung, Verwirklichung
5. тяжёлый	schwer, schwierig
6. цель, -ли	Ziel
7. по́мощь, -щи	Hilfe
8. ход	Bewegung, Gang, Lauf, Betrieb
9. см. возмо́жность	Möglichkeit
10. достига́ть/дости́чь, дости́гнет	erreichen
11. а та́кже	und, aber auch
12. обстано́вка	Lage, Verhältnisse; Einrichtung
13. пе́ред + instr	vor (zeitl., örtl., Vergleich)
14. вме́сте adv	zusammen
15. еди́нственный	einziger; hervorragend
16. гла́вный	hauptsächlich, Haupt-
17. пора́	Zeit

Британские консерваторы подготавливают почву для дипломатического признания расистского режима Южной Родезии Лондоном.

(Из газет).

Подгото́вка к дипломати́ческому призна́нию... Рисунок М. Абрамова.

Pravda, 10.8.1973

16. L E K T I O N

25 января́ 1949 г. моско́вское экономи́ческое совеща́ние представи́телей европе́йских социалисти́ческих госуда́рств (Болга́рии, Ве́нгрии, По́льши, Румы́нии, СССР и Чехослова́кии) при́няло реше́ние о созда́нии Сове́та Экономи́ческой Взаимопо́мощи[1] – пе́рвой междунаро́дной хозя́йственной[2] организа́ции стран социали́зма. Реше́ние ста́ло ва́жной истори́ческой ве́хой на пути́ формирова́ния но́вого ти́па междунаро́дных отноше́ний, не име́ющих ана́логов во всей предше́ствующей[3] исто́рии.

Территориа́льная сфе́ра де́ятельности СЭВ непреры́вно расширя́лась[4]. В октябре́ 1950 г. в СЭВ была́ при́нята Герма́нская Демократи́ческая Респу́блика. На XVI се́ссии СЭВ (ию́нь 1962 г.) его́ чле́ном ста́ла Монго́льская Наро́дная Респу́блика, а на XXVI се́ссии (ию́ль 1972 г.) – Респу́блика Ку́ба.

С 1964 г. в соотве́тствии с соглаше́нием[5] ме́жду СЭВ и СФРЮ в рабо́те ря́да о́рганов СЭВ акти́вно уча́ствует[6] Югосла́вия. В 1973 г. заключено́[7] соглаше́ние[5] о сотру́дничестве ме́жду СЭВ и Финля́ндией. Э́то пе́рвый приме́р сотру́дничества со страно́й, име́ющей ину́ю социа́льно-экономи́ческую систе́му. Интере́с к сотру́дничеству с СЭВ проявля́ют Ме́ксика, Ира́к, Ира́н, Наро́дная Демократи́ческая Респу́блика Йе́мен и други́е стра́ны.

...

Важне́йшей составно́й ча́стью[8] социалисти́ческой экономи́ческой интегра́ции стран-чле́нов СЭВ явля́ется нау́чно-техни́ческое сотру́дничество. Его́ значе́ние осо́бенно[9] возросло́ сейча́с[10], когда́ создаю́тся[11] экономи́ческие, произво́дственно-техни́ческие и организацио́нно-правовы́е предпосы́лки[12] дальне́йшего разви́тия интеграцио́нных проце́ссов в о́бласти[13] нау́ки и те́хники стран-чле́нов СЭВ. В нау́чно-техни́ческом сотру́дничестве всё бо́льшее[14] ме́сто начина́ет[15] занима́ть коопера́ция в проведе́нии нау́чных и техни́ческих иссле́дований на осно́ве соглаше́ний[5] и догово́ров ме́жду министе́рствами, ве́домствами, институ́тами и други́ми организа́циями.

Ungarn. Rumänien
Meilenstein
Analogon
ununterbrochen
in Übereinstimmung mit
Beispiel
anderer
bekunden
Mexiko
Mitgliedsland
anwachsen
производство
Behörde

1.	взаимопо́мощь	gegenseitige Hilfe
2.	см. хозя́йство	
3.	предше́ствующий	vorhergehend
4.	расширя́ть/расши́рить	erweitern, vergrößern, verstärken
5.	соглаше́ние	Abkommen, Vertrag
6.	см. уча́стие	Teilnahme, Mitwirkung
7.	см. заключе́ние	Arrest, Schluß(folgerung); Abschluß
8.	составна́я часть	Bestandteil
9.	осо́бенно adv	besonders
10.	сейча́с adv	jetzt; sofort
11.	создава́ть/созда́ть	hervorbringen, gründen, schaffen
12.	предпосы́лка	Voraussetzung, Vorbedingung
13.	в о́бласти	im Bereich, auf dem Gebiet
14.	всё бо́льше	immer größer, immer mehr
15.	начина́ть/нача́ть	(etw.) anfangen, beginnen

EWG.beabsichtigen
landwirtschaftlich
berufen
уча́стник. Schutz
Vorzugs-.Absatz
Warenumsatz.Veränderung
u.ä.entgegen.Erwartung

Созда́ние ЕЭС предполага́ло организа́цию агра́рного ры́нка и проведе́ние о́бщей сельскохозя́йственной поли́тики. Она́ была́ при́звана соде́йствовать "гармониза́ции" се́льского[1] хозя́йства стран-уча́стниц, защи́те агра́рного ры́нка, созда́нию льго́тных усло́вий для сбы́та ме́стных проду́ктов[2], ро́сту взаи́много[3] товарооборо́та, структу́рным сдви́гам в отра́сли[4] и т.п. Одна́ко, вопреки́ ожида́ниям пра́вящих круго́в[5], "гармониза́ции" отноше́ний ме́жду стра́нами О́бщего ры́нка[6] не произошло́[7].

im Gegenteil.Unterschied
Dorf
mehrfach
Vereinigung
gelingen.übereinkommen.Festsetzung
произво́дство.Lieferant.Getreide
Milch.Vorzugs-.Aufkaufs-
Viehzucht.Gemüseanbau
молоко́.Gemüse
Olivenöl

Напро́тив, противоре́чия[8], обусло́вленные[9] разли́чиями в у́ровнях разви́тия се́льского хозя́йства, социа́льно-экономи́ческих отноше́ний в дере́вне и осо́бенно в агра́рной специализа́ции стран ЕЭС, усили́лись. Об э́том свиде́тельствуют неоднокра́тные встре́чи представи́телей сельскохозя́йственных круго́в Соо́бщества, на кото́рых с больши́м трудо́м удаётся договори́ться об установле́нии еди́ных[10] цен. Фра́нция, основно́й производи́тель и поставщи́к зерновы́х и молока́ на О́бщий ры́нок, тре́бует льго́тных заку́почных цен на свою́ проду́кцию; Нидерла́нды, специализи́рующиеся на животново́дстве и овощево́дстве, добива́ются[11] того́ же для свои́х това́ров. ФРГ заинтересо́вана в льго́тных це́нах на проду́кцию зерново́го хозя́йства и животново́дства, Ита́лия - на моло́чные проду́кты, о́вощи и фру́кты, а та́кже оли́вковое ма́сло.

Festsetzung
EWG.Beitritt
Dänemark
Viezucht.komplizierter werden
ввоз
Weizen.dritter

Противоре́чия[8], свя́занные с установле́нием еди́ных[10] цен, ещё бо́лее усили́лись в связи́ со вступле́нием в ЕЭС А́нглии, Да́нии и Ирла́ндии, се́льское хозя́йство кото́рых ориенти́ровано на животново́дство. Положе́ние осложня́ется[12] тем обстоя́тельством, что стра́ны-экспортёры Фра́нция и Нидерла́нды добива́ются[11] бо́лее си́льной изоля́ции агра́рного ры́нка ЕЭС от мирово́го, чем стра́ны-импортёры А́нглия, ФРГ, Бе́льгия, а та́кже Ирла́ндия, кото́рая вво́зит значи́тельное коли́чество пшени́цы из тре́тьих стран.

1. се́льский	Dorf-, ländlich
2. проду́кты pl	Produkte, Lebensmittel
3. взаи́мный	gegenseitig
4. о́трасль	Branche, Zweig, Wirtschaftsbereich
5. пра́вящие круги́	herrschende Kreise
6. О́бщий ры́нок	Gemeinsamer Markt
7. prt см. происходи́ть/произойти́	geschehen, vorsichgehen; herrühren von
8. противоре́чие	Widerspruch
9. ppp см. обусло́вливать/обусло́вить	bedingen, hervorrufen; von einer Bedingung abhängig machen
10. еди́ный	einheitlich, gemeinsam
11. добива́ться/доби́ться +gen	erringen; erstreben
12. осложня́ться/осложни́ться	komplizierter werden

Zug
gegenwärtig
Gemeinschaft.verfügen über.sehr stark
Maßnahme.vorsehen
zuweisen
Rechenschafts-

Важне́йшей черто́й разви́тия эконо́мики стран-чле́нов СЭВ в теку́щем пятиле́тии[1] явля́ется далне́йшее повыше́ние эффекти́вности обще́ственного произво́дства - одного́ из необходи́мых усло́вий для реше́ния ря́да социа́льно-полити́ческих и экономи́ческих зада́ч. Развёртывающийся проце́сс интегра́ции стран СЭВ спосо́бствует осуществле́нию э́тих зада́ч. Стра́ны содру́жества располага́ют мо́щным промы́шленным потенциа́лом и име́ют реа́льные возмо́жности для выполне́ния[2] мероприя́тий, наме́ченных в пла́нах разви́тия наро́дного хозя́йства[3] на 1971-1975 гг. и Ко́мплексной програ́мме интегра́ции.

Осо́бенно больша́я роль отво́дится произво́дственно-техни́ческому сотру́дничеству в разли́чных о́траслях[4] промы́шленности. В Отчётном докла́де ЦК XXIV съе́зду КПСС отмеча́лось[5]: "Пра́ктика привела́ нас к о́бщему вы́воду: необходи́мо углубля́ть[6] специализа́цию и коопера́цию произво́дства,

eng.koordinieren; sich bewegen

тесне́е увя́зывать народнохозя́йственные[3] пла́ны, сло́вом, дви́гаться по пути́ экономи́ческой интегра́ции социалисти́ческих госуда́рств".

wechselseitige Verbindung. einzeln. Bereich. erlauben; Großserien-

Взаимосвя́зь отде́льных о́траслей[4] промы́шленности по ли́нии междунаро́дной специализа́ции и коопера́ции позволя́ет наибо́лее по́лно испо́льзовать преиму́щества[7] ма́ссового и крупносери́йного произво́дства, механизи́ровать разли́чные проце́ссы, что осо́бенно ва́жно для разви́тия нау́чно-техни́ческого прогре́сса.

испо́льзовать; Verteidigungsfähigkeit

На XXVII се́ссии СЭВ, состоя́вшейся в ию́не э́того го́да в Пра́ге, бы́ло подче́ркнуто, что максима́льное испо́льзование возмо́жностей социалисти́ческой интегра́ции обеспе́чит дальне́йшее укрепле́ние экономи́ческого и нау́чно-техни́ческого потенциа́ла и обороноспосо́бности стран-чле́нов СЭВ.

1. пятиле́тие	Jahrfünft; fünfter Jahrestag
2. выполне́ние	Ausführung, Verwirklichung, Erfüllung
3. наро́дное хозя́йство	Volkswirtschaft
4. о́трасль	Branche, Zweig, Wirtschaftsbereich
5. отмеча́ть/отме́тить	anmerken, bemerken; hervorheben
6. углубля́ть/углуби́ть	vertiefen
7. преиму́щество	Vorzug, Vorteil; Privileg

Стра́ны-чле́ны СЭВ исхо́дят из того́, что:

schrittweise. бли́зкий. Angleichung; bedingen; произво́дство; innerhalb

1. Постепе́нное сближе́ние и выра́внивание у́ровней экономи́ческого разви́тия стран социалисти́ческого содру́жества явля́ется объекти́вным истори́ческим проце́ссом в разви́тии мирово́й социалисти́ческой систе́мы. Э́тот проце́сс обусло́влен социалисти́ческим хара́ктером произво́дственных отноше́ний внутри́ стран социали́зма и разви́тием ме́жду ни́ми[1] полити́ческого, экономи́ческого и нау́чно-техни́ческого сотру́дничества и взаимопо́мощи[2].

произво́дство

Реше́ние важне́йшей зада́чи социалисти́ческого и коммунисти́ческого строи́тельства - достиже́ние бо́лее высо́кого у́ровня производи́тельности обще́ственного труда́ в социалисти́ческих стра́нах по сравне́нию[3] с капиталисти́ческими

sich verbinden. schrittweise
бли́зкий. Angleichung

– органи́чески сочета́ется с проце́ссом постепе́нного сближе́ния и выра́внивания у́ровней экономи́ческого разви́тия стран-чле́нов СЭВ.

Для стран-чле́нов СЭВ актуа́льность зада́чи сближе́ния и выра́внивания у́ровней экономи́ческого разви́тия усиливается требова́ниями нау́чно-техни́ческой револю́ции, дальне́йшего углубле́ния и соверше́нствования сотру́дничества и разви́тия социалисти́ческой экономи́ческой интегра́ции.

Vervollkommnung

bedingen
высоко́.развива́ть

На э́той осно́ве возника́ет объекти́вно обусло́вленная заинтересо́ванность стран-чле́нов СЭВ, как высокора́звитых, так и ме́нее[4] ра́звитых в промы́шленном отноше́нии, в успе́шном разви́тии проце́сса постепе́нного сближе́ния и выра́внивания у́ровней экономи́ческого разви́тия.

2. Основны́ми путя́ми постепе́нного сближе́ния и выра́внивания у́ровней экономи́ческого разви́тия стран-чле́нов СЭВ явля́ются пре́жде всего́[5] максима́льная мобилиза́ция и эффекти́вное испо́льзование[6] со́бственных[7] уси́лий и ресу́рсов стран, а та́кже[8] испо́льзование преиму́щества[9] междунаро́дного социалисти́ческого разделе́ния труда́[10]. ...

1. prs pr instr pl см. он
2. взаимопо́мощь — gegenseitige Hilfe
3. по сравне́нию — im Vergleich
4. ме́нее adv kmp — weniger
5. пре́жде всего́ — vor allem
6. испо́льзование — Ausnutzung, Verwertung
7. со́бственный — persönlich, eigen
8. а та́кже — und, aber auch
9. преиму́щество — Vorzug,Vorteil; Privileg
10. разделе́ние труда́ — Arbeitsteilung

БРЕВНО́ НА ДОРО́ГЕ. Рис. В. Фомичева.

Pravda, 5.4.74

"Balken auf dem Weg"

17. L E K T I O N

Населе́ние на́шей страны́.

Сообще́ние Центра́льного Статисти́ческого Управле́ния[1] при Сове́те Мини́стров СССР

Altersstruktur / Sprache. Existenz / Allunions-

О возрастно́й структу́ре, у́ровне образова́ния, национа́льном соста́ве[2], языка́х и исто́чниках[3] средств существова́ния населе́ния СССР по да́нным[4] всесою́зной пе́реписи[5] населе́ния на 15 января́ 1970 го́да.

Reihe / Geschlecht. Alter. Ehestand / anführen

В апре́ле 1970 го́да в печа́ти бы́ли опублико́ваны кра́ткие[6] предвари́тельные[7] ито́ги пе́реписи населе́ния. В настоя́щее[8] вре́мя ЦСУ СССР зако́нчило[9] разрабо́тку пе́рвой о́череди основны́х ито́гов пе́реписи, характеризу́ющих соста́в населе́ния по по́лу, во́зрасту, состоя́нию в бра́ке, образова́нию, национа́льности, языку́ и исто́чнику средств существова́ния. Ни́же приво́дятся да́нные пе́реписи 1970 го́да в сравне́нии с да́нными предыду́щих пе́реписей. ....

(An)zahl

2. Чи́сленность населе́ния сою́зных респу́блик ... за пери́од ме́жду после́дними[10] пе́реписями измени́лась так:

Tabelle / tausend

Табли́ца 1

	Чи́сленность населе́ния (ты́сяча челове́к) 1959	1970	1970 г. в проце́нтах к 1959 г.
СССР	208 827	241 720	116
РСФСР	117 534	130 079	111
УССР	41 869	47 126	113
Казах.ССР	9 153	12 849	140
Узб.ССР	8 261	11 960	145
БССР	8 056	9 002	112
Груз.ССР	4 044	4 686	116
Азерб.ССР	3 698	5 117	138
Молд.ССР	2 883	3 569	124
Литов.ССР	2 711	3 128	115
Латв.ССР	2 093	2 364	113
Кирг.ССР	2 066	2 933	142
Тадж.ССР	1 981	2 900	146
Арм.ССР	1 763	2 492	141
Туркм.ССР	1 516	2 159	142
Эст.ССР	1 197	1 356	113

folgendermaßen

12. По сою́зным респу́бликам у́ровень образова́ния населе́ния измени́лась сле́дующим о́бразом

Beschäftigter

ста́рый.entfallen
Person

Таблица 2

	На 1000 челове́к населе́ния в во́зрасте 10 лет и ста́рше прихо́дится лиц с вы́сшим и сре́дним по́лным и непо́лным образова́нием 1959	1970	На 1000 за́нятых име́ют вы́сшее и сре́днее по́лное и непо́лное образова́ние 1959	1970
СССР	361	483	433	653
РСФСР	361	489	440	656
Лито́вская ССР	232	382	250	496
Грузи́нская ССР	448	554	492	711

Verteilung

Muttersprache

14. Распределе́ние населе́ния СССР по национа́льности и родно́му языку́ измени́лось так:

Табли́ца 3

дать
fließend beherrschen

Juden

Armenier
Litauer

	Число́[11] лиц да́нной национа́льности /млн./ 1959 г.	1970 г.	Из них счита́ют родны́м языко́м э́той же национа́льности в проце́нтах 1959 г.	1970 г.	Кро́ме[12] того́, свобо́дно владе́ют вторы́м языко́м наро́дов СССР в проце́нтах ру́сским	други́ми
Всё населе́ние СССР	208,8	241,7	94,3	93,9	17,3	4,2
Ру́сские	114,1	129,0	99,8	99,8	0,1	3,0
Тата́ры	5,0	6,0	92,1	89,2	62,9	5,3
Не́мцы [13]	1,6	1,8	75,0	66,8	59,6	1,1
Евре́и	2,3	2,2	21,5	17,7	16,3	28,8
Узбе́ки	6,0	9,2	98,4	98,6	14,5	3,3
Армя́не	2,8	3,6	89,9	91,4	30,1	6,0
Лито́вцы	2,3	2,7	97,8	97,9	35,9	1,9

als

Всего́[14] при пе́реписи[5] указа́ли в ка́честве[15] родно́го языка́ ру́сский язы́к 141,8 миллио́на челове́к (при пе́реписи 1959 го́да - 124,1 миллио́на челове́к) из них 128,8 миллио́на ру́сских и 13 миллио́нов челове́к други́х национа́льностей. Кро́ме того́, 41,9 миллио́на челове́к назва́ли ру́сский язы́к в ка́честве второ́го языка́, кото́рым свобо́дно владе́ют.

15. Измене́ние чи́сленности населе́ния отде́льных[16] национа́льностей по сою́зным респу́бликам характеризу́ется сле́дующими да́нными[4]:

Таблица 3

		в проце́нтах к ито́гу	
		1959	1970
РСФСР	ру́сские	83,3	82,8
	тата́ры	3,5	3,7
БССР	белору́сы	81,1	81,0
	ру́сские	8,2	10,4
Тадж.ССР	таджики́	53,1	56,2
	узбе́ки	23,0	23,0
	ру́сские	13,3	11,9
Арм.ССР	армя́не	88,0	88,6
	азербайджа́нцы	6,1	5,9
	ру́сские	3,2	2,7

1. управле́ние	Verwaltung
2. соста́в	Bestand, Zusammensetzung
3. исто́чник	Quelle
4. да́нные pl.	Angaben
5. пе́репись	Zählung; statistische Erhebung
6. кра́ткий	kurz
7. предвари́тельный	vorhergehend, vorläufig
8. настоя́щий	gegenwärtig;wirklich;vorliegend
9. зака́нчивать/зако́нчить	voll-, beenden
10. после́дний	letzter
11. число́	Zahl; Datum
12. кро́ме präp.m.gen.	außer, nebst
13. не́мец,-мца	Deutscher
14. всего́ partikel	im ganzen,insgesamt; nur
15. в ка́честве	(in der Eigenschaft) als
16. отде́льный	einzeln

Ausdruck — Измене́ния социа́льно-кла́ссовой структу́ры явля́ются отраже́-
vollbringen — нием коренны́х[1] экономи́ческих преобразова́ний[2], соверше́нных
während — в на́шей стране́ за го́ды социалисти́ческого строи́тельства,
результа́том осуществле́ния поли́тики индустриализа́ции страны́ и коллективиза́ции се́льского хозя́йства. Они́ происхо́дят под влия́нием нау́чно-техни́ческой револю́ции, бы́строго раз-
Anteil — ви́тия производи́тельных[3] сил, ро́ста уде́лного ве́са механизи́рованного труда́. Всё э́то обусло́вило[4] пре́жде всего́ зна-
Korrelation — чи́тельное измене́ние соотноше́ния городско́го и се́льского
leben — населе́ния. Е́сли в 1913 г. в города́х прожива́ло всего́[5] 18%,
so.mehr als — в 1940 г. - 33%, то в нача́ле 1970 г. - свы́ше полови́ны[6]
всего́ населе́ния на́шей страны́ (57%).

	Суще́ственные[7] измене́ния произошли́ та́кже и в структу́ре
занима́ть.s.Tab.	за́нятости населе́ния (см.табл.1).
ausdrücken	Пре́жде всего́ обраща́ет на себя́ внима́ние я́рко вы́раженная
(An)teil.заня́ть	тенде́нция сниже́ния до́ли за́нятых в се́льском хозя́йстве. В
ganz zu schweigen von.	1960 г., не говоря́ уже о довое́нном пери́оде, в се́льском
заня́ть война́	хозя́йстве бы́ло за́нято люде́й значи́тельно бо́льше[8], чем в
nach	промы́шленности и строи́тельстве. Спустя́ 10 лет, в 1970 г.,
Anteil.übersteigen	уде́льный вес рабо́тающих в э́тих о́траслях на 10% превыша́л
Forst-	до́лю за́нятых в се́льском и ле́сном хозя́йстве.
Um-,Neuverteilung	Одновреме́нно[9] с проце́ссом перераспределе́ния населе́ния
	ме́жду о́траслями материа́льного произво́дства, что осо́бенно
перехо́д	бы́ло характе́рно для перехо́дного пери́ода, всё бо́лее про-
стать	грессиру́ющей тенде́нцией в после́дние[10] го́ды стано́вится уве-
(An)zahl.Person	личе́ние чи́сленности лиц, за́нятых в непроизводи́тельной[11]
unter der Gesamtzahl	сфе́ре. В о́бщей чи́сленности трудя́щихся СССР они́ в 1940 г.
	составля́ли[12] 11,7%, в 1965 г. - 20,1% и в 1970 г. - 22,6%.
Korrelation.aufgrund von	Подо́бное[13] измене́ние соотноше́ния происхо́дит за счёт ро́ста
Arzt	числа́[14] враче́й, учителе́й[15], рабо́тников культу́ры и, осо́бен-
	но, нау́ки, а та́кже в результа́те значи́тельного разви́тия
Dienstleistung	бытово́го обслу́живания.

Табли́ца 1

Verteilung — Распределе́ние населе́ния, за́нятого в наро́дном хозя́йстве по о́траслям без уча́щихся в проце́нтах+

		1940г.	1960г.	1965г.	1970г.
	Всего́[5] за́нято	100	100	100	100
	в том числе́[17]				
	в промы́шленности и строи́тельстве	23	32	35	37
einschließlich.Neben-erwerbs-	в се́льском и ле́сном хозя́йстве (включа́я ли́чное[18] подсо́бное)	54	39	32	27
	на тра́нспорте и свя́зи	5	7	8	8
öff.Ernährungswesen Versorgung Beschaffung	в торго́вле,обще́ственном пита́нии, материа́льно-техни́ческом снабже́нии и сбы́те[19], загото́вках	5	6	6	7
Gesundheitswesen.Körperkultur.Bildung Kunst Bedienung	в здравоохране́нии,физкульту́ре и социа́льном обеспе́чении,в просвеще́нии,культу́ре и иску́сстве,в нау́ке и нау́чном обслу́живании	6	11	14	15
übrig	в про́чих сфе́рах	7	5	5	6

+"Наро́дное хозя́йство СССР в 1970 г.", стр.507.

Табли́ца 2

klassenmäßige Zusammensetzung	Кла́ссовый соста́в населе́ния (в %)	1913 г.	1939 г.	1959 г.	1970 г. (оце́нка)
Familie	Всё населе́ние (включа́я нерабо́тающих чле́нов семе́й)	100	100	100	100
	в том числе́[17]				
	рабо́чие и слу́жащие	17,0	50,2	68,3	80
	из них рабо́чие	14,0	32,5	48,2	55
колхоз.genossenschaftl. organisierte Handwerker	колхо́зное крестья́нство[20] и коопери́рованные кустари́	-	47,2	31,4	20
Einzelbauer	крестья́не-единоли́чники и некоопери́рованные кустари́	66,7	2,6	0,3	0
Großbauer	буржуази́я, поме́щики, торго́вцы[21] и кулаки́[22]	16,3	-	-	-

1. коренно́й	ursprünglich;grundlegend,radikal
2. преобразова́ние	tiefgreif.Reform,Umgestaltung
3. vgl. произво́дство	Produktion /ung abhängig machen
4. обусло́вливать/обусло́вить	bedingen,hervorrufen;v.e.Beding-
5. всего́ partikel	im ganzen,insgesamt;nur
6. полови́на	Hälfte
7. суще́ственный	wesentlich
8. бо́льше adv.	größer, mehr
9. одновреме́нно	gleichzeitig
10. после́дний	letzter
11. vgl. производи́тельность	Produktivität /auf;ausmachen
12. составля́ть/соста́вить	zs.stellen,schaffen;s.belaufen
13. подо́бный	ähnlich,gleichartig
14. число́	Zahl; Datum
15. учи́тель,-ля	Lehrer
16. уча́щийся,-егося	Schüler, Student
17. в том числе́	darunter
18. ли́чный	persönlich
19. сбыт	Absatz, Verkauf
20. vgl. крестья́нин	Bauer
21. торго́вец,-вца	Händler
22. кула́к	Kulak,Großbauer; Faust

Bewußtsein · zum Beispiel.nachspü-/ren · national gemischt · befragen · lettisch

Важне́йшим[1] крите́рием утвержде́ния[2] при́нципов социалисти́ческого интернационали́зма в созна́нии интеллиге́нции явля́ется её отноше́ние к разли́чным сторона́м национа́льных отноше́ний. Э́то, наприме́р, просле́живается на отноше́нии интеллиге́нции к многонациона́льному коллекти́ву. Да́нные конкре́тно-социологи́ческих иссле́дований показа́ли, что у большинства́ опро́шенных представи́телей разли́чных социа́льно-профессиона́льных групп интеллиге́нции латы́шской, ру́сской,

polnisch.litauisch. estnisch.jüdisch leben.lettisch
einsehen.vgl.труд
привести
so.befragen
s.высказывать uv.positiv
определить v.

белору́сской, по́льской, лито́вской, эсто́нской, евре́йской, украи́нской и други́х национа́льностей, прожива́ющих в Латви́йской ССР, про́чно[3] утверди́лось чу́вство[4] коллективи́зма, осознана́ потре́бность труди́ться в многонациона́льном коллекти́ве. Об э́том свиде́тельствуют да́нные, приведённые в табли́це 3. Таки́м о́бразом[5], 86,7% обсле́дованных представи́телей интеллиге́нции и слу́жащих разли́чных социа́льно-профессиона́льных групп и национа́льностей Латви́йской ССР вы́сказало одобри́тельное отноше́ние к многонациона́льному коллекти́ву. Лишь 7,9% от всех обсле́дованных прояви́ло[6] колеба́ния[7] при определе́нии своего́ отноше́ния к многонациона́льному коллекти́ву и то́лько 5,4% вы́сказало к нему́ отрица́тельное отноше́ние.

s.создавать uv.
instr.pl.s.люди
gen.pl.s.друг.Person
Kunst.Arzt
staatl.Institution

Многонациона́льные коллекти́вы трудя́щихся создаю́т объекти́вные усло́вия для укрепле́ния дру́жбы ме́жду людьми́ разли́чных национа́льностей. Бо́лее 75% обсле́дованных представи́телей интеллиге́нции респу́блики посети́ло[8] други́е сою́зные респу́блики, име́ют друзе́й из лиц разли́чных национа́льностей. Среди́ инжене́рно-техни́ческих рабо́тников 85,6% обсле́дованных име́ет друзе́й из лиц други́х национа́льностей, среди́ рабо́тников иску́сств - 82,6, враче́й - 92,8, учителе́й[9] - 79,5, агроно́мов - 59,5, рабо́тников госучрежде́ний 87,8%.

Табли́ца 3: Отноше́ние интеллиге́нции к многонациона́льному коллекти́ву /в проце́нтах/

	Одобре́ние[10]	Не вы́сказали своего́ мне́ния	Отрица́тельное отноше́ние
Профессиона́льные гру́ппы интеллиге́нции:			
инжене́рно-техни́ческие рабо́тники	90,0	8,0	2,0
рабо́тники иску́сств	85,0	13,0	2,0
врачи́	95,0	3,0	2,0
учителя́[9]	83,0	12,0	5,0
рабо́тники госуда́рственных учрежде́ний	90,0	8,0	2,0
Национа́льность интеллиге́нции:			
латыши́	83,8	9,1	7,1
ру́сские	92,2	5,8	2,0
белору́сы	94,3	3,8	1,9
украи́нцы	92,5	6,1	1,4
евре́и	90,7	6,2	3,1

1. sup. s. ва́жный .....
2. утвержде́ние Bekräftigung, Bestätigung
3. про́чный haltbar, dauerhaft, fest
4. чу́вство Gefühl
5. таки́м о́бразом so
6. проявля́ть/прояви́ть zeigen, bekunden, offenbaren
7. колеба́ние Schwanken, Schwankung
8. посеща́ть/посети́ть besuchen
9. учи́тель,-ля Lehrer
10. одобре́ние Billigung, Zustimmung

	В связи́[1] с разви́тием совреме́нной автоматизи́рованной те́х-
qualitativ	ники происхо́дят ка́чественные измене́ния в структу́ре рабо́-
Schicht	та́ющих на промы́шленных предприя́тиях. Возника́ет слой ра-
Angehöriger d.Intelligenz	бо́чих но́вого ти́па - рабо́чих-интеллиге́нтов. ...
	Статисти́ческие да́нные (табл.[2]) свиде́тельствуют, что гру́п-
Ingenieure mit leitender Funktion	па инжене́рно-управле́нческих рабо́тников[3] возраста́ет[4] бо́лее
	бы́стрыми те́мпами, чем гру́ппа рабо́чих и слу́жащих. Конкре́т-
	ные иссле́дования на автоматизи́рованных предприя́тиях, а
berechnen	та́кже предвари́тельные материа́лы, рассчи́танные на осно́ве
	математи́ческой моде́ли[5] социа́льной структу́ры сове́тского
	о́бщества, пока́зывают[6], что э́тот проце́сс бу́дет продолжа́ть-
	ся.
qualitativ	Аналоги́чный проце́сс (на ка́чественно ино́й[7] осно́ве) проис-
	хо́дит и в ра́звитых капиталисти́ческих стра́нах, где увели́-
(An)zahl	чивается[8] чи́сленность и уси́ливается[9] в промы́шленности роль
Ranzlei-	инжене́рно-техни́ческого персона́ла и канцеля́рских слу́жащих.
	В кру́пных[10] капиталисти́ческих стра́нах они́ составля́ют[11] о́ко-
	ло[12] 25% всех рабо́тающих в промы́шленности.
	Примене́ние автоматизи́рованной те́хники произво́дства и
quantitativ	управле́ния приво́дит[13] не то́лько к коли́чественному ро́сту
	инжене́рно-техни́ческих рабо́тников[3], но и к измене́нию ха-
hineingehen,gehören zu	ра́ктера и содержа́ния[14] труда́ разли́чных групп, входя́щих в
	э́ту катего́рию промы́шленно-произво́дственного[15] персона́ла.
behaupten	Результа́ты конкре́тных иссле́дований даю́т[16] основа́ние утвер-
	жда́ть, что бы́стрый рост инжене́рно-управле́нческого аппара́-
das Zerfallen in Schichten	та спосо́бствует расслое́нию инжене́рно-управле́нческих ра-
	бо́тников на гру́ппы ...
man muß	Нельзя́ не учи́тывать[17] и то обстоя́тельство, что ка́ждый но́-
hervorrufen.bestimmt	вый эта́п автоматиза́ции порожда́ет определённые измене́ния

	в положе́нии разли́чных групп рабо́тающих и э́ти измене́ния
hier:vorläufig	но́сят[18] не оконча́тельный, а промежу́точный хара́ктер. ...
wegfallen.Bedarf	В не́которых слу́чаях отпада́ет нужда́ в рабо́тниках ря́да
Beruf.bestimmt	профе́ссий; определённые гру́ппы инжене́ров, те́хников, слу́-
können.lang(andauernd)	жащих смо́гут рабо́тать в но́вых усло́виях лишь по́сле продол-
Um-	жи́тельной переквалифика́ции.
folglich.enthalten	Сле́довательно, примене́ние автоматизи́рованной те́хники таи́т
	в себе́ социа́льные после́дствия, кото́рые регули́руются в
	на́шем о́бществе народнохозя́йственными[19] пла́нами, а на ря́де
gründlich	предприя́тий бо́лее углублённо - пла́нами социа́льного раз-
Klarstellung	ви́тия. Выясне́ние гла́вных тенде́нций э́тих социа́льных по-
	сле́дствий должно́ спосо́бствовать разрабо́тке конкре́тных
planmäßig	мероприя́тий[20] для осуществле́ния планово́го руково́дства
	социа́льными проце́ссами.

Табли́ца: Дина́мика структу́ры чи́сленности[21] промы́шленно-производ́ственного[15] персона́ла /ППП/ в %

Весь ППП	1955 г.	1965 г.	1970 г.	1975 г.	1980 г.
В том числе́[22]					
рабо́чие	85,2	82,1	80,1	77,2	73,9
ученики́ (Lehrling)	1,9	1,6	1,4	1,5	1,6
ИТР+	8,2	10,6	12,9	15,7	18,7
слу́жащие	4,0	4,0	4,1	4,3	4,6

+инжене́рно-техни́ческие рабо́тники

1.	в связи́ с	zugleich mit, infolge von
2.	табл. = табли́ца	Tabelle
3.	рабо́тник	(geistiger od.körperl.)Arbeiter
4.	возраста́ть/возрасти́	anwachsen
5.	моде́ль	.....
6.	пока́зывать/показа́ть	zeigen
7.	ино́й	anderer, mancher
8.	увели́чиваться/увели́читься	sich vergrößern, ansteigen
9.	уси́ливаться	sich verstärken
10.	кру́пный	groß, wichtig, bedeutend
11.	составля́ть	sich belaufen auf, ausmachen
12.	о́коло	fast, annähernd
13.	приводи́ть/привести́	(ein)führen, anführen
14.	содержа́ние	Inhalt; Unterhalt
15.	произво́дственный	Produktions-, Betriebs-
16.	дава́ть/дать	geben
17.	учи́тывать/уче́сть	berechnen, berücksichtigen
18.	носи́ть uv.	tragen
19.	народнохозя́йственный	volkswirtschaftlich
20.	мероприя́тие	Maßnahme
12.	чи́сленность	(An)zahl
22.	в том числе́	darunter, davon

18. LEKTION

zahlenmäßig.KPD
doppelt.September
November
KPD.genügend
verhüten
Führer.jedesmal. ablehnen
zur gleichen Zeit. deutsch
fehlerhaft.stalinsch
versperren
Zerschlagung
anzünden.Gebäude. beschuldigen
blutig
werfen.Folterkammer
KPD.weggehen
Illegalität
äußerst
Kampfgenosse
brechen.Wille
Brüsseler.KPD.sich stützen auf
hier:aufdecken. Niederlage
vorausgehen
Vereinigung.Sturz

С 1928 по[1] 1932 чи́сленный соста́в КПГ увеличи́лся бо́лее чем вдво́е. На вы́борах[2] в рейхста́г в сентябре́ 1930 па́ртия получи́ла 4592 ты́сячи[3] голосо́в и 77 манда́тов, а в ноябре́ 1932 - 5980 ты́сяч голосо́в и 100 манда́тов.

Одна́ко КПГ к нача́лу 1933 не располага́ла[4] доста́точными си́лами, что́бы предотврати́ть установле́ние[5] фаши́стской диктату́ры, так как[6] значи́тельная часть рабо́чих ещё шла[7] за социа́л-демокра́тией. Она́ неоднокра́тно[8] предлага́ла руково́дству СДПГ[9] объедини́ть[10] уси́лия для отпо́ра[11] фаши́зму, но пра́вые[12] ли́деры СДПГ[9] ка́ждый раз отклоня́ли э́ти предложе́ния.

В то же вре́мя мно́гие[13] неме́цкие коммуни́сты, приня́в[14] оши́бочное ста́линское определе́ние[15] всей социа́л-демокра́тии как "социа́л-фаши́зма", по существу́[16] прегражда́ли себе́ путь к с.-д.[17] рабо́чим.

С установле́нием[5] фаши́стской диктату́ры (30 янв.1933) наци́сты приступи́ли[18] к разгро́му всех демократи́ческих сил, в пе́рвую о́чередь[19] компа́ртии[20]. В конце́ февраля́ 1933 фаши́сты подожгли́ зда́ние рейхста́га, обвини́в в э́том коммуни́стов, и разверну́ли[21] крова́вый терро́р. 3 ма́рта 1933 был аресто́ван и бро́шен в засте́нки геста́по вождь[22] герма́нского[23] рабо́чего кла́сса Э. Те́льман. КПГ ушла́ в глубо́кое подпо́лье. Руково́дство де́ятельностью па́ртии в э́тих кра́йне тяжёлых усло́виях взя́ли[24] на себя́ В. Пик, В. У́льбрихт и други́е ближа́йшие сора́тники Э. Те́льмана.

Фаши́стский терро́р не сломи́л во́лю коммуни́стов к борьбе́.

... На Брю́ссельской конфере́нции КПГ (окт. 1935), основа́вшейся на реше́ниях VII конгре́сса Коминте́рна, бы́ли вскры́ты причи́ны пораже́ния рабо́чего кла́сса и установле́ния фаши́стской диктату́ры, дан[25] крити́ческий ана́лиз де́ятельности КПГ в предше́ствовавший пери́од. Конфере́нция вы́двинула[26] в ка́честве[27] гла́вной зада́чи па́ртии установле́ние[5] еди́нства де́йствий[28] герма́нского[23] рабо́чего кла́сса и объедине́ние всех антифаши́стских сил в борьбе́ за сверже́ние фаши́зма.

1.	с ... по	von ... bis (zeitl.)
2.	вы́бор	Wahl
3.	ты́сяча	tausend
4.	располага́ть	verfügen über, besitzen
5.	установле́ние	Errichtung
6.	так как	weil
7.	prt f см. идти́	gehen, hier: folgen
8.	неоднокра́тно	mehrfach, wiederholt
9.	СДПГ	SPD
10.	объединя́ть/объедини́ть	vereinigen
11.	отпо́р	Abwehr, Widerstand
12.	пра́вый	rechts
13.	мно́гие	viele, manche
14.	ap см. приня́ть	
15.	определе́ние	Definition
16.	по существу́	im Grunde, in Wirklichkeit, im Wesentlichen
17.	с.-д.= социа́л-демократи́ческий	
18.	приступа́ть/приступи́ть	herantreten, hier:schreiten zu
19.	о́чередь	Reihe(nfolge)
20.	компа́ртия = коммунисти́ческая па́ртия	
21.	развёртывать/разверну́ть	entwickeln, entfalten
22.	вождь	Führer
23.	герма́нский	dem deutschen Staat angehörig, Reichs-, deutsch
24.	брать/взять	....
25.	ppp kf см. дать	....
26.	выдвига́ть/вы́двинуть	nach vorn bewegen, vorbringen, vorschlagen
27.	в ка́честве	(in der Eigenschaft), als
28.	де́йствие	Handlung, Aktion, Wirkung

Проце́сс концентра́ции и централиза́ции капита́ла, уничтожа́я[1] свобо́дную конкуре́нцию, привёл в нача́ле XX ве́ка[2] к созда́нию могу́чих[3] монополисти́ческих сою́зов капитали́стов, - синдика́тов, карте́лей, тре́стов, - получи́вших реша́ющее значе́ние во всей экономи́ческой жи́зни, к слия́нию ба́нкового капита́ла с промы́шленным капита́лом грома́дной концентра́ции и к уси́ленному вы́возу капита́ла в чужи́е стра́ны. Тре́сты, охва́тывая це́лые[4] гру́ппы капиталисти́ческих держа́в[5], нача́ли экономи́ческий разде́л ми́ра, поде́ленного уже́ территориа́льно ме́жду богате́йшими стра́нами. Э́та эпо́ха фина́нсового капита́ла, неизбе́жно[6] обостря́ющая[7] борьбу́ ме́жду капиталисти́ческими госуда́рствами, есть эпо́ха империали́зма.

...

Vereinigung

fremd

umfassen

Aufteilung.verteilen

см. ко́нчить
überhaupt.etwas
Stufe
sich verwandeln
an der Spitze
herausführen. Sackgasse
welcher auch immer
Mißerfolg
Welle
Vertrauen.größt-möglich
erfüllbar
Bruch.unerbittlich
erringen
führende Kreise

Империалисти́ческая война́ не могла́ ко́нчиться не то́лько справедли́вым[8] ми́ром, но и вообще́ заключе́нием ско́лько-нибу́дь усто́йчивого[9] ми́ра буржуа́зными прави́тельствами. Она́, на дости́гнутой ступе́ни разви́тия капитали́зма, с неизбе́жностью[6] превраща́лась и превраща́ется на на́ших глаза́х в гражда́нскую войну́ эксплуати́руемых трудя́щихся масс с пролетариа́том во главе́ их, про́тив буржуази́и.

...

Только пролета́рская, коммунисти́ческая револю́ция мо́жет вы́вести челове́чество из тупика́, со́зданного[10] империали́змом и империалисти́ческими война́ми. Каковы́ бы ни бы́ли тру́дности револю́ции и возмо́жные вре́менные неуспе́хи её и́ли волны́ контрреволю́ции, - оконча́тельная[11] побе́да пролетариа́та неизбе́жна[6].

Э́та побе́да мирово́й пролета́рской револю́ции тре́бует полне́йшего дове́рия, тесне́йшего[12] бра́тского[13] сою́за и возмо́жно бо́льшего еди́нства революцио́нных де́йствий[14] рабо́чего кла́сса в передовы́х стра́нах.

Э́ти усло́вия не осуществи́мы без принципиа́льного реши́тельного[15] разры́ва и беспоща́дной борьбы́ с тем буржуа́зным извраще́нием[16] социали́зма, кото́рое одержа́ло побе́ду в верха́х официа́льных социа́л-демократи́ческих и социалисти́ческих па́ртий.

1. уничтожа́ть/уничто́жить — vernichten, zerstören
2. век — Jahrhundert
3. могу́чий — mächtig, gewaltig
4. це́лый — ganz, vollständig
5. держа́ва — Staat, Macht
6. неизбе́жно — unvermeidlich,unausbleiblich
7. обостря́ть/обостри́ть — (ver)schärfen, zuspitzen
8. справедли́вый — gerecht
9. усто́йчивый — dauerhaft, fest
10. ppp см. .... — hervorbringen,gründen,schaffen
11. оконча́тельный — endgültig
12. те́сный — eng, dicht
13. бра́тский — brüderlich
14. де́йствие — Handlung; Aktion; Wirkung
15. реши́тельный — entschieden
16. извраще́ние — Entstellung

Ста́вится[1] вопро́с о прекраще́нии забасто́вки. Исполни́тельный комите́т[2] счита́ет, со свое́й стороны́, о́чень жела́тельным продолже́ние забасто́вки, но не мо́жет не счита́ться с настрое́нием масс, поско́льку оно́ вы́яснилось из сообще́ний депута́тов; на не́которых заво́дах настрое́ние не́сколько па́дает[3], и потому́ Исполни́тельный комите́т[2] счита́ет ну́жным прекрати́ть[4] забасто́вку в понеде́льник в 12 ч. дня, е́сли, коне́чно, в э́тот промежу́ток вре́мени прави́тельство не даст[5] но́вого по́вода[6] к забасто́вке. Вопро́с э́тот прошёл[7] в Исполни́тельном комите́те[2] большинство́м 9 голосо́в про́тив 6. Федерати́вный комите́т единогла́сно вы́сказался про́тив прекраще́ния забасто́вки. Открыва́ются пре́ния по э́тому вопро́су, из высказа́вшихся 32 ора́торов[8] 13 нахо́дят ну́жным назна́чить сейча́с же срок прекраще́ния забасто́вки, остальны́е про́тив э́того. Неотло́жность назначе́ния сро́ка мотиви́руется гла́вным о́бразом тем, что на не́которых заво́дах настрое́ние па́дает, продолжи́тельные[9] забасто́вки истощи́ли рабо́чих и то́лько определённое[10] установле́ние сро́ка мо́жет ещё продержа́ть забасто́вку день-два. Ука́зывали[11] на то, что Сове́т рабо́чих депута́тов риску́ет[12] потеря́ть в глаза́х ма́ссы свою́ авторите́тность, е́сли бу́дет назнача́ть ча́стые[13] и продолжи́тельные[9] забасто́вки, не счита́ясь с настрое́ниями свои́х избира́телей[14]. Недово́льство забасто́вками ведёт[15] к увеличе́нию рядо́в чёрной со́тни, на Пути́ловском заво́де уже́ прихо́дится[16] огражда́ть себя́ от них боевы́ми дружи́нами. Защи́тники продолже́ния забасто́вки горячо́ дока́зывали, что невозмо́жно[17] конча́ть забасто́вку, не получи́вши ничего́, - необходи́мо вы́рвать от прави́тельства по́лную амни́стию, отме́ну[18] вое́нного положе́ния и сме́ртной ка́зни для това́рищей-матро́сов.

seinerseits.sehr
wünschenswert.in Rechnung stellen
Stimmung.soweit.hervorgehen
etwas.deshalb
erforderlich.Montag
h=Uhr.natürlich. Zwischenraum
einstimmig
(er)öffnen.Debatte
erforderlich.festsetzen
übrig.Dringlichkeit.Festsetzung. begründen.hauptsächlich
Stimmung
erschöpfen
halten
etwa 2 Tage
verlieren.Auge
festsetzen
in Rechnung stellen
Unzufriedenheit
"schwarzhunderter"
schützen vor.Kampfmannschaft.Verteidiger.leidenschaftlich. beweisen.beendigen
entreißen
Todesstrafe

1. ста́вить/поста́вить — (hin)stellen
2. исполни́тельный комите́т — Exekutivkomittee
3. па́дать/упа́сть — fallen, sinken
4. прекраща́ть/прекрати́ть — einstellen, aufhören
5. 3. sg präs v см. дать — geben
6. по́вод — Anlaß, Veranlassung
7. prt v см. пройти́ — durchgehen, passieren, vergehen, verlaufen

8.	ора́тор	Redner
9.	продолжи́тельный	lang, anhaltend
10.	определённый	bestimmt,gewiß,festgesetzt
11.	ука́зывать/указа́ть	zeigen,angeben; hinweisen
12.	рискова́ть	riskieren
13.	ча́стый	häufig, wiederholt
14.	избира́тель	Wähler
15.	sg präs uv см. вести́	führen
16.	приходи́ться	nötig sein, müssen
17.	невозмо́жно	es ist unmöglich, man kann nicht
18.	отме́на	Abschaffung, Aufhebung

1. О повыше́нии ро́ли профсою́зов[1] в хозя́йственном строи́тельстве
2. Улучше́ние усло́вий труда́ и бы́та рабо́чих и слу́жащих - важне́йшая зада́ча профсою́зов
3. Об улучше́нии воспита́тельной и культу́рно-ма́ссовой рабо́ты профсою́зов
4. О повыше́нии у́ровня организацио́нной рабо́ты профсою́зов
5. Дальне́йшее расшире́ние междунаро́дных свя́зей сове́тских профсою́зов
6. Об улучше́нии парти́йного руково́дства профсою́зами

Lebensweise
erzieherisch

4. ....

В профсою́зных организа́циях име́ют ме́сто наруше́ния демокра́тии и норм профсою́зной жи́зни: нерегуля́рно созыва́ются[2] пле́нумы комите́тов и сове́тов профсою́зов[1], их роль как о́рганов коллекти́вного руково́дства нере́дко принижа́ется. Име́ются[3] недоста́тки в подбо́ре и воспита́нии[4] профсою́зных ка́дров. Мно́гие комите́ты и сове́ты профсою́зов не проявля́ют до́лжной[5] забо́ты о выдвиже́нии на профсою́зную рабо́ту молоды́х, энерги́чных рабо́тников, хорошо́ прояви́вших себя́ на произво́дстве и в обще́ственной жи́зни, по́льзующихся дове́рием рабо́чих. ...

Verletzung
unregelmäßig
nicht selten.herabsetzen
Mängel.Auswahl
Sorge.Heranziehung
jung
Vertrauen

Пле́нум ЦК КПСС счита́ет целесообра́зным расши́рить[6] фу́нкции фабри́чно-заво́дских комите́тов профсою́зов, име́я в виду́[7] предоставле́ние им пра́ва уча́ствовать в разрабо́тке промфинпла́нов предприя́тий, в реше́нии вопро́сов нормиро́вания труда́ и организа́ции зарпла́ты, осуществля́ть кон-

zweckmäßig
Gewährung
Betriebsplan

тро́ль за соблюде́нием[8] трудово́го законода́тельства[9] и выполне́нием коллекти́вных догово́ров[10], выска́зывать своё мне́ние по кандидату́рам, выдвига́емым[11] на руководя́щие[12] хозя́йственные до́лжности, не допуска́ть[13] увольне́ний рабо́чих и слу́жащих без согла́сия[14] фабзавместко́ма. ... Профсою́зные о́рганы должны́ вноси́ть во всю свою́ повседне́вную[15] де́ятельность дух[16] конкре́тности и высо́кой отве́тственности[17] за пору́ченное де́ло. Необходи́мо продолжа́ть рабо́ту по дальне́йшему соверше́нствованию[18] и удешевле́нию профсою́зного аппара́та и приближе́нию его́ к ма́ссам чле́нов профсою́зов[1]. Руководя́щие[12] рабо́тники профсою́зов обя́заны бо́льшую часть своего́ вре́мени находи́ться на предприя́тиях и стро́йках, среди́ рабо́чих и слу́жащих, проявля́ть ма́ксимум инициати́вы в де́ле[19] улучше́ния организа́ции произво́дства, усло́вий труда́ и бы́та рабо́чих. ...

Position.Entlassung
Betriebsgewerkschaftskomittee
hineintragen
anvertrauen
Verbilligung
Annäherung
verpflichtet
Bau(stelle)
Lebensweise

1.	=профессиона́льный сою́з	Gewerkschaft
2.	созыва́ть/созва́ть	einberufen, zusammenrufen
3.	име́ться	vorhanden sein
4.	воспита́ние	Erziehung, Formung
5.	до́лжный	gebührend, gehörig
6.	расширя́ть/расши́рить	erweitern, vergrößern, verstärken
7.	име́ть в виду́	an etwas denken, berücksichtigen
8.	соблюде́ние	Beachtung, Befolgung
9.	законода́тельство	Gesetzgebung
10.	коллекти́вный догово́р	Betriebskollektivvertrag
11.	выдвига́ть/вы́двинуть	nach vorn bringen, vorbringen; vorschlagen
12.	руководя́щий	führend
13.	допуска́ть/допусти́ть	zulassen, erlauben
14.	согла́сие	Zustimmung, Übereinstimmung
15.	повседне́вный	alltäglich
16.	дух	Geist
17.	отве́тственность	Verantwortung, -lichkeit
18.	соверше́нствование	Vervollkommnung
19.	в де́ле	....

19. LEKTION

Коллективиза́ция яви́лась дли́тельным и сло́жным проце́ссом. Она́ начала́сь[1] сра́зу же по́сле Октя́брьской социалисти́ческой револю́ции. Определя́ющим[2] в разви́тии сове́тской дере́вни[3] э́тот проце́сс стал с XV съе́зда ВКП(б), провозгласи́вшего курс на всеме́рное[4] развёртывание коллективиза́ции.

...

В апре́ле 1929 па́ртия реши́тельно осуди́ла пози́ции правооппортунисти́ческой гру́ппы Н. И. Буха́рина, А. И. Ры́кова, М. П. То́мского, выступа́вшей за сниже́ние те́мпов индустриализа́ции, про́тив развёртывания колхо́зного строи́тельства, за отме́ну чрезвыча́йных мер в борьбе́ с кула́чеством.

С о́сени 1929 тенде́нция к чрезме́рному форси́рованию коллективиза́ции, отража́вшая[5] пози́цию И. В. Ста́лина, ре́зко[6] уси́ливается. В осно́ве э́той пози́ции лежа́ло пренебреже́ние к настрое́ниям[7] крестья́нина, его́ привя́занности к индивидуа́льному хозя́йству, игнори́рование указа́ний Ф. Э́нгельса и В. И. Ле́нина и парти́йных реше́ний. В э́то вре́мя пересма́триваются то́лько что при́нятые пла́ны. В основны́х зерновы́х райо́нах выно́сятся реше́ния о выполне́нии зада́ний пятиле́тки по коллективиза́ции за год. Наряду́ со здоро́вым - соотве́тствовавшим объекти́вным усло́виям и действи́тельным измене́ниям крестья́нских настрое́ний[7] - ро́стом колхо́зного движе́ния ста́ло уси́ливаться примене́ние администрати́вных ме́тодов.

...

Специ́фика сплошно́й коллективиза́ции - сосредото́чение всех сил на реше́нии зада́ч объедине́ния[8] крестья́н в колхо́зы. Разви́тие же движе́ния "вглубь" отстава́ло от движе́ния "вширь". Те́мпы коллективиза́ции в 3-4 ра́за превосходи́ли зада́ния 5-ле́тнего пла́на, темп же механиза́ции се́льского хозя́йства лишь соотве́тствовал пла́новым зада́ниям. В 1932 тя́говая си́ла се́льского хозя́йства была́ механизи́рована на 19,6 %, МТС обслу́живали 34 % колхо́зов. Основна́я ма́сса колхо́зов находи́лась на "мануфакту́рной" ста́дии[9] разви́тия и не могла́ обеспе́чить значи́тельного подъёма[10] произво́дства. Испы́тывался о́стрый[11]

langdauernd.kompliziert
KPdSU(B).verkünden
Entfaltung
verurteilen
Entfaltung
außerordentlich.Kulakentum
Herbst.übermäßig
liegen.Geringschätzung
Anhänglichkeit
Hinweis
abändern.gerade erst
Getreide-.verkünden.Planaufgabe
gleichzeitig
gesund
wirklich
vollkommen.Konzentration
in die Tiefe.zurückbleiben
in die Breite.-fach
übertreffen.Planaufgabe.-jahres
Zug-
Maschinen-u.Traktorenstation.bedienen
empfinden

недоста́ток[12] квалифици́рованных ка́дров.

1.	начина́ться/нача́ться	beginnen
2.	определя́ть/определи́ть	feststellen, bestimmen,definieren; bedingen
3.	дере́вня	(kleines) Dorf, "Land"
4.	всеме́рный	größtmöglich
5.	отража́ть	widerspiegeln, zum Ausdruck bringen
6.	ре́зкий	deutlich, grob, scharf
7.	настрое́ние	Stimmung
8.	объедине́ние	Verein(igung)
9.	ста́дия	....
10.	подъём	Aufstieg, Aufschwung
11.	о́стрый	scharf
12.	недоста́ток	Fehler, Defekt, Mangel

Принципиа́льные осно́вы поли́тики индустриализа́ции, обеспе́чивающие[1] побе́ду социали́зма в СССР, подве́рглись[2] ожесточённым напа́дкам со стороны́ антиле́нинских группиро́вок в па́ртии. Троцки́сты вы́ступили в 1925-27 с авантюристи́ческом ло́зунгом т.н. "сверхиндустриализа́ции", осуществля́емой, не счита́ясь[3] с возмо́жностями дере́вни[4], исключи́тельно[5] за счёт[6] крестья́нства. Сложи́вшаяся к XV парти́йному съе́зду пра́вая оппози́ция предложи́ла сни́зить те́мпы индустриализа́ции и переключи́ть сре́дства из тяжёлой промы́шленности в лёгкую. Пра́вые оппортуни́сты вы́двинули ло́зунг "ситцево́й" смы́чки с крестья́нством. Они́ утвержда́ли, что дере́вня нужда́ется пре́жде всего́ в това́рах широ́кого потребле́ния и потому́[7] на́до в пе́рвую о́чередь[8] стро́ить[9] текстильные, шве́йные фа́брики, а не металлурги́ческие, машинострои́тельные[10] заво́ды. Предложе́ния оппози́ции бы́ли отве́ргнуты, и в осно́ву[11] разраба́тываемого пятиле́тнего[12] пла́на бы́ли поло́жены ле́нинские устано́вки.

СССР на́чал индустриализа́цию с форси́рованного развёртывания произво́дства, что диктова́лось необходи́мостью в кратча́йший[13] срок перевооружи́ть нове́йшей те́хникой всё наро́дное хозя́йство, ликвиди́ровать экономи́ческую зави́симость от капиталисти́ческого ми́ра, обеспе́чить обороноспосо́бность[14] страны́.

erbittert.Angriff
sogenannt.Überindustrialisierung
sich bilden
umlenken
leicht
Kattun-.Verbindung
benötigen
Konsum. man muß
ablehnen.ausarbeiten
Richtlinie
Entfaltung
neu ausrüsten
Abhängigkeit

Investition. Auffindung · Umwelt · Profit · erledigen

Строи́тельство тяжёлой инду́стрии тре́бовало осо́бенно бо́льших капита́льных вложе́ний. Изыска́ние средств бы́ло одно́й из наибо́лее тру́дных[15] зада́ч. Социалисти́ческая индустриализа́ция осуществля́лась в усло́виях[16] вражде́бного[17] капиталисти́ческого окруже́ния. Э́то тре́бовало осо́бенно бы́стрых те́мпов индустриализа́ции.

Сове́тский наро́д суме́л[18] осуществи́ть индустриализа́цию за счёт вну́тренних исто́чников накопле́ния[19], при́былей от национализи́рованных промы́шленности, тра́нспорта[20], вне́шней и вну́тренней торго́вли, ба́нков. Но э́то не исче́рпывало пробле́мы накопле́ния.

1.	обеспе́чивать/обеспе́чить	versorgen, versehen mit, versichern, sicherstellen
2.	подверга́ть/подве́ргнуть	unterwerfen, -ziehen
3.	счита́ться с m instr	in Rechnung stellen, beachten
4.	дере́вня	(kleineres) Dorf, "Land"
5.	исключи́тельный	Ausnahme-, außerordentlich, selten, ausschließlich
6.	за счёт	aufgrund von; auf Kosten, zu Lasten
7.	потому́	deshalb
8.	в пе́рвую о́чередь	in erster Linie
9.	стро́ить/постро́ить	bauen, errichten
10.	машинострои́тельный	....
11.	в осно́ву	zur Grundlage, zugrunde
12.	пятиле́тний	fünfjährig, Fünfjahres-
13.	кратча́йший el/sup см. кра́ткий	
14.	обороноспосо́бность	Verteidigungsfähigkeit, -bereitschaft
15.	тру́дный	schwer, schwierig
16.	в усло́виях	angesichts
17.	вражде́бный	feindlich
18.	суме́ть v	können, vermögen
19.	накопле́ние	Ansammeln, Akkumulation
20.	тра́нспорт	....

Herbst. Börsen- · Schärfe

Мирово́й экономи́ческий кри́зис 1929-33 был наибо́лее глубо́кий экономи́ческий кри́зис в исто́рии капитали́зма.Кри́зис, проходи́вший[1] в усло́виях дальне́йшего углубле́ния о́бщего кри́зиса капитали́зма, начался́[2] о́сенью 1929 биржевы́м кра́хом в США и бы́стро охвати́л[3] почти́ все капиталисти́ческие стра́ны. Дости́гнув наибо́льшей остроты́ в 1932, кри́зис привёл к ре́зкому[4] сокраще́нию[5] промы́шленного произво́дства; по всему́ капиталисти́ческому ми́ру оно́ уменьши́лось[6] с 1929 на 44 %, т.е.[7] до у́ровня 1908-09.

Кри́зис в промы́шленности переплёлся с агра́рным кри́зисом, до кра́йности усили́в его́ и приведя́ се́льское хозя́йство ря́да капиталисти́ческих стран к деграда́ции. ... Кри́зис вы́звал[8] обесце́нение почти́ всех капиталисти́ческих валю́т и отка́з[9] от золото́го станда́рта, ма́ссовые банкро́тства, ре́зкое сниже́ние цен. ...

Кри́зис кра́йне[10] тяжело́ отрази́лся[11] на положе́нии трудя́щихся, усили́в их обнища́ние. В 32 капиталисти́ческих стра́нах, охва́ченных[3] кри́зисом, число́ безрабо́тных соста́вило в 1932 26,4 миллио́нов челове́к. ... В э́той обстано́вке монополисти́ческий капита́л стал иска́ть[13] вы́ход[14] в установле́нии фаши́стских и полуфаши́стских режи́мов (установле́ние фаши́стской диктату́ры в Герма́нии в 1933, попы́тка фаши́стского пу́тча во Фра́нции в 1934 и пр.).

Други́м после́дствием кри́зиса бы́ло обостре́ние[16] противоре́чий ме́жду империалисти́ческими держа́вами и колониа́льными стра́нами, за счёт[17] кото́рых монополи́сты пыта́лись вы́йти[18] из кри́зиса испо́льзуя "но́жницы цен". ... Экономи́ческий кри́зис повлёк за собо́й та́кже дальне́йшее обостре́ние межимпериалисти́ческих противоре́чий, вы́звавших 2-ю мирову́ю войну́. Кри́зис перешёл в тяжёлую и дли́тельную депре́ссию, кото́рую, в отли́чие от пре́жных промы́шленных ци́клов, в 1937-38 смени́л но́вый экономи́ческий кри́зис.

- sich verfechten
- das Äußerste
- Verfall
- Entwertung
- Gold-
- Verelendung
- hier:beginnen
- halb-
- a.ä.
- versuchen
- Schere
- nach sich hiehen
- zwischen-
- übergehen in.lange-andauernd
- Unterschied.früher
- ablösen

1.	проходи́ть/пройти́	durchgehen, passieren; vergehen; verlaufen
2.	начина́ться/нача́ться	beginnen
3.	охва́тывать/охвати́ть	umfassen, erfassen
4.	ре́зкий	deutlich, grob, scharf
5.	сокраще́ние	(Ab-)Kürzung
6.	уменьши́ться v	sich verringern, zurückgehen
7.	т.е.= то есть	d.h.
8.	вызыва́ть/вы́звать	hervorrufen
9.	отка́з	Absage,Verweigerung,Verzicht
10.	кра́йне adv см.кра́йний	äußerster
11.	отража́ть/отрази́ть	widerspiegeln,zum Ausdruck bringen
12.	охва́тывать/охвати́ть	umfassen, erfassen
13.	иска́ть uv	suchen
14.	вы́ход	Ausscheiden; Erscheinen; Ausgang

15. попытка — Versuch
16. обострение — Verschärfung, Zuspitzung
17. за счёт — auf Grund von; auf Kosten, zu Lasten
18. выходить/выйти — ....

Ввоз капита́ла в Росси́ю в фо́рме госуда́рственных за́ймов[1] был изве́стен ещё в XVII в. За́ймы испо́льзовались, как пра́вило, не для произво́дственного потребле́ния[2], а для содержа́ния а́рмии и фло́та, веде́ния войн. ...
С 90-х годо́в XIX в.начала́сь[3] эпо́ха интенси́вного прили́ва иностра́нного капита́ла в производи́тельной его́ фо́рме в у́гольную, металлурги́ческую, нефтяну́ю[4] промы́шленность, тра́нспорт[5] и други́е о́трасли. Е́сли ра́ньше иностра́нные капитали́сты отдава́ли предпочте́ние за́ймам, то[6] в конце́ XIX и нача́ле XX столе́тия получи́ли большо́е значе́ние инвести́ции. Иностра́нные капитали́сты тепе́рь[7] охо́тней вкла́дывали де́ньги в промы́шленность, чем в госуда́рственные за́ймы, так как получа́ли при э́том несравне́нно бо́льшую при́быль: свы́ше[8] 10 % на затра́ченный капита́л. За́ймы же дава́ли приме́рно полови́ну э́той но́рмы. ...
Одна́ко ввоз капита́ла в Росси́ю в фо́рме за́ймов прави́тельству, желе́зным доро́гам и отде́льным города́м всё-таки[9] был преоблада́ющим.
Э́кспорт капита́ла происходи́л и в эпо́ху промы́шленного капитали́зма, но в пери́од империали́зма он приобрёл[10] важне́йшее значе́ние. В передовы́х[11] капиталисти́ческих стра́нах возни́к[12] грома́дный[13] "избы́ток капита́ла", и́щущий[14] по́прище для при́быльного примене́ния.
Вы́воз капита́ла из Росси́и не получи́л широ́кого распростране́ния. Наоборо́т[15], она́ в значи́тельных разме́рах ввози́ла капита́л из бо́лее ра́звитых стран. Относи́тельно сла́бое разви́тие производи́тельных сил[16], нали́чие[17] мно́гих феода́льных пережи́тков, огро́мных колониа́льных окра́ин при недоста́тке[18] капита́лов в стране́ не создава́ло усло́вий для вы́воза капита́ла из Росси́и в тако́м обьёме, как в не́которых други́х стра́нах. В эконо́мике Росси́и и в эпо́ху монополисти́ческого капитали́зма э́кспорт това́ров

bekannt.Jht. in der Regel
hier:Unterhalt.Führen
Zustrom
Kohle-
Vorzuggeben
Jahrhundert
lieber
investieren.Geld
unvergleichlich
Profit.aufwenden
ungefähr
Eisenbahn
dominierend
Überfluß
Wirkungskreis.profitabel
Verbreitung
relativ
Überbleibsel.Grenzgebiet
Ausmaß

überwiegen ре́зко[19] преоблада́л над э́кспортом капита́ла. ... Капита́л
lenken.überwiegend из Росси́и направля́лся преиму́щественно в восто́чные
стра́ны.

1. за́ймов gen pl zu заём ....
2. потребле́ние Verbrauch, Konsum
3. начина́ться/нача́ться beginnen
4. нефтяно́й см. нефть
5. тра́нспорт ....
6. то korrelativ so, dann
7. тепе́рь jetzt, gegenwärtig, nun
8. свы́ше von oben; mehr als
9. всё-таки doch,trotz allem,immerhin
10. приобрета́ть/приобрести́ erwerben, erlangen
11. передово́й vorderster,Vorder-;fortschrittlich, führend
12. prt v возника́ть/возни́кнуть ....
13. грома́дный riesig, übergroß
14. ppa см. иска́ть suchen
15. наоборо́т im Gegenteil
16. производи́тельные си́лы Produktivkräfte
17. нали́чие Anwesenheit, Vorhandensein, Bestehen
18. недоста́ток Fehler, Defekt, Mangel
19. ре́зко adv см. ре́зкий deutlich, grob, scharf

Радиостанции «Свобода» и «Свободная Европа», финансируемые ЦРУ, постоянно клевещут на социалистические страны. (Из газет).
АНТИСОВЕТИЗМ
ЦРУ
РАДИОСТАНЦИЯ „СВОБОДНАЯ ЕВРОПА"
РАДИОСТАНЦИЯ „СВОБОДА"
КУКРЫНИКСЫ-76.

ГРЯЗНЫЙ РУПОР. Рис. Кукрыниксы.

Pravda, 7.5.1976 ("Schmutziges Sprachrohr")

20. LEKTION

....

Почти́ три[1] го́да наза́д госуда́рства - уча́стники Варша́вского Догово́ра вы́ступили в Бухаре́сте с предложе́нием о созы́ве общеевропе́йского Совеща́ния для обсужде́ния вопро́сов европе́йской безопа́сности и ми́рного сотру́дничества. Име́вшиеся[2] с тех пор конта́кты показа́ли, что ни одно́ европе́йское прави́тельство не выска́зывалось про́тив иде́и общеевропе́йского Совеща́ния и что существу́ют реа́льные возмо́жности для его́ проведе́ния.

По́сле второ́й мирово́й войны́ госуда́рства Евро́пы ещё ни ра́зу не собира́лись[3] все вме́сте[4], хотя́ име́ется мно́жество вопро́сов, кото́рые ждут своего́ рассмотре́ния за столо́м перегово́ров. Е́сли исходи́ть из интере́сов упроче́ния ми́ра, то нет[5] никаки́х[6] ве́ских причи́н откла́дывать созы́в общеевропе́йского Совеща́ния.

Тако́е[7] Совеща́ние отвеча́ло бы интере́сам всех европе́йских госуда́рств. Оно́ да́ло бы возмо́жность вме́сте[4] найти́[8] пути́ и сре́дства, кото́рые вели́ бы к ликвида́ции раско́ла Евро́пы на вое́нные группиро́вки и осуществле́нию ми́рного сотру́дничества ме́жду европе́йскими госуда́рствами и наро́дами.

....

Госуда́рства - уча́стники Варша́вского Догово́ра подтвержда́ют свои́ предложе́ния, напра́вленные[9] про́тив разделе́ния[10] ми́ра на вое́нные бло́ки, го́нки вооруже́ний и угро́з[11], вытека́ющих из э́того для де́ла ми́ра и безопа́сности наро́дов, и други́е ме́ры и положе́ния, содержа́щиеся в Деклара́ции об укрепле́нии ми́ра и безопа́сности в Евро́пе, при́нятой в Бухаре́сте в 1966 году́.

Для европе́йских наро́дов жи́зненная потре́бность заключа́ется в предотвраще́нии[12] но́вых вое́нных конфли́ктов, в укрепле́нии полити́ческих, экономи́ческих и культу́рных свя́зей ме́жду все́ми госуда́рствами на осно́ве равнопра́вия, уваже́ния незави́симости[13] и суверените́та госуда́рств.

Про́чная систе́ма европе́йской безопа́сности создаёт[14] объекти́вную возмо́жность и необходи́мость осуществле́ния сов-

vor. Warschauer Pakt
gesamt-
seither
noch nicht ein einziges Mal
Menge
warten. Prüfung. Tisch
Festigung
gewichtig. aufschieben
Spaltung
bekräftigen
sich ergeben
enthalten sein
liegen in
Gleichberechtigung
Achtung
gemeinsam

unmittelbar
Wohlstand

ме́стными уси́лиями кру́пных прое́ктов в о́бласти энерге́тики[15], тра́нспорта, здравоохране́ния[16], име́ющих непосре́дственное отноше́ние к благосостоя́нию населе́ния всего́ контине́нта. И́менно[17] э́то о́бщее мо́жет и должно́ стать фунда́ментом европе́йского сотру́дничества.

1. три, трёх — drei
2. име́ться — vorhanden sein; existieren; bestehen
3. собира́ться/собра́ться — sich versammeln
4. вме́сте — zusammen
5. нет m gen — es gibt nicht
6. никако́й — keinerlei, gar nicht
7. тако́й — solcher, solch ein
8. находи́ть/найти́ — finden, antreffen
9. ppp v см. направля́ть/напра́вить
10. разделе́ние — (Ein)teilung
11. угро́за — Drohung, Gefahr
12. предотвраще́ние — Verhütung, Vorbeugung
13. незави́симость — Unabhängigkeit
14. präs a uv см. создава́ть/созда́ть
15. энерге́тика — Energiewirtschaft
16. здравоохране́ние — Gesundheitswesen
17. и́менно — eben, gerade

....

Antiraketen-
Schutz-
Schirm.Angriff.bedecken
zweihundert.Bedeckung
Radar-
Beobachtung.Flug. Lenken
verbieten
entweder...oder
künstlich.Erdtrabant

По Догово́ру об ограниче́нии систе́м противораке́тной оборо́ны[1] (ПРО) СССР и США взя́ли на себя́ обяза́тельство не развёртывать таки́х[2] систе́м, кото́рые создава́ли бы защи́тный "зо́нтик" от раке́тного нападе́ния, покрыва́ющий террито́рию всей страны́. Ка́ждой из стран разреша́ется[3] име́ть не бо́лее двухсо́т противораке́т для прикры́тия двух[4] райо́нов - столи́цы[5] и одно́й ба́зы межконтинента́льных баллисти́ческих раке́т (МБР). Ограни́чиваются не́которые други́е суще́ственные компоне́нты систе́м ПРО, в ча́стности[6], число́ и потенциа́л радиолокацио́нных ста́нций[7], необходи́мых для слеже́ния за полётом раке́т проти́вника[8] и наведе́ния свои́х противораке́т. Запрещённые систе́мы ПРО и́ли их компоне́нты ли́бо демонти́руются, ли́бо уничтожа́ются. Контро́ль за выполне́нием всех обяза́тельств осуществля́ется с по́мощью национа́льных средств наблюде́ния[9], в том числе́ иску́сственных спу́тников Земли. Догово́р бу́дет

см. срок	де́йствовать[10] бессро́чно.
	....
см. грани́ца	Вопро́с о после́дствиях неограни́ченной го́нки вооруже́ний[11]
maßgebend	в тече́ние мно́гих лет акти́вно обсужда́лся в авторите́тных
см. душа́= Seele	нау́чных круга́х. Вы́вод был единоду́шным: созда́ние систе́м
	ПРО усугу́бит[12] опа́сности[13], кото́рые вызыва́ются э́той го́н-
	кой.
	....
см. зави́симость	Но диалекти́ческая взаимозави́симость, существу́ющая
	ме́жду ПРО и други́ми ви́дами[14] стратеги́ческого ору́жия[15],
umgekehrt	позволя́ет[16] доби́ться и обра́тного результа́та: любо́е[17]
	ограниче́ние ПРО обеспе́чивает в совреме́нных усло́виях
Aufhalten	сде́рживание го́нки стратеги́ческих вооруже́ний вообще́[18]
Verteidigungs-.Angriffs-	как оборони́тельных, так и наступа́тельных. И́менно[19] та-
см. достиже́ние	ка́я[2] цель и достига́ется сове́тско-америка́нским догово́-
	ром, подпи́санным в Москве́ 26 ма́я. Весьма́[20] ва́жным яв-
	ля́ется то обстоя́тельство, что по догово́ру сто́роны
sich verpflichten	обяза́лись "продо́лжить акти́вные перегово́ры об ограни-
	че́нии стратеги́ческих наступа́тельных вооруже́ний".
	....

1.	оборо́на	Verteidigung
2.	тако́й	solcher, solch ein
3.	разреша́ть/разреши́ть	lösen; erlauben
4.	gen см. два/две	zwei
5.	столи́ца	Hauptstadt
6.	в ча́стности	insbesondere
7.	ста́нция	....
8.	проти́вник см. про́тив	
9.	наблюде́ние	Beobachtung
10.	де́йствовать	handeln, funktionieren, (ein)wirken; gültig sein
11.	го́нка вооруже́ний	Wettrüsten
12.	усугу́бить	vergrößern, verstärken
13.	vgl. безопа́сность	Sicherheit
14.	вид	Äußeres, Aussehen; Absicht; Art
15.	ору́жие	Waffe(n)
16.	позволя́ть/позво́лить	gestatten, erlauben
17.	любо́й	beliebig
18.	вообще́	im Allgemeinen, überhaupt
19.	и́менно	gerade, eben
20.	весьма́	sehr, äußerst

Вопро́с о нераспростране́нии[1] я́дерного[2] ору́жия[3] за́нял центр.[4] ме́сто при обсужде́нии пробле́мы Р.[5] на 20-й се́ссии Генера́льной Ассамбле́и ООН (1965). На се́ссии Ассамбле́и СССР предложи́л заключи́ть соотве́тствующий догово́р, обя́зывавший гос-ва[6], облада́ющие я́дерным ору́жием, не передава́ть э́то ору́жие - пря́мо или ко́свенно - во владе́ние и́ли распоряже́ние[7] гос-в и́ли гру́ппы гос-в, не облада́ющих таки́м ору́жием; гос-ва, не облада́ющие я́дерным ору́жием, в свою́ о́чередь обя́зывались сов.[8] прое́ктом не создава́ть, не производи́ть и не подгота́вливать произ-во я́дерного ору́жия как самостоя́тельно, так и совме́стно с др. гос-вами, а та́кже не получа́ть тако́е[9] ору́жие во владе́ние, распоряже́ние[7] и́ли испо́льзование от др.[10] гос-в. Сов.[8] прое́кт догово́ра принципиа́льно отлича́лся от соотве́тств.амер. прое́кта тем, что он закрыва́л[11] все пути́ к.-л. распростране́нию[1] я́дерного ору́жия, устана́вливал преде́л числу́ гос-в, владе́вших[12] э́тим ору́жием[3], и одновре́менно мог положи́ть нача́ло проце́ссу постепе́нной[13] ликвида́ции я́дерных[2] арсена́лов. Ген.[14] Ассамбле́я одо́брила[15] иде́ю заключе́ния догово́ра о нераспростране́нии я́дерного ору́жия и рекомендова́ла Комите́ту 18-ти подгото́вить прое́кт тако́го[9] догово́ра. 20-я се́ссия Ген. Ассамбле́и одо́брила та́кже резолю́цию о созы́ве до сер.[16] 1967 Всеми́рной[17] конфере́нции по разоруже́нию, про́тив чего́ дли́тельное[18] вре́мя возража́ли зап.[19] держа́вы. Одна́ко э́то реше́ние в связи́ с продолжа́вшимся сабота́жем зап.[19] держа́в не было прове́дено в жизнь.

Versammlung
verpflichten
direkt.indirekt
Besitz
seinerseits.sich verpflichten
produzieren.vorbereiten
selbständig
gemeinsam
Besitz
sich unterscheiden
irgendein
festsetzen.Grenze
Abrüstung
Einwände erheben
fortdauern

1.	нераспростране́ние	Nichtweiterverbreitung
2.	я́дерный	Kern-, nuklear
3.	ору́жие	Waffe(n)
4.	центра́льное	
5.	разоруже́ния	
6.	госуда́рства	
7.	распоряже́ние	Verfügen; Anordnung
8.	сове́тским, сове́тский	
9.	тако́й	solcher, solch ein
10.	други́х	
11.	закрыва́ть/закры́ть	(ver)schließen, zudecken
12.	владе́ть uv m instr	besitzen; beherrschen
13.	постепе́нный	allmählich, schrittweise

14. Генера́льная
15. одобря́ть/одо́брить — billigen
16. середи́ны
17. см. всесою́зный, всесторо́нний
18. дли́тельный — lang(e andauernd)
19. за́падных

30 ноябрь́ 1927 г.

	Несмотря́[1] на скепти́ческое отноше́ние Прави́тельства СССР
	к рабо́там Ли́ги на́ции, оно́ при́няло приглаше́ние[2] от 12
	декабря́ 1925 г. уча́ствовать в бу́дущей[3] конфере́нции по
Abrüstung	разоруже́нию, и то́лько существова́ние[4] сове́тско-швейца́р-
Mord.bevollmäch-tigt	ского конфли́кта, вы́званного уби́йством Полномо́чного
folgend.Freispruch	Представи́теля СССР г. Воро́вского и после́дующим оправ-
vgl. уби́йство.berau-ben	да́нием уби́йцы швейца́рским судо́м[5], лиши́ло СССР возмо́ж-
Vorbereitungs	ности приня́ть уча́стие в предыду́щих се́ссиях Подготови́-
	тельной коми́ссии.
schicken	Посыла́я тепе́рь свою́ делега́цию на IV се́ссию Подготови́-
	тельной коми́ссии по разоруже́нию, Прави́тельство СССР
allgemein	поручи́ло[6] ей вы́двинуть план всео́бщего и по́лного раз-
	оруже́ния.
ermächtigen	Делега́ция СССР уполномо́чена свои́м Прави́тельством пред-
Abschaffung.Land-.See-.Luft-	ложи́ть по́лное упраздне́ние всех сухопу́тных, морски́х и
	возду́шных сил.
	Для осуществле́ния э́того Прави́тельство СССР предлага́ет
	сле́дующие[7] мероприя́тия:
Auflösung	а) ро́спуск всего́ ли́чного соста́ва сухопу́тных, морски́х
Verbot	и возду́шных вооружённых[8] сил и недопуще́ние их существо-
welche...auch immer	ва́ния в како́й бы то ни́ было скры́той[9] фо́рме;
	б) уничтоже́ние[10] всех находя́щихся как в войска́х[11],
Magazin	так и на скла́дах - вое́нных и о́бщего назначе́ния[12] - ору́-
Munition	жия[13], боеприпа́сов, средств вое́нно-хими́ческой борьбы́
Mittel.Vernichtung	и про́чих[14] средств вооруже́ния[8] и ору́дий истребле́ния;
	....
см. зако́н,дать	о) отме́на всех законода́тельных а́ктов как госуда́рст-
	венного, так и междугосуда́рственного значе́ния, противо-
см. вноси́ть/внести́	ре́чащих[15] вы́сказанным вы́ше[16] положе́ниям, и́ли внесе́ние в
	них соотве́тствующих измене́ний.
	....

Мы изложи́ли вам[17] на́шу програ́мму разоруже́ния, но понима́ем[18], что по свое́й радика́льности и всеобъе́млющему хара́ктеру она́ мо́жет показа́ться на пе́рвый взгляд[19] сло́жной[20], трудноосуществи́мой и да́же утопи́чной. Но э́то происхо́дит оттого́, что пробле́мой по́лного разоруже́ния ещё никогда́ по-настоя́щему не занима́лись, счита́я её запре́тной о́бластью. Мы отли́чно понима́ем[18], что осуществле́ние э́той програ́ммы не соотве́тствует определённым полити́ческим интере́сам гла́вным о́бразом[21] вели́ких держа́в, интере́сам вое́нной промы́шленности и многочи́сленных[22] групп спекуля́нтов, но я утвержда́ю, что сама́ по себе́[23] пробле́ма по́лного разоруже́ния не представля́ет никаки́х тру́дностей и мо́жет быть разрешена́ бы́стро и легко́[24]. Она́ во вся́ком слу́чае мно́го про́ще и тре́бует значи́тельно ме́ньше вре́мени для свое́й дета́льной разрабо́тки, чем те схе́мы, кото́рые до сего́[25] вре́мени составля́ли осно́ву рабо́т Подготови́тельной коми́ссии.

Abrüstung
allumfassend
scheinen
sogar
verbieten
ausgezeichnet
jeder. просто́й=einfach
Vorbereitungs-

1.	несмотря́ на + akk	ungeachtet, trotz
2.	приглаше́ние	Einladung
3.	бу́дущий	zukünftig
4.	существова́ние	Existenz
5.	суд	Gericht
6.	поруча́ть/поручи́ть	beauftragen; anvertrauen
7.	сле́довать/после́довать	
8.	вооружённый	bewaffnet, Streit-
9.	скрыва́ть/скрыть	verbergen
10.	уничтоже́ние	Vernichtung, Beseitigung, Abschaffung
11.	во́йско	Streitkräfte, Truppen
12.	назначе́ние	Festsetzung, Bestimmung, Funktion
13.	ору́жие	Waffe(n)
14.	про́чий	übriger, anderer
15.	противоре́чить	widersprechen, in Widerspruch stehen
16.	kmp см. высо́кий	
17.	dat см. вы	
18.	понима́ть/поня́ть	verstehen
19.	взгляд	Blick, Meinung
20.	сло́жный	zusammengesetzt, kompliziert, schwierig
21.	гла́вным о́бразом	hauptsächlich
22.	см. мно́го, число́	
23.	сам по себе́	an und für sich; selbständig
24.	лёгкий	leicht
25.	сей, сего́ = э́тот, э́того	

21. LEKTION

...

Социал-демокра́тия игра́ет немалова́жную роль в обще́ственно-полити́ческой жи́зни За́пада. По утвержде́нию руково́дства Социалисти́ческого интернациона́ла, социалисти́ческие и социа́л-демократи́ческие па́ртии, примыка́ющие к э́той организа́ции, насчи́тывают в о́бщей сло́жности 14,4 млн. чле́нов и веду́т[1] за собо́й 75,8 млн. избира́телей (да́нные на 1.7.1972 г.). Коне́чно[2] э́ти ци́фры, осо́бенно пе́рвая, тре́буют крити́ческого отноше́ния.

...

Основно́е внима́ние социал-демократи́ческих ли́деров привлечено́ к пробле́мам экономи́ческой интегра́ции За́падной Евро́пы. Соде́йствие разви́тию интегра́ции, расшире́нию О́бщего ры́нка они́ счита́ют свое́й гла́вной зада́чей.

Всем я́сно[3], что "объединённая"[4] За́падная Евро́па - э́то капиталисти́ческая, монополисти́ческая Евро́па. Со́бственно, социал-демократи́ческие ли́деры и не отрица́ют э́того. Они́ выдвига́ют в своё оправда́ние[5] два аргуме́нта.

Пе́рвый состои́т[6] в том, что интегра́ция дикту́ется экономи́ческими зако́нами. "Е́сли бы коммунисти́ческие теоре́тики, - говори́л оди́н из гла́вных ора́торов на ве́нском конгре́ссе, - глу́бже[7] и интенси́внее применя́ли[8] испы́танные[9] маркси́стские ме́тоды (!), они́ бы установи́ли[10], что Европе́йское экономи́ческое соо́бщество[11] представля́ет собо́й[12] результа́т разви́тия, кото́рое соотве́тствует ны́нешнему[13] у́ровню производи́тельных сил".

Никаки́е экономи́ческие зако́ны не мо́гут[14] объясни́ть[15], почему́ лю́ди, называ́ющие себя́ социали́стами, должны́ опра́вдывать, защища́ть и проводи́ть в жизнь ту[16] конкре́тную фо́рму интегра́ции, кото́рая обусло́влена[17] госпо́дством кру́пного капита́ла и слу́жит[18] его́ интере́сам.

Второ́й аргуме́нт тако́в: интегра́ция позво́лит установи́ть[10] контро́ль над междунаро́дными монопо́лиями. Социал-демокра́ты обеща́ют напо́лнить[19] интегра́цию "социалисти́ческим" содержа́нием. Поэ́тому[20] центра́льный пункт пове́стки дня[21] XII конгре́сса Социнте́рна гласи́л: "Социалисти́ческая

- ва́жный
- sich anschließen
- zählen. insgesamt
- richten
- Mitwirkung
- letzten Endes
- ср. отрица́тельный
- warum
- rechtfertigen
- ср. защи́та
- so ein
- versprechen
- ср. Социалисти́ческий Интернациона́л. lauten

политика для Европы".

Heuchelei — Фальшь этой формулы была раскрыта[22] в выступлениях ряда делегатов на самом конгрессе. Отношение некоторых стран Западной Европы к своим бывшим[23] колониям и другим освободившимся странам остаётся[24] неоколониалистским, заявил, например[25], О'Брайен (Ирландия). Политика социал-демократических правительств в отношении
erleiden.Fiasko — "третьего[26] мира" потерпела провал. Главными агентами
arm — эксплуатации бедных стран являются гигантские между-
deren.ср.ответственность — народные компании, чьё богатство[27], власть и безответственность продолжают расширяться[28] независимо[29] от того,
haben.leiten — какой[30] идеологии придерживаются партии, возглавляющие правительства.

1.	pl präs см. вести	
2.	конечно	natürlich
3.	ясный	klar, deutlich
4.	объединять/объединить	vereinigen
5.	оправдание	Freispruch, Rechtfertigung
6.	состоять в uv	bestehen in
7.	kmp см. глубокий	
8.	применять/применить	anwenden
9.	испытывать/испытать	erproben, prüfen; fühlen, empfinden
10.	устанавливать/установить	aufstellen, festsetzen; konstatieren
11.	сообщество	Gesellschaft, Vereinigung
12.	представлять собой uv	sein, vorstellen
13.	нынешний	jetzig, zeitgenössisch
14.	präs pl см. мочь, может	
15.	объяснять/объяснить	erklären, erläutern
16.	akk sg f см. тот	
17.	обусловливать/обусловить	bedingen, hervorrufen; von einer Bedingung abhängig machen
18.	служить/послужить	dienen; geeignet sein
19.	наполнять/наполнить	anfüllen
20.	поэтому	deshalb
21.	gen sg см. день	
22.	раскрывать/раскрыть	aufdecken, enthüllen; aufmachen
23.	ppa adj см. быть	
24.	оставаться/остаться	(übrig)bleiben
25.	например	zum Beispiel
26.	третий	dritter
27.	богатство	Reichtum
28.	расширяться/расшириться	sich ausweiten, sich ausdehnen
29.	ср. независимость	
30.	какой	was für ein, welcher

Еди́нство мирово́го коммунисти́ческого движе́ния - э́то ва́жный фа́ктор успе́ха борьбы́ ка́ждой коммунисти́ческой па́ртии. Оно́ та́кже цементи́рует сою́з всех антиимпериалисти́ческих сил. В после́днее вре́мя дости́гнут определённый прогре́сс э́того еди́нства. Сове́тские и францу́зкие коммуни́сты бу́дут реши́тельно добива́ться укрепле́ния полити́ческой и иде́йной сплочённости всех коммунисти́ческих па́ртий ми́ра на ба́зе маркси́зма-ленини́зма, пролета́рского интернационали́зма, це́лей и при́нципов, коллекти́вно определённых[1] Совеща́нием 1969 го́да. Империалисти́ческая пропага́нда, а та́кже пра́вые и "ле́вые"[2] ревизиони́сты и оппортуни́сты пыта́ются[3] противопоста́вить пролета́рский интернационали́зм незави́симости, суверените́ту и равнопра́вию[4] коммунисти́ческих па́ртий. Они́ со́здали с э́той це́лью миф о так называ́емой тео́рии ограни́ченного суверените́та. Сове́тские и францу́зкие коммуни́сты бо́рются[5] и бу́дут боро́ться про́тив э́тих клеветни́ческих измышле́ний.

ideologisch.Geschlossenheit
gegenüberstellen
....
verleumderisch
Erfindung

Ни в ко́ей ме́ре не отрица́я и не преуменьша́я незави́симость, суверените́т и равнопра́вие[4] и при́нцип невмеша́тельства во вну́тренные дела́ как на́ций, так и коммунисти́ческих па́ртий, коммуни́сты счита́ют для себя́ зако́ном уваже́ние[6] и после́довательное[7] соблюде́ние э́тих при́нципов и́менно потому́, что[8] они́, вме́сте с солида́рностью и взаимопо́мощью, органи́чески вхо́дят[9] в содержа́ние пролета́рского интернационали́зма.

keineswegs.ср.отрица́тельный.verkleinern
Nichteinmischung

Они́ убеждены́[10], что разли́чия[11] в усло́виях борьбы́ компа́ртий, ра́зные подхо́ды к реше́нию возника́ющих зада́ч и расхожде́ния по отде́льным вопро́сам ни в ко́ем слу́чае не должны́ вести́ к национали́зму, к изоля́ции, к раско́лу[12] мирово́го коммунисти́ческого движе́ния, к отка́зу от совме́стной[13] борьбы́ про́тив империали́зма.

verschieden.Einstellung.Divergenz
keinesfalls.nicht dürfen

1. определя́ть/определи́ть — feststellen, bestimmen, definieren; bedingen
2. ле́вый — links
3. пыта́ться/попыта́ться — versuchen
4. равнопра́вие — Gleichberechtigung
5. präs pl см. боро́ться ср. борьба́

6. уваже́ние — Achtung
7. после́довательный — aufeinanderfolgend; konsequent
8. потому́ что — da, weil
9. входи́ть/войти́ — hineingehen, eintreten
10. убежда́ть/убеди́ть — überzeugen, überreden
11. разли́чие — Unterschied
12. раско́л — Spaltung, Entzweiung
13. совме́стный — gemeinsam

Геistes- · unbedeutend · herrschen · Lohn- · sich annähern · sich bemerkbar machen · Einbringen.Milieu. kleinbürgerlich · natürlich · einströmen

Нау́чно-техни́ческая револю́ция вызыва́ет осо́бенно больши́е измене́ния в положе́нии рабо́тников у́мственного труда́. Число́ их о́чень[1] бы́стро возраста́ет, и одновреме́нно происхо́дит проце́сс глубо́кой дифференциа́ции э́того социа́льного сло́я[2]. Ничто́жная часть интеллиге́нции, занима́ющей вы́сшие до́лжности[3] в сфе́ре эконо́мики, по существу́, стано́вится органи́ческой ча́стью госпо́дствующего кла́сса. Всё[4] бо́лее возраста́ющее число́ интеллиге́нции превраща́ется[5] в наёмных рабо́тников, социа́льное положе́ние кото́рых постепе́нно сближа́ется с положе́нием рабо́чих, хотя́ их взгля́ды и настрое́ния ча́сто[6] во мно́гом отлича́ются[7] от взгля́дов и настрое́ний пролетариа́та.

Э́ти структу́рные измене́ния вызыва́ют сло́жные социа́льные и идеологи́ческие после́дствия. В связи́ с увеличе́нием уде́льного[8] ве́са[9] инжене́рно-техни́ческих и администрати́вных рабо́тников, слу́жащих, ро́стом студе́нчества проце́ссы, происходя́щие в созна́нии[10] э́тих слоёв[2], всё[4] бо́льше даю́т себя́ знать во мно́гих областя́х обще́ственной жи́зни.

...

Име́ется часть интеллиге́нции, кото́рая осозна́ет[11] возмо́жность улучше́ния своего́ положе́ния то́лько путём[12] совме́стной[13] с рабо́чим кла́ссом борьбы́. Э́тот проце́сс сопровожда́ется[14] при внесе́нием в рабо́чую среду́ мелкобуржуа́зных представле́ний.

...

Есте́ственно, что происходя́щие в о́бществе проце́ссы нахо́дят своё отраже́ние[15] и в сам х коммунисти́ческих па́ртиях. На янва́рском пле́нуме ЦК Италья́нской компа́ртии 1970 г. отмеча́лось, что в па́ртию влили́сь си́лы, отража́ющие разли́чные у́ровни кла́ссового созна́ния[10], трудя́щиеся,

ср.защи́та · unklar.Streben · klar

наста́ивавшие[16] на том, что́бы па́ртия защища́ла их элемента́рные тре́бования, и для кото́рых социали́зм - э́то всё[4] ещё нея́сное стремле́ние, а та́кже лю́ди, усвои́вшие[17] передову́ю идеоло́гию и име́ющие чёткое представле́ние о социали́зме.

1. о́чень	sehr
2. слой	(bevölkerungs-)Schicht
3. до́лжность	Amt, Dinst, Stelle, Funktion, Position
4. всё adv	immer
5. превраща́ться/преврати́ться	sich verwandeln
6. ча́стый	häufig, wiederholt
7. отлича́ться uv	sich unterscheiden, sich auszeichnen
8. уде́льный	spezifisch; den Grundbesitz der Zarenfamilie betreffend
9. вес	Gewicht, Bedeutung
10. созна́ние	Bewußtsein
11. осознава́ть/осозна́ть	begreifen, einsehen; sich vergegenwärtigen
12. путём prp + gen	durch, mit Hilfe von, auf dem Wege
13. совме́стный	gemeinsam
14. сопровожда́ться uv	begleitet werden, versehen werden
15. отраже́ние	Widerspiegelung, Reflexion
16. наста́ивать/настоя́ть	bestehen, beharren auf
17. усва́ивать/усво́ить ср. свой	

offensichtlich · sich geziemen · zweideutig · ср.го́лос

Ста́ло очеви́дным, что руководи́тели Федера́ции ле́вых[1] сил (Миттера́н, Деффе́р и др.) хотя́т[2] испо́льзовать в свои́х це́лях антикоммунисти́ческую исте́рию. Отказа́вшись[3] от сою́за ле́вых[1] сил, на чём всегда́ и осо́бенно по́сле 13 ма́я наста́ивала[4] компа́ртия, от иде́и наро́дного прави́тельства демократи́ческого сою́за, в кото́ром коммуни́сты за́няли бы подоба́ющее ме́сто, Федера́ция ле́вых сил вы́двинула весьма́ двусмы́сленные пла́ны группиро́вки разли́чных полити́ческих направле́ний вокру́г[5] Ме́ндес Фра́нса. 28 ма́я Миттера́н говори́л на пресс-конфере́нции о том, что в слу́чае отрица́тельного голосова́ния на рефере́ндуме 16 ию́ня и́ли е́сли "прави́тельство само́ уйдёт"[6], его́ ме́сто должно́ заня́ть "вре́менное прави́тельство управле́ния" во главе́ с Ме́ндес Фра́нсом.

Ablösung
Rückkehr
entfernen
beabsichtigen
überprüfen
Fortschreiten
umso mehr

Руководи́телям компа́ртии бы́ло я́сно[7], что речь идёт о попы́тке антикоммунисти́ческой и проамерика́нской заме́ны режи́ма, о возвраще́нии Миттера́на и его́ сторо́нников[8] к ста́рой[9] пра́ктике IV респу́блики, когда́ от и́мени[10] ле́вых[1] сил проводи́ли пра́вую поли́тику, отстраня́я рабо́чий класс и коммунисти́ческую па́ртию от уча́стия в руково́дстве де-ла́ми страны́. В заявле́нии Ва́льдека Роше́ говори́лось: "Мы ....не наме́рены расчища́ть[11] путь режи́му, находя́щемуся в Феода́льной зави́симости[12] от америка́нской поли́тики... Э́то прове́ренный фа́ктами о́пыт, во Фра́нции не мо́жет быть ле́вой[1] поли́тики и социа́льного прогре́сса без акти́вной подде́ржки коммуни́стов. А в бо́лее широ́ком пла́не, несерьёзно претендова́ть на продвиже́ние к социали́зму без коммуни́стов и тем бо́лее практику́я антикоммуни́зм."

1. ле́вый — links
2. präs pl см. хоте́ть/захоте́ть
3. отка́зываться/отказа́ться — ablehnen, verzichten
4. наста́ивать/настоя́ть — bestehen, beharren auf
5. вокру́г adv prp + gen — (ringsherum) um ... herum; wegen
6. präs sg уходи́ть/уйти́ — weggehen
7. я́сный — klar, deutlich
8. ср. сторона́
9. ста́рый — alt
10. gen sg см. и́мя — Name
11. расчища́ть/расчи́стить — säubern; freimachen
12. ср. зави́сеть

Бюджетные меры правительства Англии по сокращению дефицита платежного баланса страны приводят к снижению жизненного уровня трудящихся. (Из газет).

— Не расстра́ивайтесь, я убра́л всё ли́шнее.
Рис. Ю. Черепанова.

Pravda, 19.1.1974 ("Geraten Sie nicht in Verwirrung, ich habe alles überflüssige weggenommen")

22. LEKTION

В заключе́ние я сумми́рую не́которые конкре́тные предложе́ния ра́зной[1] сте́пени ва́жности, кото́рые обсужда́лись в те́ксте. Э́ти предложе́ния, обращённые к руково́дству на́шей страны́, не исче́рпывают[2] содержа́ния статьи́.

1. Необходи́мо всеме́рно углубля́ть страте́гию ми́рного сосуществова́ния и сотру́дничества. Разрабо́тать нау́чные ме́тоды и при́нципы междунаро́дной поли́тики, осно́ванные[3] на нау́чном предви́дении отдалённых и ближа́йших после́дствий.

2. Прояви́ть инициати́ву в разрабо́тке широ́кой програ́ммы борьбы́ с го́лодом.

3. Необходи́мо разрабо́тать, широко́ обсуди́ть и приня́ть "Зако́н о печа́ти и информа́ции", пресле́дующий це́ли не то́лько ликвиди́ровать безотве́тственную идеологи́ческую цензу́ру, но и всеме́рно поощря́ть самоизуче́ние в на́шем о́бществе, поощря́ть дух бесстра́шного обсужде́ния и по́исков и́стины. Зако́н до́лжен предусмотре́ть материа́льные ресу́рсы свобо́ды мы́сли.

4.Необходи́мо отмени́ть все антиконституцио́нные зако́ны и указа́ния[4], наруша́ющие "права́ челове́ка".

5. Необходи́мо амнисти́ровать полити́ческих заключённых, а та́кже пересмотре́ть[5] ряд име́вших в после́днее вре́мя полити́ческих проце́ссов на приме́р,(Даниэ́ля и Синя́вского, Гала́нскова-Ги́нзбурга). Неме́дленно[6] облегчи́ть[7] ла́герный режи́м для полити́ческих заключённых.

6. Необходи́мо довести́ до конца́ - до по́лной пра́вды, а не до взве́шенной на веса́х ка́стовой целесообра́зности[8] полупра́вды - разоблаче́ние сталини́зма. Необходи́мо всеме́рно ограни́чить влия́ние неосталини́стов на на́шу полити́ческую жизнь ...

7. Необходи́мо всеме́рно углубля́ть экономи́ческую рефо́рму, расширя́ть сфе́ру экспериме́нта и де́лать все вы́воды из его́ результа́тов.

8. Необходи́мо приня́ть, по́сле широ́кого нау́чного обсужде́ния, "Зако́н о геогигие́не", кото́рый впосле́дствии до́лжен сли́ться с мировы́ми уси́лиями в э́той о́бласти.

Grad. ср. ва́жный
Voraussicht.sehr weit entfernt
Hunger
verfolgen
без-,отве́тственный
fördern.Lernen aus Eigeninitiative
furchtlos.Suche
Wahrheit
Gedanke
ср.отмена
verletzen
Häftling
führen
abwägen.Waage.Kasten-
Halb-.Entlarvung
später
sich vereinigen

	....
	С э́той статьёй а́втор обраща́ется к руково́дству на́шей
gut	страны́, ко всем гра́жданам[9], ко всем лю́дям до́брой во́ли[10]
Strittigkeit	во всём ми́ре. А́втор понима́ет спо́рность мно́гих положе́-
aufrichtig	ний статьи́, его́ цель - откры́тое[11], открове́нное обсужде́-
Öffentlichkeit	ние в усло́виях гла́сности.

1.	ра́зный	ungleich, verschieden(artig), mannigfaltig
2.	исче́рпывать/исче́рпать	ausschöpfen, erschöpfen, erledigen
3.	осно́вывать/основа́ть ср. осно́ва	
4.	указа́ние	Hinweis, Anleitung, Instruktion
5.	пересма́тривать/пересмотре́ть	überprüfen; abändern
6.	ме́дленный	langsam
7.	облегча́ть/облегчи́ть ср. лёгкий	
8.	целесообра́зность	Zweckmäßigkeit
9.	dat pl см. граждани́н	Staatsbürger
10.	во́ля	Wille; Freiheit
11.	откры́тый	offen; aufrichtig

verdienen	Осо́бого внима́ния заслу́живает в совреме́нных усло́виях
	пробле́ма оце́нки экономи́ческих после́дствий измене́ния
	ка́чества приро́дной[1] среды́[2]. Необходи́мость предотвраще́-
umgeben	ния деграда́ции[3] окружа́ющей челове́ка приро́дной среды́
	дикту́ется, как изве́стно[4], причи́нами са́мого разли́чного
Ordnung	поря́дка, начина́я от ме́дико-биологи́ческих и конча́я[5]
	мора́льно-филисо́фскими.
allgemein anerkannt	Общепри́знано, что среди́ э́тих причи́н нахо́дятся и эконо-
	ми́ческие соображе́ния[6] - допуска́ется, что в не́которых
Schutz.rein	слу́чаях охра́на среды́[2] мо́жет дать и чи́сто экономи́ческой,
messen	измеря́емый в рубля́х эффе́кт. Одна́ко экономи́ческие аспе́к-
Schutz.umgeben	ты пробле́мы охра́ны окружа́ющей среды́[2] в на́шей стране́ до
Hintergrund	настоя́щего вре́мени остаю́тся на за́днем пла́не, и в ка́-
bedingen. ср.о́стрый	честве реша́ющих фа́кторов, предопределя́ющих остроту́[7]
außer-	э́той пробле́мы, выступа́ют "внеэкономи́ческие" соображе́-
Gesundheit.Erhaltung	ния[6]: забо́та[8] о здоро́вье трудя́щихся, необходи́мость со-
unberührt.Natur	хране́ния для бу́дущих поколе́ний[9] "ди́кой" приро́ды во всём
Mannigfaltigkeit	её многообра́зии и т. д. Коне́чно, к внеэкономи́ческим
Erhaltung.umgeben. man muß	фа́кторам сохране́ния ка́чества окружа́ющей среды́ сле́дует

относи́ться с не ме́ньшей серьёзностью, чем к экономи́ческим. Бо́лее того́, мно́гие аспе́кты охра́ны приро́ды, безусло́вно, важне́е любы́х экономи́ческих соображе́ний[6]. Бы́ло бы по ме́ньшей[10] ме́ре несерьёзно[11] подходи́ть[12] с пози́ций экономи́ческой вы́годы, наприме́р, к пробле́ме - сохрани́ть или уничто́жить Байка́лский приро́дный[1] ко́мплекс, - це́нность его́ насто́лько велика́, что в э́том смы́сле опра́вданы[13] любы́е затра́ты[14] на его́ сохране́ние (друго́е де́ло, что зада́чу сохране́ния Байка́лского ко́мплекса ну́жно реша́ть с максима́льной эконо́мией наро́дных средств). Таки́м о́бразом, речь идёт о друго́м: явля́ется ли улучше́ние ка́чества окружа́ющей среды́[2] фа́ктором, повыша́ющим экономи́ческую эффекти́вность обще́ственного произво́дства (причём не то́лько с пози́ций далёкой перспекти́вы, но и для ближа́йшего плани́руемого пери́ода), и́ли же охра́на среды́[2] и экономи́ческая эффекти́вность - антагони́сты и должны́ приноси́ться в же́ртву друг дру́гу. От отве́та на э́тот вопро́с зави́сит вы́бор страте́гии и та́ктики природоохра́нной де́ятельности: ли́бо[15] необходи́мо иска́ть в пе́рвую о́чередь внеэкономи́ческие крите́рии для обоснова́ния природоохра́нных мероприя́тий, а са́ми э́ти мероприя́тия осуществля́ть вопреки́[16] экономи́ческим сти́мулам, полага́ясь всеце́ло на мора́льно-правовы́е но́рмы, ли́бо[15], наоборо́т, одни́м из реша́ющих крите́риев для плани́рования ка́чества окружа́ющей среды́[2] сле́дует призна́ть экономи́ческую эффекти́вность, а природоохра́нные мероприя́тия бу́дут бази́роваться на хозрасчётной систе́ме соизмере́ния затра́т[14] и результа́тов.

....

В связи́ с э́тим возника́ет кардина́льная экономи́ческая пробле́ма определе́ния оптима́льных масшта́бов мероприя́тий по охра́не среды́[2] в перспекти́вном пери́оде, обеспе́чивающих ма́ксимум экономи́ческого эффе́кта от улучше́ния ка́чества окружа́ющей среды́. Для реше́ния э́той пробле́мы необходи́ма разрабо́тка методоло́гии оце́нки экономи́ческих после́дствий измене́ния ка́чества среды́, для чего́ тре́буется проведе́ние ко́мплексных иссле́дований в разли́чных о́траслях хозя́йства, те́рпящих[17] уще́рб от ухудше́ния э́того ка́чества.

sich verhalten.ср.серьёзный
darüber hinaus.
zweifellos.irgendwelcher
bewahren
ср.цена́.
dermaßen.Sinn
beliebig.Erhaltung
Sparsamkeit.so
umgeben
wobei
weit
Schutz
bringen
Opfer.ср.отве́тить
приро́да.охра́на
Begründung
sich verlassen.völlig
umgeben
man muß.anerkennen
die wirtschaftliche Rechnungsführung betreffend.messender Vergleich
erforderlich sein
Schaden

1. приро́дный ср. приро́да	
2. среда́	Milieu,Umgebung; Mittwoch
3. деграда́ция	Verfall, "Verschmutzung"
4. изве́стный	bekannt,berühmt; bestimmt
5. конча́ть/ко́нчить ср. коне́ц, -нца́	Ende
6. соображе́ние	Überlegung, Erwägung
7. острота́ ср. о́стрый	scharf
8. забо́та	(Für)sorge
9. поколе́ние	Generation
10. ме́ньший kmp см.ма́лый	klein, gering
11. ср. серьёзный	
12. ср. подхо́д	
13. опра́вдывать/оправда́ть	rechtfertigen
14. затра́та	Aufwendung, Ausgabe
15. ли́бо ...ли́бо	entweder ... oder
16. вопреки́ präp. m. dat.	ungeachtet,entgegen,wider,trotz
17. терпе́ть/потерпе́ть	erleiden, ertragen

vorantreiben.endlos. Suche
Hoffnung
zuschreiben
vorherbestimmen.ein gewisser
anwenden
vorkommen.Natur

Отсу́ствие[1] у буржуа́зной нау́ки о́бщей тео́рии обще́ственного разви́тия толка́ет учёных на бесконе́чные по́иски тако́го уче́ния[2], кото́рое мо́жно бы́ло бы противопоста́вить[3] истори́ческому материали́зму. Больши́е наде́жды в э́той свя́зи возлага́ются на так называ́емую о́бщую тео́рию конфли́кта, ей предназнача́ется роль не́кой универса́льной схе́мы, приложи́мой в ра́вной[4] ме́ре ко всем конфли́ктам, встреча́ющимся в о́бществе и приро́де, ко всем ти́пам междунаро́дного конфли́кта, незави́симо от их конкре́тно-истори́ческого содержа́ния и социа́льно-полити́ческого хара́ктера.

wobei.äußerst
Überlegung.Identität
verurteilen.
außerhistorisch. Konstruktion

При конструи́ровании тако́й тео́рии катего́рия конфли́кта противопоставля́ется[3] маркси́стскому поня́тию противоре́чия. Причём стро́ится всё э́то на сугу́бо абстра́ктных рассужде́ниях о "тождестве́" приро́ды конфли́кта внутри́[5] отде́льной ли́чности[6], госуда́рства, систе́мы госуда́рств и т. д.[7] В сове́тской литерату́ре уже́ отмеча́лось, что подо́бные попы́тки обре́чены на прова́л[8], поско́льку[9] в таки́х надыстори́ческих построе́ниях буржуа́зных а́второв соверше́нно[10] игнори́руется тот немалова́жный[11] факт, что в конфли́кт на междунаро́дной аре́не вступа́ют сувере́нные госуда́рства со свои́м социа́льно-полити́ческим стро́ем[12], с тем и́ли ины́м соотноше́нием[13] экономи́ческих и вое́нных потенциа́лов, с определёнными междунаро́дными обяза́тельствами

ср.два/сторона́. ср. мно́го/сторона́
Berücksichtigung

двусторо́ннего и многосторо́ннего хара́ктера. Не принима́ются в расчёт ни[14] соотноше́ние[13] сил на мирово́й аре́не, ни[14] междунаро́дная обстано́вка, в усло́виях кото́рых возника́ет и развива́ется ка́ждый конкре́тный конфли́кт. Всё это остаётся за бо́ртом иссле́дования в ру́сле "о́бщей тео́рии конфли́кта", прино́сится в же́ртву черта́м "всео́бщности". То, что в настоя́щее вре́мя не существу́ет "о́бщей тео́рии конфли́кта", признаю́т и а́вторы кни́ги. Но показа́тельно, как они́ мы́слят её созда́ние. "Она́ должна́ бу́дет, - пи́шут[15] а́вторы, - включа́ть в себя́ отде́льные элеме́нты из биоло́гии, психоло́гии, социа́льной психоло́гии, социоло́гии, антрополо́гии, исто́рии, полити́ческой нау́ки, геогра́фии, эконо́мики, тео́рии коммуника́ции и организа́ции, тео́рии игр и имита́ций, тео́рии страте́гии и приня́тия реше́ний, тео́рии систе́м и интегра́ции и да́же[16] эти́ческой филосо́фии и религио́зно-теологи́ческого отраже́ния".

außerhalb.Richtung
bringen.Opfer.Allgemeines
anerkennen.charakteristisch
sich denken
einbeziehen

Приве́денное[17] выска́зывание свиде́тельствует о том, что а́вторы вполне́ разделя́ют иллю́зии мно́гих буржуа́зных иссле́дователей междунаро́дного конфли́кта, полага́ющих, что созда́ние тео́рии конфли́кта возмо́жно путём эклекти́ческого соедине́ния[18] отде́льных иде́й, поня́тий и те́рминов[19] из са́мых разли́чных областе́й нау́ки и да́же[16] религио́зных уче́ний[2].

ср.вы-/сказать
völlig.teilen
meinen

1.	отсу́тствие	Abwesenheit, Fehlen
2.	уче́ние	Lehre
3.	противопоставля́ть/противопоста́вить	gegenüberstellen,vergleichen mit; entgegenstellen
4.	ра́вный	gleich
5.	внутри́ adv/präp + gen	innen, innerhalb
6.	ли́чность	Persönlichkeit
7.	и т. д.	u.s.w.
8.	прова́л	Mißerfolg, Zusammenbruch, Fiasko
9.	поско́льку	in dem Maße, insofern, soweit
10.	соверше́нный	vollkommen, vollständig
11.	ср. не/ма́лый/ва́жный	
12.	строй	Bau, Struktur, Formation
13.	соотноше́ние	Korrelation, Wechselbeziehung
14.	ни ...ни ...	weder ... nich
15.	präs pl см. писа́ть/написа́ть	
16.	да́же	sogar, selbst

17. рра см. приводи́ть/привести́
18. соедине́ние — Vereinigung
19. те́рмин — ....

Наро́дное хозя́йство СССР успе́шно развива́ется по еди́ному общегосуда́рственному пла́ну, обеспе́чивающему и направля́ющему де́ятельность всех предприя́тий и организа́ций, коллекти́вный труд сове́тского наро́да.

Siebenjahres-
überholen

Социалисти́ческая промы́шленность явля́ется осно́вой на́шей эконо́мики, ба́зой могу́щества страны́. От у́ровня и масшта́бов её разви́тия, от результа́тов её рабо́ты зави́сит успе́шный рост всех о́траслей наро́дного хозя́йства, повыше́ние благосостоя́ния[1] сове́тского наро́да. В хо́де[2] выполне́ния семиле́тнего пла́на дости́гнуто значи́тельное увеличе́ние объёма[3] произво́дства, улу́чшилась[4] его́ структу́ра: наибо́лее передовы́е о́трасли расту́т опережа́ющими те́мпами. Промы́шленное произво́дство развива́ется на здоро́вой[5] и про́чной осно́ве социалисти́ческих произво́дственных отноше́ний.

stellen
unablässig
Einführung

Осуществле́ние поста́вленных зада́ч по созда́нию материа́льно-техни́ческой ба́зы коммуни́зма, неукло́нному подъёму материа́льного и культу́рного у́ровня жи́зни наро́да тре́бует обеспе́чения высо́ких те́мпов разви́тия промы́шленного произво́дства, внедре́ния в наро́дное хозя́йство нове́йших достиже́ний нау́ки и те́хники, нау́чной организа́ции труда́, улучше́ния ка́чества проду́кции и повыше́ния эффекти́вности обще́ственного произво́дства.

Важне́йшим усло́вием реше́ния э́тих зада́ч явля́ется бо́лее по́лное испо́льзование преиму́ществ систе́мы социалисти́ческого хозя́йства, дальне́йшее улучше́ние пла́нового руково́дства промы́шленностью.

Существу́ющие ме́тоды и фо́рмы плани́рования и стимули́рования в промы́шленности име́ют кру́пные недоста́тки и не отвеча́ют но́вым тре́бованиям хозя́йственного строи́тельства, совреме́нным те́хнико-экономи́ческим усло́виям и у́ровню разви́тия производи́тельных сил.

В пла́новом руково́дстве промы́шленностью чрезме́рно[6] большо́е ме́сто занима́ют администрати́вные фо́рмы и ме́тоды, а

Indikator. Selbständig
unbegründet
ungenügend
gering
Rechnungsführung
Hebel
ср. цена́/образова́ть

роль экономи́ческих ме́тодов прини́жена[7]. Пла́новые зада́ния[8] ориенти́руют предприя́тия гла́вным о́бразом на выполне́ние коли́чественных[9] показа́телей. Самостоя́тельность предприя́тий в разви́тии произво́дства и изыска́нии[10] нау́чных спо́собов[11] выполне́ния госуда́рственных пла́нов необосно́ванно ограни́чена.

Не со́здана до́лжная материа́льная заинтересо́ванность[12] рабо́тников в улучше́нии о́бщих ито́гов[13] рабо́ты предприя́тия, в испо́льзовании свои́х вну́тренних резе́рвов и повыше́нии рента́бельности произво́дства. Недоста́точна отве́тственность предприя́тий за наруше́ние[14] сро́ков поста́вки[15] проду́кции потреби́телям[16] и за вы́пуск[17] проду́кции ни́зкого ка́чества. Хозя́йственный догово́р ещё не за́нял до́лжного ме́ста в отноше́ниях ме́жду предприя́тиями. Хозя́йственный расчёт на предприя́тиях явля́ется в значи́тельной ме́ре форма́льным. При́быль[18], пре́мии, креди́т и други́е экономи́ческие рычаги́ сла́бо испо́льзуются в плани́ровании и хозя́йственной де́ятельности. Име́ются кру́пные недоста́тки в ценообразова́нии.

1. благосостоя́ние	Wohlstand
2. ход ср. ходи́ть, идти́	Bewegung, Gang, Lauf, Betrieb
3. объём	Umfang, Ausmaß
4. ср. лу́чше	
5. здоро́вый	gesund
6. чрезме́рный	übermäßig, äußerst
7. принижа́ть/прини́зить	verkleinern, herabsetzen
8. зада́ние	(Plan-)Aufgabe; Auftrag; Soll
9. ср. коли́чество	
10. изыска́ние	Forschung, Ermittlung; Auffindung
11. спо́соб	Art, Verfahren, Methode
12. ср. заинтересо́ванный	
13. ито́г	Resultat, Bilanz
14. наруше́ние	Störung, Verletzung, Übertretung
15. поста́вка	Lieferung
16. ср. потребле́ние	Konsum, Verbrauch; -тель
17. вы́пуск	Produktionsausstoß; Lieferung, Heft, Folge
18. при́быль	Gewinn, Profit, Vorteil

23. L E K T I O N

....

НАРО́ДЫ "тре́тьего ми́ра" всё бо́льше убежда́ются в том, как глубока́[1] про́пасть ме́жду "р-р-революцио́нными" слова́ми пеки́нских руководи́телей и их реакцио́нными дела́ми. Ход собы́тий пока́зывает и и́стинную це́ну "миротво́рческих уси́лий" маои́стов в Организа́ции Объединённых На́ций. Все манёвры пеки́нских представи́телей в ООН при обсужде́нии конфли́кта в Индоста́не исходи́ли из одно́й це́ли - подогре́ть стра́сти, углуби́ть конфли́кт. Солидаризи́руясь с США, пеки́нские ли́деры факти́чески поощря́ли[2] америка́нских империали́стов к вооружённому вмеша́тельству[3] в Индоста́не под фла́гом выполне́ния "сою́знических обяза́тельств" по СЕ́НТО и СЕА́ТО. И пози́ция Кита́я, несомне́нно, была́ одни́м из тех фа́кторов,кото́рые дви́нули 7-ого америка́нского фло́та в Инди́йский океа́н.

Ны́нешняя вое́нная демонстра́ция США в Инди́йском океа́не - э́то не то́лько попы́тка оказа́ть давле́ние на И́ндию и други́е стра́ны, подде́рживающие справедли́вую национа́льно-освободи́тельную борьбу́ наро́да Восто́чной Бенга́лии, но и ещё одна́ попы́тка "произвести́[4] впечатле́ние" на ара́бские стра́ны, подпере́ть Израи́ль. Вряд ли мо́гут[5] найти́сь наи́вные лю́ди, кото́рые полага́ют[6], что америка́нский империали́зм, подде́рживающий израи́льскую агре́ссию про́тив ара́бских стран, - э́то не тот же са́мый империали́зм, кото́рый хоте́л бы задуши́ть наро́д в Восто́чной Бенга́лии. Совпаде́ние пози́ций кита́йских руководи́телей и Вашингто́на в борьбе́ про́тив Ба́нгла деш - э́то факти́ческое совпаде́ние пози́ций в борьбе́ про́тив наро́дов ара́бских стран, про́тив наро́дов Индокита́я, А́фрики, Лати́нской Аме́рики. ...

В хо́де и́ндо-пакиста́нского конфли́кта ещё раз[7] раскры́лись беспринци́пность и авантюри́зм поли́тики Ма́о Цзе-ду́на. Конфли́кт показа́л, что маои́сты, выставля́я себя́ "сою́зниками"[8] и да́же "ли́дерами" национа́льно-освободи́тельного движе́ния, изменя́ют ему́, е́сли нахо́дят, что их коры́стные националисти́ческие интере́сы дикту́ют сде́лки[9] с реа́кцией.

Kluft
wahr.friedenstiftend
erhitzen.Leidenschaft
zweifellos.ср.сою́з
hier:in Marsch setzen
Druck
Eindruck
unterstützen.schwerlich
unterdrücken.Übereinstimmung
ср.Кита́й
darstellen
hier:verraten.eigennützig

1. kf f см. глубо́кий
2. поощря́ть/поощри́ть — ermuntern, fördern
3. вмеша́тельство — Einmischung
4. производи́ть/произвести́ — aus-, durchführen; erzeugen, produzieren
5. pl präs см. мочь
6. полага́ть uv — meinen, glauben
7. ещё раз — noch einmal
8. ср. сою́з — Bündnis
9. сде́лка — A bkommen, Vertrag, Geshcäft

Полити́ческие си́лы "тре́тьего ми́ра", выступа́ющие за социалисти́ческую ориента́цию, найду́т[1] чрезвыча́йно[2] мно́го це́нного для себя́ в практи́ческом о́пыте пионе́ров некапиталисти́ческого разви́тия в МНР и сове́тской Сре́дней А́зии в о́бласти индустриализа́ции, коллективиза́ции крестья́нского[3] хозя́йства, преодоле́ния[4] культу́рной отста́лости и борьбы́ с тормозя́щими прогре́сс пережи́тками[5] феода́льных и родовы́х отноше́ний, в о́бласти реше́ния национа́льной и релегио́зной проблем. О́пыт МНР и сове́тских респу́блик Сре́дней А́зии неоспори́мо свиде́тельствует о велича́йшей[6] ги́бкости тео́рии, та́ктики и страте́гии нау́чного социали́зма, о диалекти́ческом сочета́нии в ней[7] всео́бщих[8] закономе́рностей[9] и национа́льных осо́бенностей, и э́то та́кже де́лает его́ чрезвыча́йно[2] ва́жным для развива́ющихся стран. Пропаганди́ровать э́тот о́пыт о́чень ва́жно, и́бо[10] прогресси́вные си́лы А́фрики и А́зии смо́гут[11] мно́гое из него́[12] почерпну́ть, мно́гим воспо́льзоваться[13]. Но не сле́дует забыва́ть, что движе́ние к социали́зму в обхо́д капитали́зма соверша́лось в МНР и сове́тских респу́бликах Сре́дней А́зии в ины́х усло́виях, чем в а́фро-азиа́тских стра́нах сего́дняшнего дня, при ино́й расстано́вке[14] кла́ссовых и полити́ческих сил, сле́довательно[15], страте́гия его́ была́ во мно́гом и ва́жном ина́я. Гла́вная осо́бенность заключа́ется[16] в том, что в сове́тских респу́бликах Сре́дней А́зии руково́дство перехо́дом от феодали́зма к социали́зму осуществля́ли после́довательно социалисти́ческие си́лы в ра́мках[17] страны́ пролета́рской диктату́ры, твёрдо[18] стоя́вшие на пози́циях нау́чного социали́зма, опира́вшиеся на всесторо́ннюю по́мощь и подде́ржку победи́вшей социалисти́ческой револю́ции.

ср. цена́
s. Abk.-Verz.
Rückständigkeit
hemmen
Stammes-
unbestreitbar
Flexibilität
Verbindung
Besonderheit
entlehnen
man darf nicht vergessen
ср. об/ходи́ть. sich vollziehen
ср. сего́дня
Besonderheit
stehen
sich stützen auf.
ср. побе́да

1. pl präs v см. найти́
2. чрезвыча́йный — außergewöhnlich, außerordentlich
3. ср. крестья́нин
4. преодоле́ние — Überwindung
5. пережи́ток — Überbleibsel, Überrest
6. sp adj см. вели́кий
7. prs pr dat/instr/präp sg f см. она́
8. всео́бщий — allgemein
9. ср. зако́н/ме́ра/-ость
10. и́бо — denn
11. pl präs v см. мочь/смочь
12. gen sg m/n см. он
13. по́льзоваться/воспо́льзоваться ....
14. расстано́вка — Verteilung
15. сле́довательно — folglich
16. заключа́ться — bestehen, liegen in
17. в ра́мках pl — im Rahmen
18. твёрдый — fest, hart

В усло́виях[1] обостре́ния кла́ссовых противоре́чий и социа́льных конфли́ктов, свя́занных с вы́бором пути́ разви́тия, усиле́ние[2] о́рганов непосре́дственного[3] принужде́ния стано́вится одни́м из средств обеспе́чения движе́ния того́ и́ли ино́го[4] африка́нского госуда́рства в за́данном социа́льном направле́нии. Незаверше́нность проце́сса национа́льной консолида́ции, этни́ческая раздро́бленность, племенна́я рознь, иску́сственно[5] разжига́емая колониза́торами, борьба́ за власть, происходя́щая в ра́мках[6] эли́ты африка́нского о́бщества, опо́ра[7] ли́деров непосре́дственно[3] на вооружённые си́лы та́кже вызыва́ют усиле́ние[2] о́рганов непосре́дственного принужде́ния.

Поми́мо полити́ческих и этни́ческих фа́кторов рост аппара́та непосре́дственного[3] принужде́ния и усиле́ние его́ ро́ли на совреме́нном эта́пе разви́тия молоды́х[8] африка́нских госуда́рств объясня́ется[9] и ря́дом други́х причи́н. В их числе́ не после́днее ме́сто принадлежи́т[10] незаверше́нности проце́ссов классообразова́ния и незаверше́нности формирова́ния самого́ гражда́нского[11] о́бщества, как тако́вого. Ввиду́ отсу́тствия в не́которых африка́нских стра́нах организо́ванных полити́ческих сил, эффекти́вного социа́льного, экономи́ческого и полити́ческого контро́ля гражда́нского о́бщества над госуда́рством после́днее стано́вится си́лой, в изве́стной ме́ре свобо́дной от о́бщества, могу́щей[12] осуществля́ть

Zwang
vorgegeben
Nichtabgeschlossensein
Zersplitterung. Stammesfehde. entfachen
Zwang
außer
ср. класс/образова́ние
solcher. wegen

над[13] ним свою́ авторита́рную власть при по́мощи пре́жде всего́ аппара́та непосре́дственного[3] принужде́ния. При нера́звитости производи́тельных сил в стра́нах А́фрики возраста́ет роль госуда́рства и как основно́го рычага́[14] внеэкономи́ческого[15] принужде́ния, то есть дополни́тельно[16] возраста́ет и роль о́рганов, его́ применя́ющих.

....

А́РМИЯ. Из вое́нно-полице́йского прида́тка механи́зма империалисти́ческого госпо́дства в колониа́льный пери́од а́рмия в африка́нских госуда́рствах постепе́нно превраща́ется в ору́дие[17] защи́ты[18] обще́ственного и госуда́рственного стро́я, в си́мвол национа́льного суверените́та.

....

Unterentwicklung
d.h.
Anhängsel

1. в усло́виях — angesichts
2. ср. у-/си́ла/-ение — ....
3. непосре́дственный — unmittelbar, direkt
4. тот и́ли ино́й — der eine oder andere
5. иску́сственный — künstlich
6. в ра́мках pl — im Rahmen, in den Grenzen
7. опо́ра — Stütze,Unterstützung,Sichstützen
8. молодо́й — jung
9. объясня́ть/объясни́ть — erklären, erläutern
10. принадлежа́ть — gehören
11. ср. гражда́ни́н
12. ppa uv см. мочь
13. instr sg m/n см. он
14. рыча́г — Hebel
15. вне- — außer
16. дополни́тельный — ergänzend, zusätzlich
17. ору́дие — Werkzeug, Mittel
18. защи́та — Verteidigung; Schutz

Октя́брьская револю́ция рабо́чих и крестья́н начала́сь под о́бщим зна́менем[1] ракрепоще́ния.

Раскрепоща́ются, крестья́не от вла́сти поме́щиков, и́бо нет бо́льше поме́щичьей со́бственности на зе́млю - она́ упразднена́. ...

Раскрепоща́ются рабо́чие от капри́зов и произво́ла[2] капитали́стов, и́бо [3] отны́не бу́дет устано́влен контро́ль рабо́чих над заво́дами и фа́бриками. ...

Остаю́тся то́лько наро́ды Росси́и, терпе́вшие и те́рпящие гнёт[4] и произво́л[2], к раскрепоще́нию кото́рых должно́ быть

Befreiung vom Joch
befreien
Gutsbesitzer-.
abschaffen
von nun an

endgültig
unwürdig. kadettisch
von nun an. ср. заме́на. ehrlich
festzusammenschließen
standhalten. Anschlag
ср. исполни́тельный
Gleichheit. Souveränität
bis zu. Loslösung
ср. ме́ньше
ср. населе́ние
hieraus

присту́плено неме́дленно, освобожде́ние[5] кото́рых должно́ быть прове́дено реши́тельно и бесповоро́тно. ...
Недосто́йной поли́тике цари́зма и каде́тской буржуази́и в о́бласти национа́льных отноше́нии до́лжен быть поло́жен коне́ц. Отны́не она́ должна́ быть заменена́ откры́той и че́стной поли́тикой, веду́щей[6] к по́лному взаи́мному дове́рию[7] наро́дов Росси́и.
То́лько в результа́те тако́го дове́рия мо́жет сложи́ться[8] че́стный и про́чный сою́з наро́дов Росси́и.
То́лько в результа́те тако́го сою́за мо́гут быть спа́яны рабо́чие и крестья́не наро́дов Росси́и в одну́ революцио́нную си́лу, спосо́бную[9] устоя́ть про́тив вся́ких[10] покуше́ний со стороны́ империали́стско-аннексиони́стской буржуази́и.
Исходя́ из э́тих положе́ний (...) и исполня́я во́лю съе́здов сове́тов, (...) Сове́т Наро́дных Комисса́ров реши́л положи́ть в осно́ву свое́й де́ятельности по вопро́су о национа́льностях Росси́и сле́дующие нача́ла:

1) Ра́венство и сувере́нность наро́дов Росси́и.

2) Пра́во наро́дов Росси́и на свобо́дное самоопределе́ние[11], вплоть до отделе́ния и образова́ния самостоя́тельного[12] госуда́рства.

3) Отме́на всех и вся́ких[10] национа́льных и национа́льно-религио́зных привиле́гий и ограниче́ний.

4) Свобо́дное разви́тие национа́льных меньши́нств и этнографи́ческих групп, населя́ющих террито́рию Росси́и.

Вытека́ющие[13] отсю́да конкре́тные декре́ты бу́дут вы́работаны неме́дленно по́сле конструи́рования Коми́ссии по дела́м национа́льностей.

1.	зна́мя	Fahne, Banner
2.	произво́л	Willkür
3.	и́бо	denn
4.	гнёт	Joch, Druck
5.	ср. свобо́да/-ение	....
6.	ppa см. вести́	
7.	дове́рие	Vertrauen
8.	скла́дываться/сложи́ться	sich (heraus)bilden, sich festigen
9.	спосо́бный	fähig, begabt
10.	вся́кий	jeder (beliebige)
11.	самоопределе́ние	Selbstbestimmung
12.	самостоя́тельный	selbständig, unabhängig
13.	вытека́ть/вы́течь	hinausfließen; sich ergeben

D. AUFBAUKURS

A U F B A U K U R S

Die praktischen Erfahrungen mit dem Russisch-Lesekurs für Historiker und Sozialwissenschaftler haben gezeigt, daß es für die Konservierung und den Ausbau der erworbenen Fähigkeiten im Anschluß an den Kurs einer besonderen Hilfe bedarf.
Die folgende Textauswahl versucht eine solche Hilfe zu geben: sie soll denjenigen, der über eine schnell erworbene Lesefähigkeit verfügt, zum Weiterarbeiten und zur Konsolidierung seiner Fähigkeiten anregen.
Zu diesem Zweck sind die Texte nach Sachgebieten geordnet, die Vokabelangaben sind auf das Lernpensum des Lesekurses abgestimmt und zusätzliche Anmerkungen sollen den Zugang zu relevanter Literatur erleichtern.
Eine möglichst wortgetreue Übersetzung kann zur Kontrolle herangezogen werden. Die Schlüsselübersetzungen stammen von Christa Hiller (Hi.), Susanne Oster (Os.) oder Albrecht Martiny (Ma.).

GESCHICHTE

Die Rezeption sowjetischer historischer Forschungen steht - sieht man von dem kleinen Kreis der Osteuropahistoriker ab - noch ganz in ihren Anfängen. Erste offizielle Kontakte wurden 1974 auf einer Tagung westdeutscher und sowjetischer Historiker in Mainz geknüpft. Neben politischen Gründen hat zu diesem mangelhaften Kontakt beigetragen, daß die westdeutschen Historiker selbst über passive Russischkenntnisse nur selten verfügen. Natürlich hat auch die geringe Qualität mancher sowjetischer historischer Arbeiten zu Themen außerhalb der russischen oder sowjetischen Geschichte das Bedürfnis nach Entwicklung von Beziehungen nicht gefördert.
Viele Gründe - nicht nur politische - sprechen jedoch dafür, in dieser Richtung Anstrengungen zu unternehmen. Arbeiten zur russischen und sowjetischen Geschichte sind für die westliche Forschung schon an sich wegen der seit einiger Zeit zu Buche schlagenden größeren Quellennähe, aber auch für Zwecke der Komparatistik beachtlich. Arbeiten über nicht-russische und außersowjetische Themen sind andererseits deshalb interessant, weil die theoretischen Grundlagen der sowjetischen zeitgeschichtlichen Forschung letzthin einem spürbaren Differenzierungsprozeß unterworfen worden sind.

Zur Orientierung:

Artikel "Istoriografija" (mehrere Autoren), aus: SIĖ, t.6, M. 1965, stlb. 455-514

SOWJETISCHE AUSSENPOLITIK 1933

Der vorliegende Text ist aus einer der führenden außenpolitischen Zeitschriften entnommen. Neben aktuellen Fragen behandelt die Zeitschrift "Meždunarodnaja žizn'", die übrigens auch in westlichen Sprachen erscheint, regelmäßig auch Themen aus der Geschichte der Außenpolitik und Diplomatie. Die hier wiedergegebene Rezension gilt einem Band der amtlichen Ausgabe von Dokumenten zur sowjetischen Außenpolitik. (Ministerstvo Inostrannych Del SSSR (Hrsg.), DOKUMENTY VNEŠNEJ POLITIKI SSSR. t.I (1917-1918) Moskva 1957 bis t. XIX (1936) Moskva 1974.

Quelle: Rachmaninov, Ju., Novyj tom dokumentov vnešnej politiki SSSR. In: Meždunarodnajy žizn', No. 5 (1971), S. 138-140.

16.	В шестна́дцатом то́ме докуме́нтов вне́шней поли́тики СССР,
beleuchten,darlegen	большинство́ из кото́рых опублико́вано впервы́е, освещена́
	всесторо́нняя борьба́ Сове́тского Сою́за за мир и междуна-
	ро́дную безопа́сность в 1933 году́.
	...
	15 ию́ля 1933 го́да А́нглия, Фра́нция, Ита́лия и Герма́ния под-
Spitze	писа́ли "пакт четырёх", о́стрие кото́рого было напра́влено
(be)drohen	про́тив Сове́тского Сою́за. Одновре́менно э́тот пакт угрожа́л
Selbständigkeit	самостоя́тельности ма́лых госуда́рств Евро́пы. Про́тив него́
	вы́ступили широ́кие обще́ственные круги́ европе́йских стран,
	в ча́стности во Фра́нции, кото́рая не ратифици́ровала пакт
(ver)hindern	и тем са́мым воспрепя́тствовала вступле́нию его́ в си́лу.
Vereitelung.Komplott	Большу́ю роль в сры́ве сго́вора четырёх держа́в сыгра́ла со-
offenbaren	ве́тская диплома́тия, вскры́вшая его́ опа́сные после́дствия
ср.вы́йти	для де́ла ми́ра. В вы́шедшем то́ме впервы́е опублико́ваны до-
	куме́нты, пока́зывающие ряд но́вых моме́нтов борьбы́ СССР
ergänzen	про́тив па́кта четырёх, что суще́ственно восполня́ет на́ше
Seite	представле́ние об э́той ва́жной страни́це в исто́рии сове́т-
	ской вне́шней поли́тики.
	Усиле́нию напряжённости междунаро́дной обстано́вки в 1933
	году́ спосо́бствовали установле́ние фаши́стской диктату́ры
	в Герма́нии, агре́ссия Япо́нии в Кита́е и провокацио́нные
Militärkreise	де́йствия япо́нской вое́нщины в отноше́нии Сове́тского Сою́за.
	В э́тот отве́тственный моме́нт исто́рии СССР противопоста́-
Entfesselung	вил империалисти́ческой поли́тике подгото́вки и развя́зыва-
	ния но́вой миро́вой войны́ после́довательный курс на сохра-
Zügelung	не́ние ми́ра и обузда́ние агре́ссоров путём созда́ния систе́мы
	коллекти́вной безопа́сности.
	...
	Стремя́сь помеша́ть развя́зыванию агре́ссии, Сове́тский Сою́з
	6 февраля́ 1933 го́да внёс на рассмотре́ние конфере́нции по
angreifen	разоруже́нию прое́кт деклара́ции об определе́нии напада́ющей
Verzeichnis.Ausführung	стороны́. Он содержа́л пе́речень де́йствий, соверше́ние кото́-
hier:gelten	рых должно́ быть при́знано как наруше́ние ми́ра и агре́ссия.
	...
durchdringen	Сове́тский прое́кт был прони́кнут мы́слью о том, что вся́кое
	примене́ние си́лы в ка́честве сре́дства разреше́ния спо́ров
ср.не-/зако́нный	ме́жду госуда́рствами должно́ быть при́знано незако́нным.
	Развива́я и конкретизи́руя э́ту важне́йшую иде́ю, Сове́тский
	Сою́з предложи́л миро́вой экономи́ческой конфере́нции в ию́не
	1933 го́да рассмотре́ть прое́кт протоко́ла об экономи́ческом
Nichtangriff	ненападе́нии.
	Коммунисти́ческая па́ртия и Сове́тское прави́тельство сфор-
in sich abgeschlossen	мули́ровали в 1933 году́ це́лостную конце́пцию коллекти́вной
Beachtung,Befolgung	безопа́сности как ме́тода обеспе́чения всео́бщего ми́ра и со-
	блюде́ния при́нципов ми́рного сосуществова́ния. Исходя́ из
Unteilbarkeit	недели́мости ми́ра, предлага́лось заключи́ть та́кже регио-

(be)drohen	на́льные соглаше́ния в наибо́лее угрожа́емых райо́нах - в
	Евро́пе и А́зии.
	19 декабря́ 1933 го́да ЦК ВКП (б) при́нял специа́льное по-
	становле́ние о развёртывании борьбы́ за коллекти́вную без-
	опа́сность. В нём предусма́тривалась возмо́жность вступле́-
	ния СССР на изве́стных усло́виях в Ли́гу на́ций и заключе́-
	ния региона́льного па́кта взаи́мной защи́ты от агре́сси с
	уча́стием широ́кого круга́ европе́йских госуда́рств.
	...
	Вы́двинутая Сове́тским Сою́зом иде́я заключе́ния региона́ль-
hier:Gleichgewicht	ных па́ктов не име́ла ничего́ о́бщего с конце́пцией бала́нса
hier:Einbeziehung	сил, с поли́тикой бло́ков, она́ предполага́ла охва́т всех го-
	суда́рств да́нного географи́ческого райо́на и не была́ на-
	пра́влена про́тив како́й-либо страны́ и́ли гру́ппы стран. Вме́-
	сте с тем уча́стникам соглаше́ния предоставля́лись одина́-
auferlegen	ковые гара́нтии безопа́сности, на них возлага́лись ра́вные
	взаи́мные обяза́тельства отка́за от нападе́ния.
Anwachsen	Обостре́ние империалисти́ческих противоре́чий и возраста́-
	ние угро́зы америка́нским итере́сам со стороны́ Япо́нии, а
beschleunigen	та́кже Герма́нии уско́рили установле́ние дипломати́ческих
	отноше́ний США с Сове́тским Сою́зом (16 ноября́ 1933 го́да).
veröffentlichen	В то́ме помещён ряд ва́жных докуме́нтов, каса́ющихся сове́т-
	ско-америка́нских перегово́ров по э́тому вопро́су. В бесе́де
	М.М. Ли́твинова с президе́нтом США Ру́звельтом была́ вы́ска-
	зана мысль о заключе́нии региона́льного Тихоокеа́нского
	па́кта.
	...
Schuld.komplizierter	В 1933 году́ по вине́ гитлеро́вской Герма́нии осложни́лись
werden	сове́тско-герма́нские отноше́ния. В тече́ние го́да Сове́тское
	прави́тельство напра́вило герма́нскому МИД свы́ше 200 нот
	проте́ста в связи́ с провокацио́нными де́йствиями, кото́рые
Mitglied einer parami-	соверша́лись поли́цией и фаши́стскими штурмовика́ми в отно-
litärischen Organis.	ше́нии сове́тских учрежде́ний и гра́ждан в Герма́нии.
hier:Anzeichen. ср.пан	В том же году́ появи́лись пе́рвые при́знаки сближе́ния па́н-
=poln.Grundbesitzer	ской По́льши с гитлеро́вской Герма́нией, что воспрепя́тство-
(be)hindern	вало нача́вшейся ра́нее стабилиза́ции сове́тско-по́льских
	отноше́ний. По́льское прави́тельство отказа́лось подписа́ть
	Балти́йскую деклара́цию, предло́женную в конце́ 1933 го́да
Festigung	Сове́тским Сою́зом и напра́вленную на упроче́ние ми́ра в
	Центра́льной и Восто́чной Евро́пе в связи́ с усиле́нием
	агресси́вных наме́рений Герма́нии.

BÜRGERLICHE UND MARXISTISCHE SOZIALWISSENSCHAFT

Der folgende Text gehört in den Zusammenhang der Bemühungen der jungen Sowjetmacht, im überkommenen Bereich der Wissenschaft und Forschung eine Umwälzung und einen Neubeginn zu versuchen.

Quelle: Preobraženskij, E.: Bližajšie zadači Sozialističeskoj Akademii. In: Vestnik Sozialističeskoj Akademii, Nr. 1 (1922), M., Pg. 1922, S. 5,7-8.

Zur Orientierung über die Dimension des Problems: Slonimskij, A.G. "Kul'turnaja revoljucija", in: SIÉ, t. 8, stbl. 279-286.

Иссле́довательская рабо́та в буржуа́зном о́бществе, за ис-
ключе́нием отча́сти эксперимента́льных нау́к и о́бласти те́х-
ники, ведётся бессисте́мно и анархи́чески, как анархи́чески
протека́ет в сфе́ре эконо́мики весь проце́сс буржуа́зного
произво́дства и распределе́ние в це́лом.О́бласть нау́ки, бо́ль-
ше ещё, чем о́бласть произво́дства, остаётся аре́ной гос-
по́дства ча́стной инициати́вы кома́ндных верхо́в нау́ки, кото́-
рые, впро́чем, уме́ют в ну́жной сте́пени охрани́ть монопо́ль-
ное положе́ние разли́чных "при́знанных" школ и групп, вся́-
чески тормози́ть, когда́ ну́жно, ростки́ но́вой мы́сли и дер-
жа́ть в ра́бской иде́йной зави́симости от руководи́телей
школ всю ма́ссу рядовы́х рабо́тников нау́ки.

Но наибо́лее хаоти́чески протека́ет иссле́довательская ра-
бо́та в о́бласти обще́ственных нау́к. Е́сли матема́тика, есте-
ствозна́ние и те́хника в ка́ждый да́нный пери́од име́ют опре-
делённо устано́вленные ме́тоды иссле́дования и общепри́з-
нанные основны́е вы́воды, кото́рых не мо́жет игнори́ровать
ни оди́н иссле́дователь, то в о́бласти обще́ственных нау́к
существу́ет "неограни́ченное произво́дство иде́й" и по-
стоя́нная конкуре́нция ме́жду "идеепроизводи́телями", ин-
стинкти́вная вражда́ учёных к установле́нию общеобяза́тель-
ных осно́в в той или ино́й гру́ппе обще́ственных нау́к. Здесь
при́знаком хоро́шего то́на и верхо́м нау́чности счита́ется
уме́ние учёного си́льно отлича́ться от други́х в той же
о́бласти иссле́дования. ...

Маркси́зм в Росси́и явля́ется официа́льной идеоло́гией по-
беди́вшего пролетариа́та ; Социалисти́ческая Акаде́мия -
вы́сшим нау́чно-иссле́довательским институ́том маркси́стской
мы́сли. Она́ та́кже непримири́ма. Она́ не призна́ет обще́ст-
венной нау́ки, не опира́ющейся на маркси́зм.Она́ бу́дет вести́
уси́ленную борьбу́ за настоя́щую обще́ственную нау́ку под
зна́менем маркси́зма и в э́том отноше́нии не бу́дет похо́жа
ни на одно́ из аналоги́чных учрежде́ний буржуа́зной обще́ст-
венной нау́ки, нау́чная терпи́мость кото́рых характеризу́ет
лишь младе́нческий пери́од само́й представля́емой и́ми нау́ки.
Фи́зика не зна́ет "терпи́мости" по отноше́нию к "нау́чным"
рабо́тникам, кото́рые отрица́ют зако́ны паде́ния тел, как
астроно́мия не призна́ет учёным в свое́й о́бласти того́, кто
стал бы дока́зывать, что со́лнце ве́ртится вокру́г земли́.
А ме́жду тем тео́рия истори́ческого материали́зма для об-
ще́ственных нау́к представля́ет ещё бо́лее ва́жную осно́ву,
чем зако́ны Ке́плера и Нью́тона для астроно́мии.

Социалисти́ческая Акаде́мия име́ет свое́й зада́чей сде́латься
це́нтром нау́чно-иссле́довательской рабо́ты в о́бласти об-
ще́ственных нау́к, объедини́ть соотве́тствующую научно-ис-
сле́довательскую рабо́ту, кото́рая ведётся в отде́льных
комиссариа́тах и отде́льных нау́чно-иссле́довательских ин-
ститу́тах при вы́сших уче́бных заведе́ниях, ввести́ изве́ст-
ную систе́му и план в разрабо́тку пробле́м идеоло́гии, со-
де́йствовать подгото́вке но́вых нау́чных маркси́стских сил,
де́лать досту́пными широ́кой пу́блике результа́ты свои́х ра-
бо́т, т. е. ста́вит свое́й це́лью нау́чную пропага́нду марк-
си́зма.

mit Ausnahme
teilweise
(vorbei)fließen
Kommandohöhen
im übrigen.können.
bewahren
auf jede mögl.Art.
hemmen.Keim. skla-
visch. gewöhnlich
ср.грани́ца
ср.враг.ср.обяза́тель-
ный
Gipfel
Fähigkeit
ср.побе́да
unversöhnlich
sich stützen auf
ср.усиле́ние
Banner.ähnlich
tolerant
Kleinkind-
Körper
Sonne.sich drehen
zugänglich

SOWJETISCHE KRITIK AM STALINISMUS

Der folgende Text ist ein Ausschnitt aus der berühmten "Geheim"-Rede Chruščevs auf dem XX. Parteitag der KPdSU. Vornehmlich diese Rede war Ausgangspunkt einer breiten Stalinismuskritik innerhalb und außerhalb der Sowjetunion. Vgl. beispielweise Roy A. Medwedew (Roj A. Medved'ev) Die Wahrheit ist unsere Stärke. Geschichte und Folgen des Stalinismus. (Frankfurt a.M. 1973) und Renato Mieli, Togliatti 1937. Come scomparvero i dirigenti comunisti europei. Milano 1964.

Quelle: Chruščev, N.S.: Doklad na zakrytom zasedanii XX s-ezda KPSS. Moskva 1959, S. 17-18.

	Име́я в своём распоряже́нии многочи́сленные да́нные, дока́зы-
grob.Eigenmächtig-	вающие гру́бое своево́лие по отноше́нию к парти́йным ка́драм,
keit	Центра́льный Комите́т со́здал парти́йную коми́ссию под кон-
Untersuchung	тро́лем прези́диума ЦК; ей бы́ло пору́чено рассле́дование
	причи́н, сде́лавших возмо́жным проведе́ние ма́ссовых репре́сий
	про́тив большинства́ чле́нов и кандида́тов ЦК, и́збранных
	на XVII съе́зде Всесою́зной Коммунисти́ческой па́ртии (боль-
	шевико́в).
sich bekannt machen	Э́та коми́ссия ознако́милась с больши́м коли́чеством материа́-
	лов из архи́вов НКВД, а та́кже с други́ми докуме́нтами, и
hier:Beweismaterial	установи́ла мно́го слу́чаев фабрика́ции дел про́тив коммуни́-
falsch.Beschuldigung.	стов, ло́жных обвине́ний, вопию́щих злоупотребле́ний социа-
nach Gerechtigkeit	листи́ческой зако́нностью, результа́том кото́рых была́ смерть
schreien.Mißbrauch	неви́нных люде́й. Ста́ло очеви́дным, что мно́гие парти́йные,
Gesetzlichkeit.Tod	сове́тские и хозя́йственные рабо́тники, кото́рые бы́ли за-
unschuldig	клеймены́ в 1937 - 1938 году́ как "враги́", в действи́тель-
brandmarken.Feind	ности никогда́ не бы́ли ни врага́ми, ни шпио́нами, ни вре-
Schädling	ди́телями и т. д., а всегда́ бы́ли че́стными коммуни́стами;
verleumden	они́ бы́ли то́лько оклеве́таны и, ча́сто, не бу́дучи в состоя́-
Folter	нии выноси́ть ва́рварских пы́ток, обвиня́ли сами́х себя́ (по
Befehl	прика́зу сле́дователей-фальсифика́торов) во всех ви́дах са́мых
schrecklich.unwahr-	ужа́сных и неправдоподо́бных преступле́ний. Коми́ссия пред-
scheinlich.Verbre-	ста́вила прези́диуму ЦК обши́рные и обосно́ванные материа́лы,
chen. umfassend	каса́ющиеся ма́ссовых репре́ссий про́тив делега́тов XVII
	сьезда и про́тив чле́нов Центра́льного Комите́та, и́збранных
sorgfältig	на э́том съе́зде. Э́ти материа́лы бы́ли тща́тельно изу́чены
	прези́диумом Центра́льного Комите́та.
	Бы́ло устано́влено, что из 139 чле́нов и кандида́тов ЦК па́р-
	тии и́збранных на XVII съе́зде, 98 челове́к, то есть 70 %,
erschießen	бы́ли аресто́ваны и расстре́ляны (большинство́ в 1937 - 1938
Ausruf.Entrüstung	гг.) (Во́згласы возмуще́ния).
achtzig	Каки́м был соста́в делега́тов XVII съе́зда? Во́семьдесят про-
	це́нтов уча́стников XVII съе́зда, име́вших пра́во реша́ющего
	го́лоса, вступи́ли в па́ртию в го́ды подпо́лья, пе́ред рево-
	лю́цией и во вре́мя гражда́нской войны́; други́ми слова́ми,
	до 1921 го́да. По социа́льному происхожде́нию основна́я ма́сса
	делега́тов съе́зда бы́ли рабо́чие (60 % име́вших пра́во ре-
	ша́ющего го́лоса).
hier:nur allein schon	То́лько хотя́ бы поэ́тому бы́ло абсолю́тно невозмо́жно, что́бы
deswegen	съезд тако́го соста́ва избра́л Центра́льный Комите́т, боль-
Feind	шинство́ кото́рого оказа́лось бы врага́ми па́ртии. Еди́нствен-
	ной причи́ной, почему́ 70 % чле́нов ЦК и кандида́тов, и́з-

бра́нных на XVII съе́зде, бы́ли заклеймены́ врага́ми па́ртии и наро́да, бы́ло то, что че́стные коммуни́сты бы́ли оклеве́таны на основа́нии сфабрико́ванных про́тив них обвине́ний, чем была́ гру́бо нарушена́ революцио́нная зако́нность.
Та же судьба́ пости́гла не то́лько чле́нов ЦК, но и большинство́ делега́тов XVII съе́зда. Из 1.956 делегатов с правом реша́ющего и́ли совеща́тельного го́лоса, 1.103 челове́к бы́ли аресто́ваны по обвине́нию в контрреволюцио́нных преступле́ниях, то есть я́вно подавля́ющее большинство́. ...
Мы должны́ вспо́мнить, что XVII парти́йный съезд изве́стен в исто́рии, как "съезд победи́телей". Делега́тами съе́зда бы́ли акти́вные уча́стники строи́тельства на́шего социалисти́ческого госуда́рства; мно́гие из них страда́ли и сража́лись за интере́сы па́ртии в дореволюцио́нные го́ды в подпо́лье и на фронта́х гражда́нской войны́; они́ хра́бро сража́лись про́тив враго́в и ча́сто бесстра́шно смотре́ли в глаза́ сме́рти. Как мо́жем мы пове́рить, что таки́е лю́ди в эпо́ху полити́ческой ликвида́ции зино́вьевцев, троцки́стов и пра́вых уклони́стов, а та́кже по́сле вели́ких заверше́ний социалисти́ческих стро́ек смогли́ оказа́ться "двули́чными" и примкну́вшими к ла́герю враго́в социали́зма?

brandmarken
verleumden
Beschuldigung
grob.Gesetzlichkeit
treffen
beratend
Verbrechen
sich erinnern
Sieger
leiden.kämpfen
tapfer
glauben
Zinov'ev-Anhänger
Abweichler.Vollendung
heuchlerisch
Feind

M. N. POKROVSKIJ (1868-1932)

Pokrovskij war eine zentrale Figur der sowjetischen Historiographie in den 20-er Jahren. Nach sehr scharfer Kritik an der historischen Konzeption Pokrovskijs in der Stalin-Ära hat nach 1956 eine aufschlußreiche Neubewertung der Arbeiten Pokrovskijs wie auch seiner geschichtstheoretischen Konzeption stattgefunden.

Quelle: Bol'šaja Sovetskaja Ėnciklopedija. 2-oe izd. (Moskva 1955)

Покро́вский, Михаи́л Никола́евич (1868 - 1932) - советский исто́рик и государственный де́ятель, академик (с 1929) Око́нчил в 1891 историко-филологический факультет Московского университета. В 1903-04 принима́л участие в зе́мском либеральном движении. В 1905 вступил в большевистскую партию, принима́л активное участие в революции 1905 - 1907, явля́лся членом Московского комитета большевико́в, сотру́дничал в большевистских о́рганах печа́ти. На Лондонском (V) съезде РСДРП был и́збран кандидатом в члены Центрального Комитета. В 1908 - 17 находи́лся в эмиграции. В 1909 - 11 в Париже входил в антипартийную группу "Вперёд". В а́вгусте 1917 возвратился в Россию; активно участвовал в подгото́вке и проведе́нии Великой Октябрьской социалистической революции, с ноября́ 1917 по март 1918 был первым председателем Московского совета рабочих и солдатских депутатов. С мая 1918 до конца́ жизни П. работал заместителем народного комиссара просвещения РСФСР. В 1918 примыка́л к "левым" коммунистам, но вско́ре отошёл от них. В 1923 - 27 участвовал в борьбе с троцкизмом, выступа́л против троцкистских "концепций" историч. процесса. П. вёл большу́ю научную и организацио́нную работу в области историч. науки и просвещения. ...

Zemstvo
ср. сотру́дничество
zürückkehren
sich anschließen.bald
-ческой

-ческие. sich	Историч.взгляды П. скла́дывались под сильным влиянием
herausbilden	буржуазной историографии. ...
	После Великой Октябрьской социалистической революции П.
	во многих своих работах вы́ступил, по существу, с ликви-
	да́торскими концепциями в отношении истории как объектив-
-ического	ной науки. Односторо́ннее изучение конкретно-историч.
-ческое	материала, гру́бая социологизация истории, нигилисти́ч.
	отношение к прошлому, отрицание роли патриотизма народ-
	ных масс в дореволюционном про́шлом России, вульгариза́-
-ческих	торский при́нцип рассмотрения историч. событий "с точки
	зрения сего́дняшнего дня" (тезис П.о том, что история
zurückwerfen	есть "политика, опроки́нутая в прошлое") составляют ха-
	рактерные черты́ взглядов П. В своих работах П. сильно
übertreiben.identi-	преувели́чил роль торго́вого капитала, отождестви́в разви-
fizieren	тие торго́вого капитала с развитием капитализма и прида́в
	торго́вому капиталу роль веду́щего фактора в развитии
	России с 16 в. и до Февра́льской революции 1917. Царское
	самодержавие П. рассма́тривал как диктатуру торго́вого
-ческих	капитала. Поэтому П. не понима́л объективных экономич.
	причин, обусло́вливавших буржуазно-демократический ха-
	рактер предсто́явшей в России революции. П.не по́нял
-ческое	ле́нинской теории империализма, игнорировал экономич.
sich bilden	развитие страны́ и роль сложи́вшихся фина́нсовых и про-
	мышленных монопо́лий, ви́дя империализм в России только
-ческой	в захва́тнич. политике царизма.
	П. не понима́л прогрессивного значения присоедине́ния на-
ср.грани́ца	родов России, ограни́чиваясь указа́нием на отрица́тельные
	стороны́ колониальной политики царизма. В вопросах внеш-
	ней политики царского самодержавия и особенно истории
которой	первой мирово́й войны́ 1914 - 18, к-рой П. много занимал-
	ся, он игнорировал основны́е, веду́щие противоречия между
	европейскими держа́вами, ви́дел в ца́рской России основно́го
Schuldiger. -ческой	вино́вника империалисти́ч. войны́.
	П. допуска́л серьёзные оши́бки в оце́нке характера и дви́-
	жущих сил первой русской буржуазно-демократи́ческой ре-
	волюции 1905 - 07 и Февра́льской буржуазно-демократи́чес-
	кой революции.
не́которую	Де́ятельность П. сыгра́ла нек-рую положи́тельную роль в
	борьбе́ с буржуазной историографией, но вме́сте с тем
Schaden	принесла́ значительный вред развитию советской историо-
	графии и подгото́вке исто́риков-маркси́стов.

STALINISMUS UND ARCHITEKTUR

Der vorliegende Text gehört in den Kontext der Entstalinisierung. Es handelt sich um einen Beschluß des Zentralkomitees der KPdSU vom November 1955, aus der Zeit des Übergangs zwischen dem XIX. und XX. Parteitag. Entnommen wurde der Text dem maßgeblichen Quellenwerk für diese Zeit. - Bezeichnend ist die starke Personalisierung des Problems.

Quelle: "Ob ustranenii izlišestv v proektirovanii i stroitel'stve". In: KPSS v revoljucijach i rešenijach s-ezdov, konferencij i plenumov CK, c. IV (1954-60), str. 112-122.

	За последнее время партия и правительство провели ряд
grundlegend	мероприятий,направленных на коренное улучшение строитель-
	ного дела. Подготовлены квалифицированные кадры рабочих,
	инженеров и архитекторов, правильно понимающих свои за-
kostengünstig.Gebäude.	дачи - строительства экономичных зданий и сооружений,
Bauten. Einführung	отвечающих современным требованиям, и внедрения в строи-
	тельство индустриальных конструкций и прогрессивных ме-
	тодов работы.
	Наши успехи в этом деле были бы более значительны, если
	бы этому не мешали имеющиеся крупные недостатки и ошиб-
	ки в проектировании и строительстве. ...
Turm-	Ничем не оправданные башенные надстройки, многочислен-
Ausschweifung	ные декоративные колоннады и другие архитектурные из-
entlehnen	лишества, заимствованные из прошлого, стали массовым
Wohn-	явлением при строительстве жилых и общественных зданий,
Wohnungs-	в результате чего за последние годы на жилищное строи-
	тельство перерасходовано много государственных средств,
	на которые можно было бы построить не один миллион квад-
Wohnfläche	ратных метров жилой площади для трудящихся. ...
	Крупные излишества были допущены при проектировании и
Hoch-	строительстве высотных зданий. Так, например, на строи-
Hotel.Zimmer	тельство гостиницы "Ленинградская" на 354 номера на
Platz	Каланчевской площади в г. Москве /архитекторы Поляков
nötig sein	и Борецкий/ затрачено столько же средств, сколько по-
	надобилось бы на строительство экономично запроектиро-
	ванной гостиницы на 1000 номеров. ...
	Центральный Комитет КПСС и Совет Министров СССР отме-
	чают, что значительная часть жилых, гражданских зданий
	и большая часть промышленных зданий строится всё ещё по
	индивидуальным проектам, что является одной из главных
hervorbringen.unstrit-	причин, порождающих излишества. Несмотря на бесспорную
tig.	технико-экономическую целесообразность строительства
Zweckmäßigkeit	по типовым проектам, многие министерства и ведомства
ср.сте́пень	считают разработку типовых проектов второстепенным де-
	лом и не выполняют планов типового проектирования. ...
	Серьёзным недостатком в деле типового проектирования
Zersplitterung	является распыление проектных работ по многочисленным
	организациям. Типовое проектирование жилых и общест-
	венных зданий осуществляется в настоящее время более
	чем 40 проектными организациями различных министерств
Behörde.zulassen	и ведомств, что не позволяет обеспечить единое методо-
	логическое руководство типовым проектированием, уни-
	фикацию планировочных и конструктивных решений, а так-
	же высокое качество разработки типовых проектов.
Entstellung	Наличие крупных недостатков и извращений в архитекту-
	ре в значительной мере объясняется тем, что бывшая
	Академия архитектуры СССР /президент Т. Мордвинов/
	ориентировала архитекторов на решение главным образом
Schaden.Bequemlichkeit	внешних сторон архитектуры, в ущерб удобствам планиров-
Zweckmäßigkeit	ки, технической целесообразности, экономичности строи-
	тельства и эксплуатации зданий. Эта ошибочная направ-
	ленность нашла отражение в работе многих архитекторов
	и проектных организаций и способствовала развитию эстет-
Geschmack	ских вкусов и архаизма в архитектуре. Бывшая Академия
	архитектуры СССР и её научно-исследовательские инсти-
rechtzeitig	туты не дали своевременно критической оценки проявле-

	нию формализма и другим крупным недостаткам в архитек-
die Verbindung ver-	туре, оторвались от жизни. Во многих своих работах эта
lieren. Träger	Академия была носителем одностороннего, эстетского по-
Verständnis.entstel-	нимания архитектуры, преувеличивала и искажала роль
len	классического наследия, прививала некритическое отно-
Erbe.anerziehen	шение к нему. ...
ср.оторвать	Большая ответственность за отрыв архитектуры от насущ-
legen	ных задач строительства ложится на Союз советских архи-
	текторов СССР, бывшие руководители которого /тт. Чер-
Beseitigung	нышов, Рзянин, Захаров/ не поняли необходимости устра-
	нения излишеств в строительстве и под флагом борьбы с
	конструктивизмом содействовали распространению этих из-
	лишеств. Союз советских архитекторов СССР не уделял дол-
	жного внимания вопросам массового строительства и не
	направлял архитекторов-членов Союза на активное участие
	в разработке типовых проектов. ...
	При проектировании и строительстве зданий и сооружений
	архитекторы и инженеры должны уделять главное внимание
	вопросам экономики строительства, созданию наибольших
Komfort.Einrichtung	удобств для населения, благоустройству квартир, школ,
Krankenhaus	больниц и других зданий и сооружений, а также озелене-
ср.зелёный= grün	нию жилых районов и кварталов.
Bastelei	Чтобы избежать излишеств и кустарщины, наши архитекторы
	и инженеры должны стать проводниками всего нового, про-
	грессивного в проектировании и строительстве. Строитель-
	ство должно осуществляться по наиболее экономичным ти-
Berücksichtigung	повым проектам, разработанным с учётом лучших достиже-
"vaterländisch".aus-	ний отечественного и зарубежного строительства, на осно-
ländisch	ве индустриальных методов производства.
eigen.Einfachkeit	Советской архитектуре должна быть свойственна простота,
Strenge.anziehend	строгость форм и экономичность решений. Привлекательный
	вид зданий и сооружений должен создаваться не путём при-
gekünstelt.teuer.Aus-	менения надуманных, дорогостоящих декоративных украше-
schmückung	ний, а за счёт органической связи архитектурных форм с
Funktion	назначением зданий и сооружений, хороших их пропорций,
	а также правильного использования материалов, конструк-
	ций и деталей и высокого качества работ. ...
	Центральный Комитет КПСС и Совет Министров Союза ССР
	постановляют:
verpflichten	1. Обязать Государственный комитет Совета Министров
	СССР по делам строительства, ..., а также архитекторов
grundlegend	... в кратчайший срок коренным образом перестроить свою
einführen	работу по проектированию и строительству, широко внед-
mutig. ср.свой	рять в строительство типовые проекты, смелее осваивать
	передовые достижения отечественного и зарубежного строи-
ср.день . unerbittlich	тельства, вести повседневную непримиримую борьбу с про-
	явлениями формализма в архитектуре и с излишествами в
	проектировании и строительстве.
	...
	3. Обязать министров и руководителей ведомств, советы
	министров союзных республик и руководителей проектных
ср.усло́вие	организаций обеспечивать безусловное выполнение установ-
	ленных планов типового проектирования и принять необхо-
Zurückbleiben	димые меры к ликвидации имеющегося отставания в этом
	деле.
	...

auferlegen
Wettbewerb
kostengünstig

4. ...Возложить на Государственный комитет Совета Министров СССР по делам строительства проведение конкурсов на разработку лучших типовых проектов зданий, сооружений и предприятий, наиболее экономичных индустриальных конструкций и деталей, а также на лучшее строительство объектов по типовым проектам. ...
...

Beseitigung
vorlegen

6. В целях устранения крупных недостатков в подготовке архитектурных кадров обязать Министерство высшего образования СССР и Государственный комитет Совета Министров СССР по делам строительства разработать и представить к 1 марта 1956 г. в ЦК КПСС и Совет Министров СССР предложения о коренном улучшении дела подготовки архитекторов.

Zuerkennung
Ausstattung

7. Учитывая, что авторы проекта гостиницы "Ленинградская" после присуждения им Сталинской премии за эскизный проект допустили при последующей разработке проекта крупные излишества в объёмно-планировочных решениях и архитектурной отделке здания, лишить архитекторов Полякова и Борецкого звания лауреата Сталинской премии, присуждённого им за проект этого здания. ...
...

DER ABSOLUTISMUS IN DER SOWJETISCHEN HISTORIOGRAPHIE

Der folgende Artikel ist aus der neuesten Auflage der "Großen Sowjetenzyklopädie" entnommen, die in der Breite ihrer Anlage einen großen Fortschritt der sowjetischen Lexikographie darstellt. Die Standards der ersten Auflage erreicht sie allerdings noch nicht.

Genesis und Charakter des russischen Absolutismus sind in der sowjetischen Historiographie von Anbeginn an kontrovers diskutiert worden.

Zur Orientierung:

Torke, Hans-Joachim: Die Entwicklung des Absolutismus-Problems in der sowjetischen Historiographie seit 1917. In: Jahrbücher für Geschichte Osteuropas, Neue Folge, 21 (1973), S. 493-508.

Quelle: "Absoljutizm". In: Bol'šaja Sovetskaja Ėnciklopedija, t. 1, str. 31-32. M. 1970.

ср.граница
Verfall.ср.рождение. -ческих.-ческой
Quelle.-тельной.-тельной
Steuer.ср.распоряжение
verzweigt. -ческий

АБСОЛЮТИЗМ (от лат. absolutus - независимый, неограниченный), абсолютная монархия, последняя форма феодального государства, возникающая в период разложения феодализма и зарождения капиталистич. отношений. С формально-юридич. точки зрения А. характеризуется тем, что глава гос-ва - монарх рассматривается как главный источник законодат. и исполнит. власти (последняя осуществляется зависимым от него аппаратом); он устанавливает налоги и распоряжается гос. финансами. При А. достигается наибольшая (в условиях феодализма) степень гос. централизации, создаётся разветвлённый бюрократич. аппарат (судебный, налоговый и т.д.), большая постоянная армия и полиция; деятельность типичных для

ständisch	сословной монархии органов сословного представительства
ср. прекращение .ver-	или прекращается или теряет прежнее значение. Социальную
lieren.früher.Stütze.	опору А. составляет дворянство. В то же время гос-во
bilden.Adel	приобретает при А. известную независимость от господств.
erwerben. -вующего	дворянского класса, используя противоречия между ним и
Adels-	нарождавшейся буржуазией, ещё не претендующей на захват
Eroberung	власти, но экономически достаточно сильной, чтобы про-
	тивопоставлять свои интересы интересам феодалов. ...
-ческом	На определённом историч. этапе А. играл в основном про-
-дальной. Aristokratie. unterordnen	грессивную роль, борясь с сепаратизмом феод. знати, под-
Kirche.Rest. -ческой	чиняя церковь гос-ву, уничтожая остатки политич. раз-
Zersplitterung.-ческому	дробленности и объективно содействуя т. о. экономич.
-ческих	единству страны, успешному развитию новых, капиталистич.
-циональных	отношений и процессу формирования наций и нац. гос-в.
	Абсолютная монархия, проводившая политику меркантилизма,
	ведшая торговые войны, прямо или косвенно содействовав-
-чального	шая процессу т.н. первонач. накопления, поддерживалась
	в этот период нарождавшейся буржуазией. Однако А. дей-
	ствовал на пользу буржуазии лишь постольку, поскольку
Adel	это было в интересах дворянства. ...
im Vergleich. -падной.	А. в России, по сравнению с А. Зап. Европы, обладал
besitzen. Schwäche	рядом особенностей. К числу их относится слабость росс.
- -сийской. versuchen	буржуазии, порождённая многочисленными причинами (за-
Verzögerung.-голо-татар-	держка в развитии городов в результате монг.-тат. на-
ского. Invasion.Ein-	шествия, закрепощение осн. массы сел. и гор. населения,
führung d.Leibeigen-	обусловившее медленное развитие капитализма и др.),
schaft	к-рые ставили её с самого момента возникновения в боль-
-новной.-льского.-род-	шую зависимость от гос-ва. Особенности рус. А. опреде-
ского. -ского	лялись и тем, что в России, в отличие от Зап. Европы,
Zeitraum.-ловины.sich	на протяжении всего 18 и 1-й пол. 19 вв. сохранялись
erhalten	крепостнический строй и политич.господство дворянства,
Leibeigeschaftsordnung	могущество к-рого составляли крепостнические латифундии
-ческое. -пейской.	в Европ. России. Эти и ряд др. факторов привели к тому,
-ругих	что в России эволюция А. в сторону буржуазной монархии
äußerst.langsam	происходила весьма медленно. ...
	Вопрос об А. в России далеко ещё не изучен. До сих пор
-циально.-ческие	по ряду важнейших проблем (соц.-экономич. предпосылки,
-ссовая.Natur	время перехода к А., его клас. природа и др.) продол-
Streit. -ветских	жаются споры среди сов.учёных. Так, по вопросу о при-
	чинах перехода к А. в России ряд историков считает, что
-ссовой	этот переход был связан с обострением клас. борьбы ши-
-родных	роких нар. масс против класса феодалов. По мнению дру-
	гих историков, А. в России - продукт борьбы внутри гос-
-дальной	подствующего класса, между феод. аристократией (бояр-
	ством) и дворянством. Нет единства мнений и по вопро-
-сского. ср.быт	су о социальной природе рус. А. Наряду с бытующей сре-
	ди учёных точкой зрения, что А. в России отражал инте-
	ресы не только дворянства, но и нарождающейся буржуа-
	зии, часть историков считает характер происхождения и
-сского	сущность рус. А. чисто феодальными. По-разному решается
-сского	и ряд др. вопросов, связанных с проблемой рус. А.

WIRTSCHAFTS- UND SOZIALGESCHICHTE

Stolypinsche Agrarpolitik 1906

Die russische Agrarpolitik nach der Revolution von 1905 kann deshalb ein großes Interesse beanspruchen, weil hier ein Versuch zur Lösung der agrarischen Strukturprobleme in einer im Prozeß der Industrialisierung stehenden Gesellschaft unternommen wurde, der manchen Vergleich mit der Problematik der "Dritten Welt" zuläßt. Der vorliegende Text bietet einen Ausschnitt aus dem der Stolypinsche Reform zugrunde liegenden "Gesetz" von 1906.

Zur Orientierung:

J. Nötzold, Wirtschaftspolitische Alternativen der Entwicklung Rußlands in der Ära Witte und Stolypin. Berlin (1966).

Quelle: Zakonodatel'nye akty perechodnogo vremeni (1904-1908 gg.). (red. N. I. Lazarevskij), 3-e izd. SPb 1909.

Манифе́стом на́шим от 3 ноября́ 1905 г. взима́ние с крестья́н выкупны́х платеже́й за наде́льные зе́мли отменя́ется с 1 января́ 1907 г. С э́того сро́ка озна́ченные зе́мли освобожда́ются от лежа́вших на них, в си́лу выкупно́го до́лга, ограниче́ний, и крестья́не приобрета́ют пра́во свобо́дного вы́хода из о́бщины, с укрепле́нием в со́бственность отде́льных домохозя́ев, переходя́щих к ли́чному владе́нию, уча́стков из ми́рского наде́ла.

Одна́ко действи́тельное осуществле́ние сего́ при́знанного зако́ном пра́ва в большинстве́ се́льских о́бществ встре́тит практи́ческие затрудне́ния в невозмо́жности определи́ть разме́р и произвести́ вы́дел уча́стков, причита́ющихся выходя́щим из о́бщины домохозя́евам.

С друго́й стороны́, в зако́не не устано́влено поря́дка соверше́ния сде́лок об отчужде́нии состоя́щих в подво́рном владе́нии уча́стков наде́льной земли́, на кото́рые у со́бственников их не име́ется отде́льных крепостны́х а́ктов владе́ния.

Призна́в, вслéдствие сего́, необходи́мым ны́не же устрани́ть име́ющиеся в де́йствующих узаконе́ниях препя́тствия к действи́тельному осуществле́нию крестья́нами принадлежа́щих им прав на наде́льные зе́мли и одо́брив состоя́вшийся по сему́ предме́ту осо́бый журна́л сове́та мини́стров, мы, на основа́нии статьи́ 87 Сво́да основны́х госуда́рственных зако́нов, изда́ния 1906 го́да, повелева́ем:

I. В дополне́ние статьи́ 12 о́бщего положе́ния о крестья́нах и примеча́ния к ней (Сво́да зак., Осо́б. Прил. к т. IV изд. 1902 г.) постанови́ть нижесле́дующие пра́вила:

1/ Ка́ждый домохозя́ин, владе́ющий наде́льной землёй на о́бщинном пра́ве, мо́жет во вся́кое вре́мя тре́бовать укрепле́ния за собо́й в ли́чную со́бственность причита́ющейся ему́ ча́сти из озна́ченной земли́.

2/ В о́бществах, в ко́их не было о́бщих переде́лов в тече́ние 24 лет, предше́ствующих заявле́нию отде́льных домохозя́ев о жела́нии перейти́ от о́бщинного владе́ния к ли́чному, за ка́ждым таки́м домохозя́ином укрепля́ются в ли́чную

Einziehung
Loskaufzahlung.Anteil-.
ср.отме́на
erwähnt
Gemeinde-. Anteil
Schwierigkeit
Herauslösung eines Besitzenteils.zustehen
Enteignung.sich befinden.Hof-.Anteil-
ср.собственность
beseitigen
Verordnung mit Gesetzeskraft
Anteil-
befehlen
Ergänzung.gesetzliche Bestimmungen.Anmerkung.-конов.-бое.
-ложение: Beilage.
-дание. beschließen
Bauer m.eigener Wirtschaft. Gemeinde
zustehen.obengenannt
welcher.Neuverteilung.
"Umteilung".voraus-
vorausgehen
Wunsch

über...hinaus.Hof-
Parzelle.sich befinden.
ständig.Pacht-
Nutzung
=которых

со́бственность, сверх уса́дебного уча́стка, все уча́стки о́бщинной земли́, состоя́щие в его́ постоя́нном (не аре́ндном) по́льзовании.

Neuverteilung
korroborieren
über...hinaus.Hofland
überlassen
als.zukommen.(An)teil
Verteilung.Einheit
Familie.erwähnt
korroborieren
zustehen.Berechnung
=затем
Bezahlung
Wert.ursprünglich.Loskauf-.desj.=ha.überlassen.Landanteil
Grundstück.belegen.
Zahlung
anderenfalls.obengenannt.Überschuß

3/ В о́бществах, в ко́их в тече́ние 24 лет, предше́ствовавших заявле́нию отде́льных домохозя́ев о жела́нии перейти́ от о́бщинного владе́ния к ли́чному, бы́ли о́бщие переде́лы, за ка́ждым сде́лавшим тако́е заявле́ние домохозя́ином укрепля́ются в ли́чную со́бственность, сверх уса́дебного уча́стка, все те уча́стки о́бщинной земли́, кото́рые предоста́влены ему́ о́бществом в постоя́нное, впредь до сле́дующего о́бщего переде́ла, по́льзование.Но е́сли в постоя́нном по́льзовании жела́ющего перейти́ к ли́чному владе́нию домохозя́ина состои́т земли́ бо́льше, не́жели причита́лось бы на его́ до́лю на основа́ниях после́дней развёрстки, по числу́ развёрсточных едини́ц в его́ семье́ ко вре́мени упомя́нутого заявле́ния, то за ним укрепля́ется в ли́чную со́бственность то коли́чество о́бщинной земли́, како́е причита́ется ему́ по ука́занному расчёту. Заси́м оказа́вшийся изли́шек укрепля́ется в ли́чную со́бственность то́лько под усло́вием упла́ты о́бществу его́ сто́имости, определя́емой по первонача́льной сре́дней выкупно́й цене́ за десяти́ну предоста́вленных в наде́л да́нному о́бществу уго́дий, облага́вшихся выкупны́ми платежа́ми. В проти́вном слу́чае весь озна́ченный изли́шек поступа́ет в распоряже́ние о́бщества.
...

Die wirtschaftspolitische Konzeption Vittes im Jahre 1899

Eine besonders wichtige Quelle zur Beurteilung der russischen Industrialisierungspolitik seit den 80er Jahren des 19. Jahrhunderts sind die Memoranden des Finanzministers (und kurzfristig: Ministerpräsidenten) S. Ju. Vitte, die er im heftigen Meinungsstreit über den Sinn und über den richtigen Weg der Industrialisierung Rußlands an den Zaren richtete. Das Dokument ist aus der ersten großen Quellenpublikation zur Geschichte Rußlands (in mehreren Bänden) nach der Stalin-Ära entnommen.

Quelle: Vsepoddannejšij doklad ministra finansov S. Ju. Vitte Nikolaju II o neobchodimosti ustanovit' i zatem nepreložno priderživat'sja opredelennoj programmy torgovo-promyšlennoj politiki imperii, aus: Materialy po istorii SSSR, t. VI, Dokumenty po istorii monopolističeskogo kapitalizma v Rossii, M. 1959, str. 173 ff.

Весьма́ секре́тно

Einwirkung
"vaterländisch"
bei weitem
als.irgend-
konzentrieren.Gesamtheit
Kauf.Verkauf
durchdringen.jetzt.
Schicht

Мероприя́тия, предпринима́емые прави́тельством в це́лях возде́йствия на разви́тие оте́чественной промы́шленности и торго́вли, име́ют в настоя́щее вре́мя для Росси́и гора́здо бо́лее глубо́кое и широ́кое значе́ние, не́жели когда́-либо ра́нее.
В са́мом де́ле, весь экономи́ческий строй импе́рии в тече́ние второ́й полови́ны настоя́щего столе́тия преобразова́лся гла́вным о́бразом в том направле́нии, что ры́нок с его́ це́нами сосредото́чил в себе́ о́бщие интере́сы совоку́пности отде́льных ча́стных предприя́тий, составля́ющих на́ше наро́дное хозя́йство. Поку́пка и прода́жа разли́чных това́ров и наём труда́ прони́кли ны́не в гора́здо бо́лее глубо́кие слои́ на́шего народ-

als	ного бы́та, не́жели это было в ту пору крепостно́го хозяй-
abgeschlossen	ства, когда́ поме́щик со своей дере́вней составля́л за́мкну-
kleiner мир	тый экономический ми́рок, жи́вший самостоя́тельной, почти
	не зави́симой от ры́нка жизнью. Разделе́ние труда́, специа-
Gewerbe .ср.жить	лиза́ция про́мыслов, оживле́ние обме́на проду́ктов в среде́
	населе́ния, распредели́вшегося между города́ми, сёлами,
Bergbau .ср.сло́жный	фабриками и го́рными про́мыслами, осложне́ние са́мых по-
	тре́бностей населе́ния, - все эти проце́ссы, ускóренно
Vaterland	разви́вшиеся в нашем оте́честве под влия́нием отмены крепо-
Netz	стно́го права, постро́йки се́ти желе́зных доро́г, разви́тия
ungewöhnlich.Bezieh-	кредита и необыча́йного роста загрании́чных торго́вых сно-
ungen.jetzt	ше́ний, привели́ к тому́, что ны́не общая, единая экономи-
sich bemächtigen	ческая жизнь овладе́ла все́ми о́рганами и отправле́ниями
kleine часть	нашего народного хозяйства и все его отде́льные части́цы
bei weitem.ср.чув-	стали гораздо бо́лее чуствительны и восприи́мчивы к явле-
ство.empfänglich	ниям общей экономической жизни всего государства. ...
dank	Благодаря́ такому преобразова́нию основны́х экономи́ческих
	интересов страны́ каждое более или менее крупное меро-
	прия́тие правительства влия́ет на жизнь всего́ народнохо-
	зяйственного организма. ...
	Ввиду́ э́того министр финансов не может не считать, что
ср.воспита́ние	страна́, которая так или ина́че воспи́тывается торгово-
	промышленной поли́тикой своего́ правительства, нуждается
	пре́жде всего́ в том, чтобы эта политика проводи́лась по
ср.после́довательный	определённому плану, с строгой после́довательностью и
	системати́чностью.
	...
	В настоя́щее время де́йствует в России протекцио́нная си-
=кото́рой. legen	стема, главные основания ко́ей зало́жены тарифом 1891 г.
verfolgen	Какие задачи преследует протекционная система?
	Россия и по настоящее время остаётся ещё страной суще́ст-
landwirtschaftlich	венно земледе́льческой. За все свои обязательства перед
bezahlen	иностра́нцами она распла́чивается вы́возом сырья́, главным
Produkt	образом сельскохозяйственных произведе́ний, преиму́щест-
Erzeugnis	венно хлеба. Потребности свои в фабричных изде́лиях, гор-
decken.Einfuhr	ных продуктах она в значительной сте́пени покрыва́ет при-
	во́зом из-за границы. Экономические отношения России к
völlig.ähnlich	Западной Европе вполне́ схо́дны с отношениями колониальных
blicken	стран к свои́м метропо́лиям: после́дние смо́трят на свои
vorteilhaft.wohin	колонии, как на вы́годный рынок, куда́ они могут свободно
absetzen	сбыва́ть произведения своего́ труда́, своей промышленности
woher.ср.власть	и отку́да мо́гут вла́стной руко́й выче́рпывать необходимое
ausschöpfen. grün-	для них сырьё. На этом зи́ждут своё экономическое могу-
den. Bewahrung	щество государства Западной Европы, и охра́на или завое-
Unterstützung	вание новых колоний служит его главным посо́бием. Россия
bis jetzt	явля́лась и поны́не, в не́которой сте́пени, является такой
gastfreundlich	гостеприи́мной колонией для всех промышленно ра́звитых
billig	государств, ще́дро снабжа́я их дешёвыми произведениями
zahlen	своей земли и дорого распла́чиваясь за произведения их
grundlegend	труда. Но есть одно коренно́е отличие от положения коло-
	ний: Россия - политически незави́симая могу́щественная
ewig	держава ; она имеет и право и силу не хотеть быть ве́чной
Tributpflichtiger	да́нницей экономически более ра́звитых государств ; она
	должна́ знать це́ну своего сырья и естественных богатств,
verbergen.Tiefe.reich-	скрытых в не́драх её оби́льной земли, она чу́ет великую,
lich. spüren	ещё не вполне́ разверну́вшуюся, трудовую силу своего́ наро-
entfalten	

stolz.eifersüchtig
bewachen
Boden.Bande der Leibeigenschaft
in Erscheinung treten
versprechen.verläßlich
вес.Gewicht.Herrschaft
grundlegend
ausmachen.Hauptgrundlage

да, она имеет твёрдую и го́рдую власть, которая ревни́во охраня́ет не только политическую, но и экономическую самостоятельность империи, она сама́ хочет быть метропо́лией, - и на по́чве освободившегося от крепостны́х уз народного труда́ у нас стала вырастать своя собственная национальная промышленность, обеща́ющая стать надёжным противове́сом иностранному промышленному влады́честву. Создание своей собственной промышленности - это и есть та коренна́я, не только экономическая, но и политическая задача, которая составля́ет краеуго́льное основание нашей протекционной системы.

...

begleiten.Verbilligung.см.дать
Verlust
ersetzen.Gewinn

Постепенный рост обрабатывающей промышленности в стране, всегда́ сопровожда́ющийся удешевле́нием её продуктов, даст возможность и торго́вле по́льзоваться для экспорта не преиму́щественно сырьём, как теперь, а и промышленными изде́лиями, и наши ны́нешние поте́ри в европейской торго́вле мо́гут замени́ться вы́игрышами в азиатской.

NATIONALSOZIALISMUS UND INDUSTRIE

Die folgende Rezension ist aus dem maßgeblichen sowjetischen Fachorgan zur Allgemeinen Geschichte, Novaja i novejšaja istorija, entnommen. Der Verfasser ist Mitarbeiter des Instituts für Weltwirtschaft und Internationale Beziehungen (IMĖMO) in Moskau und gilt als einer der führenden Deutschlandexperten, der wiederholt als Berater der Regierung hervorgetreten ist.

Zur Orientierung:

Rozanov, G.L., Germanija pod vlast'ju fašizma (1933-1939 gg.) M. 1961
Galkin, A.A., Germanskij fašizm, M. 1967

Quelle: Mel'nikov, D.E.; Černaja, L.B., Nekotorye problemy istorii germanskogo fašizma. Aus: Novaja i novejšaja istorija (NiNI), No. 6 (1973), str. 77-78.

Hallgarten
enden.außerhalb
Feld
Kommen
Schuld.Verbrechen
ausweichend
während
lange Zeit bevor. hervortreten
sich verändern

В западногерманской исторической литературе идёт острая борьба вокру́г вопроса о взаимоотноше́ниях фашистского режима и германских промышленников. Определённым положительным вкладом в исследование этой проблемы следует считать книгу Г. Хальгартена "Гитлер, рейхсвер и промышленность". Однако оно заканчивается 1933 г.и вне поля исследования остаётся весь период фашистского господства. К Хальгартену примыкают некоторые молодые историки, которые также считают, что промышленники играют важнейшую роль в приходе фашизма к власти и разделяют с ним вину за агрессию и преступления. ... Уклончивую позицию по этому вопросу занимает группа историков, которая считает, что отношения между Гитлером и промышленниками на протяжении его господства (причём задолго до того, как обозначились контуры поражения фашистского рейха) коренным образом менялись. До 1936 г., утверждают они, действительно существовал союз между промышленниками и Гитлером. В первые годы фашистской

диктатуры, когда Шахт стоял во главе министерства хозяйства, промышленники ещё сохраняли самостоятельность и силу при решении важнейших хозяйственных и политических вопросов, существовала известная гармония интересов между господствующими группами - нацистской партией, государственной бюрократией, вермахтом и промышленностью, создавшими совместно нечто вроде "системы организованного капитализма". Однако в 1936 г. эта гармония была будто бы нарушена узурпацией власти Гитлером, который, в частности, овладел и хозяйственной жизнью страны, а промышленники якобы потеряли свое влияние. ...
Многие западногерманские историки стремятся создать впечатление, что чем больше набирали силу, увеличивали мощь и влияние в экономической сфере монополистические гиганты, тем будто бы беспомощнее и слабее они становились в сфере политической. Эта противоречащая здравому смыслу и элементарной логике схема довольно прочно утвердилась в реакционной западногерманской исторической литературе. Главный аргумент сторонников такой схемы заключается в том, что с укреплением фашистской власти усиливалось вмешательство государства в экономику страны вплоть до того, что государственное управление промышленностью чуть ли не заменило самоуправление промышленников, а фашистский чиновник - промышленника. 1936 г. будто бы сыграл в этом решающую роль, поскольку к этому времени Гитлер якобы окончательно подчинил себе промышленников, введя четырёхлетный план и создав специальное ведомство по осуществлению этого плана.

etwas. in der Art
angeblich
sich bemächtigen
angeblich
sammeln.Macht
hilflos
gesund.Menschenverstand. genügend
offenbar.Selbstverwaltung. Beamter.
angeblich
angeblich.unterwerfen
einführen.Vierjahres-

В нарушение резолюций ООН, предусматривающих экономические санкции против Родезии, некоторые страны Запада продолжают вести торговлю с расистским режимом Смита.
(Из газет).

Западный дипломат: — Как видите, санкции полностью сохраняются... Рис. Ю. Черепанова.

Pravda, 2.6.1976

POLITIKWISSENSCHAFT UND POLITIK

Sowjetische Kritik am Pearson-Report

Der folgende Text enthält die sowjetische Kritik an bestimmten Formen westlicher Entwicklungshilfe. Am ehesten wird diese Kritik verständlich, wenn man sie vor dem Hintergrund der sowjetischen Entwicklungshilfe betrachtet. Über deren Schwerpunkte und Haupttrends orientiert: Sowjetunion 1973. Innenpolitik, Wirtschaft, Außenpolitik. Analyse und Bilanz. München (1974), S. 106-119 ("Zusammenarbeit mit Entwicklungsländern").

Quelle: Basov, V., "Svjazannaja pomošč" i razvivajuščiesja strany. Aus: Voprosy ėkonomiki, No. 6 (1972) S. 103 ff.

	В докла́де коми́ссии МБРР по вопро́сам междунаро́дного раз-
	ви́тия под председа́тельством Л. Пи́рсона промы́шленно ра́з-
	витые капиталисти́ческие госуда́рства и молоды́е развива́-
erklären	ющиеся стра́ны объявля́ются "партнёрами в проце́ссе разви́-
	тия". Состави́тели докла́да утвержда́ют, что моти́вами,
	кото́рые дви́жут ра́звитыми капиталисти́ческими госуда́рст-
erkennen	вами при оказа́нии "по́мощи", явля́ются осо́знанные и́ми
teilen	"мора́льные обяза́тельства" подели́ться ча́стью свои́х бо-
	га́тств с те́ми, кто их не име́ет, стремле́ние "наибо́лее
	по́лно испо́льзовать все мировы́е ресу́рсы, как челове́чес-
	кие, так и физи́ческие" и т. д.
inwieweit.wirklich	Наско́лько и́стинное положе́ние веще́й отлича́ется от э́тих
	деклара́ций, мо́жно ви́деть на приме́ре так называ́емой
	"свя́занной по́мощи". ...
	"Свя́зывание" означа́ет, что ра́звитое капиталисти́ческое
	госуда́рство обусло́вливает предоставле́ние тех и́ли ины́х
	ви́дов фина́нсовых ресу́рсов развива́ющейся стране́ обяза́-
	тельством со стороны́ после́дней приобрести́ соотве́тствую-
verausgaben	щий объём това́ров и́ли услу́г в стране́-кредито́ре и́ли из-
im Voraus.vereinbaren	расхо́довать э́ти ресу́рсы в зара́нее оговорённых направ-
	ле́ниях, наприме́р, на строи́тельство определённого объе́к-
	та. В наибо́лее чётком ви́де "свя́зывание по́мощи" прояв-
	ля́ется в слу́чаях, когда́ в соглаше́нии ме́жду стра́нами
vereinbaren	пря́мо огова́ривается, каки́м о́бразом должны́ быть израс-
	хо́дованы предоста́вленные сре́дства. ...
	К весьма́ замаски́рованным фо́рмам "свя́зывания по́мощи"
Zuflucht nehmen	прибега́ет ФРГ. В э́той стране́ за счёт фо́ндов "по́мощи"
	финанси́руется э́кспорт то́лько тех това́ров и́ли строи́тель-
	ство таки́х объе́ктов, в отноше́нии кото́рых зара́нее из-
	ве́стно, что промы́шленные компа́нии ФРГ бу́дут име́ть ре-
	ша́ющие преиму́щества пе́ред свои́ми конкуре́нтами при по-
Ausschreibung	ста́вках и́ли на междунаро́дных торга́х. Нере́дко пе́ред э́тим
	в развива́ющейся стране́ эмисса́рами западногерма́нских
Vorarbeit	монопо́лий прово́дится предвари́тельная "рабо́та": её руко-
	водя́щим круга́м любы́м спо́собом даю́т поня́ть, что "ша́нсы
	на получе́ние вне́шней по́мощи значи́тельно возрасту́т",
	е́сли ме́стное прави́тельство "соотве́тствующим о́бразом"
konzentrieren	останови́т свой вы́бор на необходи́мом прое́кте и́ли това́-
	рах. ...

За после́днее десятиле́тие сфе́ра свобо́дного предоставле́ния госуда́рственного капита́ла капиталисти́ческими госуда́рствами развива́ющимся стра́нам значи́тельно сократи́лась. По да́нным коми́ссии Л. Пи́рсона, в 1967г. всего́ лишь 16 % объёма "по́мощи" бы́ло свобо́дно от "свя́зывания".
Основна́я зада́ча "свя́занной по́мощи" - спосо́бствовать форси́рованию э́кспорта това́ров и услу́г крупне́йших империалисти́ческих держа́в на ры́нки развива́ющихся стран. Э́та фу́нкция сближа́ет "свя́занную по́мощь" с обы́чными э́кспортными креди́тами, изда́вна применя́вшимися империалисти́ческими госуда́рствами для борьбы́ за ры́нки сбы́та. В не́которых слу́чаях да́же организацио́нно учрежде́ния, при́званные её ока́зывать, вы́росли на ба́зе о́рганов, занима́ющихся кредитова́нием э́кспортных опера́ций.

annähern
von alters her

"Свя́зывание" ре́зко повыша́ет эффекти́вность прави́тельственных ассигнова́ний на "по́мощь" развива́ющимся стра́нам с то́чки зре́ния созда́ния дополни́тельных вне́шних ры́нков сбы́та для стра́ны-кредито́ра. Расчёты пока́зывают, что ка́ждый миллио́н до́лларов, вы́деленный америка́нским прави́тельством в ви́де "по́мощи", свобо́дной от каки́х-ли́бо ограни́чивающих усло́вий, создаёт дополни́тельные возмо́жности для сбы́та проду́кции лишь на су́мму приме́рно в 360 тыс. долл., благодаря́ же "свя́зыванию" при́рост э́кспорта возраста́ет до 760 тыс. долл.

Geldanweisung
einschränken

ÖKOLOGISCHE KRISE

In der UdSSR ist in den letzten Jahren die Umweltschutz-Problematik zunehmend ins öffentliche Bewußtsein gerückt. Eine große Rolle hat dabei eine Kampagne gegen die Errichtung von Zellulosefabriken am Bajkal-See gespielt, die von der "Komsomolskaja Pravda" Ende der sechziger Jahre mit Erfolg geführt wurde. (Vgl. den Grundkurs, Text 22,2)
Maßgebend für die gegenwärtige Politik auf diesem Gebiet ist der Beschluß des ZK der KPdSU und des Ministerrates der UdSSR vom 29.12.1972 ("Ob usilenii ochrany prirody i ulučšenii ispol'zovanija prirodnych resursov".)

I. T. Frolov ist seit 1968 Hauptredakteur der maßgebenden philosophischen Zeitschrift Voprosy filosofii.

Zur Orientierung:

Höhmann, H.-H. u.a., Umweltschutz und ökonomisches System in Osteuropa. Stuttgart 1973

Quelle: FROLOV, I., Ugrožaet li miru ėkologičeskij krizis? In: Pravda, 16.8.1974.

Угро́за "экологи́ческого кри́зиса", кото́рая стано́вится реа́льностью в капиталисти́ческом ми́ре, заставля́ет всерьёз заду́маться не то́лько над технологи́ческими ме́рами, напра́вленными на оздоровле́ние окружа́ющей среды́, но и над мно́гими социа́льно-полити́ческими пробле́мами. Поэ́тому дале́ко не случа́йно, что и на междунаро́дной вы́ставке "ЭКСПО-74" э́то нахо́дит отраже́ние в се́рии нау́чных симпо́зиумов. Пе́рвый из них - "Диле́мма, стоя́щая пе́ред челове́-

ernstlich
nachdenken
Gesundmachung.Umwelt
Ausstellung

aufdecken

чеством", - име́л це́лью вы́явить общетеорети́ческие подхо́ды к реше́нию экологи́ческой пробле́мы. На симпо́зиуме бы́ли предста́влены са́мые разли́чные подхо́ды - от "технократи́чески-оптимисти́ческого" до религио́зно-мисти́ческого. Была́ предста́влена и маркси́стско-ле́нинская то́чка зре́ния, пока́заны достиже́ния, кото́рые име́ются в реше́нии экологи́ческой пробле́мы в Сове́тской стране́ и други́х социалисти́ческих стра́нах. Согла́сно маркси́стско-ле́нинской тео́рии, что́бы найти́ оптима́льные вариа́нты реше́ния вопро́са об охра́не окружа́ющей среды́, рациона́льном испо́льзовании приро́дных ресу́рсов, необходи́мо рассма́тривать экологи́ческую пробле́му в те́сной свя́зи с кардина́льными проце́ссами обще́ственного разви́тия, ро́ста совреме́нного произво́дства, научно-техни́ческого прогре́сса. Коро́че говоря́, на́до рассма́тривать её в определённом социа́льном конте́ксте. Причём и́менно социа́льно-полити́ческие фа́кторы явля́ются определя́ющими в реше́нии э́той пробле́мы как пробле́мы социа́льной по са́мому своему́ существу́.

komp. см. коро́ткий

manchmal
begründen
schädlich
verhängnisvoll
Erschöpfung

В настоя́щее вре́мя существу́ют многочи́сленные, поро́й дета́льно разрабо́танные и доста́точно обосно́ванные прое́кты технологи́ческих мер, напра́вленных на ликвида́цию вре́дных после́дствий разви́тия отде́льных ви́дов произво́дства и предотвраще́ние их па́губного возде́йствия на здоро́вье челове́ка, катастрофи́ческого исчерпа́ния приро́дных ресу́рсов и т. д. Нау́чно-техни́ческая револю́ция, безусло́вно, создаёт определённые предпосы́лки для проведе́ния в жизнь подо́бных мероприя́тий. Но иногда́ утвержда́ется в связи́ с э́тим, что "экологи́ческий кри́зис" мо́жет быть вообще́ преодолён исключи́тельно по ли́нии подо́бного ро́да технологи́ческих усоверше́нствований. Тако́е представле́ние возника́ет тогда́, когда́ исто́ки "экологи́ческого кри́зиса" усма́триваются то́лько в сфе́ре са́мой те́хники, в осо́бенностях индустриа́льного произво́дства. ...

Verbesserung, Vervollkommnung. Ursprung
erkennen

Сего́дня всё я́снее стано́вится, что экологи́ческая пробле́ма - общечелове́ческая по своему́ происхожде́нию и масшта́бам и для своего́ реше́ния тре́бует концентра́ции уси́лий не то́лько в национа́льных ра́мках, но и двусторо́ннего и многосторо́ннего сотру́дничества стран, незави́симо от их социа́льного устро́йства. Положи́тельную роль игра́ют здесь межгосуда́рственные соглаше́ния, заключённые СССР со стра́нами-чле́нами СЭВ, со Шве́цией, Фра́нцией, США и други́ми стра́нами, совме́стные рабо́ты по предотвраще́нию загрязне́ния и по очи́стке о́бщих приро́дных объе́ктов, наприме́р Балти́йского мо́ря. Создана́, как изве́стно, постоя́нная сме́шанная сове́тско-америка́нская коми́ссия по пробле́ме приро́дной среды́.

Verschmutzung
Säuberung
gemischt

...

Разви́тие нау́ки и те́хники создаёт возмо́жность реше́ния экологи́ческой пробле́мы, кото́рая то́лько в определённых социа́льных усло́вий - при социали́зме и коммуни́зме - превраща́ется в действи́тельность. Движе́ние вперёд, измене́ние ми́ра и челове́ка - его́ о́браза жи́зни, его́ созна́ния (в том числе́ экологи́ческого) - вот перспекти́ва "сня́тия" экологи́ческой диле́ммы, стоя́вшей пе́ред челове́чеством.

Aufhebung

SOWJETISCHE ASIENPOLITIK

Als Reflex auf den bewaffneten Grenzkonflikt mit der VR China und auf die politische Annäherung zwischen den USA und China ventiliert die sowjetische Regierung ein "kollektives Sicherheitssystem in Asien".
Diese Konzeption ist bisher ohne nachhaltiges positives Echo der asiatischen Staaten geblieben. Die Phase der außenpolitischen Reorientierung vor allem in Südost- aber auch in Ostasien ist offenbar der sowjetischen Konzeption vorerst nicht günstig.
Ein markantes Beispiel für die bilateralen Beziehungen der UdSSR zu Asien ist der sowjetisch-indische Vertrag.

Quelle: ŽUKOV, E. (Akademik), Narodam Azii - bezopasnost' i mir. In: Pravda, 14.12.1974.

Licht	В све́те больши́х положи́тельных переме́н, происше́дших за
	последные годы в соотноше́нии де́йствующих на мирово́й
	аре́не политических сил, осо́бую актуальность приобрёл
Festigung	вопрос о закрепле́нии дости́гнутых успе́хов в антиимпе-
umfassend	риалистической борьбе народов на са́мом обши́рном и наи-
bevölkern	более населе́нном континенте нашей планеты - в Азии.
	Иде́я установления прочного мира и безопасности на азиат-
auftauchen.verhält-	ском континенте зароди́лась сравни́тельно давно́. Она́ наш-
nismäßig.schon lange	ла́ своё отраже́ние в решениях Банду́нгской конференции
	стран Азии и Африки, состоя́вшейся в 1955 году́.
	...
	На XV съезде советских профсоюзов товарищ Л. И. Брежнев
	говорил: "Стано́вится всё я́снее, что действительный путь
	к безопасности в Азии - это не путь вое́нных блоков и
ср.противопоставля́ть	группиро́вок, не путь противопоставле́ния одни́х государств
gutnachbarlich	другим, а путь добрососе́дского сотру́дничества всех за-
	интересованных в этом государств.
	...
lebendig	Живе́йшая заинтересо́ванность в реализации этой иде́и была́
	продемонстри́рована на ряде международных форумов - на
	Всеми́рном конгрессе миролюби́вых сил в Москве́, на кон-
	ференции миролюбивых сил Азии в Да́кке, на состоя́вшейся
widmen	в Самарканде международной встре́че, посвящённой обсуж-
	дению проблем борьбы́ за мир и безопасность в Азии.
	Участники самарка́ндской встречи - представи́тели 30 стран
	при́няли Обраще́ние к общественности и народам Азии, в
auffordern	котором призва́ли к активным де́йствиям, напра́вленным на
gute Nachbarschaft	установление атмосферы дове́рия и добрососе́дства, на
	развитие сотру́дничества между странами континента в
ср.образова́ние	экономической, культурной, образова́тельной и други́х
auffordern	областя́х. Обращение призыва́ет к обеспе́чению прочной
Berücksichtigung	безопасности на континенте, с учётом заинтересо́ванности
	всего́ человечества в ми́рном его развитии.
	За упроче́ние мира в Азии вы́ступили стра́ны, проводя́щие
Blockfreiheit.vierter	политику неприсоедине́ния, на своей четвёртой конферен-
	ции в Алжи́ре. В пользу коллективной безопасности на
	азиатском континенте вы́сказались в ра́зное время премьер-
=госпожа́ :Frau	министр Индии г-жа Индира Ганди, президент Афганистана
	Мухаммед Дауд, президент Ира́ка Ахмед Хасан аль-Бакр и
	другие. В коммюнике́ об ито́гах переговоров делегаций

Коммунистической партии Сове́тского Союза и Социалистической партии Япо́нии в октябре́ 1974 года отмеча́лось, что представи́тели обе́их партий вы́разили своё положи́тельное отношение к созданию системы обеспе́чения мира и безопасности в Азии. Не прихо́дится удивля́ться, что империалистические круги́ и их подголо́ски, отню́дь не заинтересованные в установлении про́чного мира в Азии, отрицательно отно́сятся к советской инициативе. Особенно рья́но против неё выступает маоистское руководство Китая. Здесь, как в ря́де други́х внешнеполитических акций Пеки́на, находят отражение нежела́ние китайских руководителей свя́зывать себя́ обяза́тельствами, которые хоть в како́й-либо степени препя́тствовали бы осуществлению их великодержа́вного шовинистического курса. Иде́я создания системы коллективной безопасности в Азии нере́дко представля́ется её противниками как не́что неосуществи́мое. Разуме́ется, что для реализации потре́буются определённые усилия и преодоле́ние тех или иных трудностей. Однако в при́нципе осуществимость коллективной безопасности в Азии, как и в Европе, нельзя подверга́ть сомне́нию.
В са́мой этой иде́е нет ничего́ экстраордина́рного. Она исходит из реального факта - всео́бщего призна́ния при́нципа мирного сосуществования государств с разли́чным социальным стро́ем. А он прие́млем для всех государств.
Что тако́е мирное сосуществование, как не отка́з от примене́ния силы в отношениях между государствами, отказ от противостоя́щих друг дру́гу блоков и группиро́вок и решение всех международных спо́ров ми́рными средствами? В осуществле́нии э́того жизненно заинтересо́ваны все народы нашей планеты. Создание системы коллективной безопасности исхо́дит из безусло́вного уваже́ния суверенитета, территориальной це́лостности и неприкоснове́нности границ государств, уча́ствующих в такой системе.
Отсю́да я́сно, что создание системы безопасности на коллективных нача́лах не ущемля́ет ничьи́х прав, не содержит в себе́ никако́го посяга́тельства на политические и социально-экономические отношения, существу́ющие в каждой стране́. Это открывает возможность присоедине́ния системе коллективной безопасности всех без исключе́ния государств. И и́менно такая универсальность смо́жет прида́ть высокую эффективность организации безопасности, закры́ть все возможные лазейки для потенциальных наруши́телей мира.

ausdrücken
man darf nicht.sich wundern/Nachbeter. durchaus nicht
eifrig
Abneigung
wenigstens.irgendein Grad.hindern
etwas.es ist selbstverständlich
man kann nicht.unterwerfen.Zweifel
annehmbar (kf)
einander gegenüberstehen
vital
unbedingt.Unversehrtheit.Unantastbarkeit
von hier aus
verletzen.niemandes Eingriff
eröffnen.Einbeziehung
Ausnahme
Hintertür.ср.наруше́ние

ZUR ENTFÜHRUNG VON P. LORENZ

Der folgende Text ist aus der Literaturnaja gazeta, einer in der sowjetischen Intelligenz sehr einflußreichen Wochenzeitung, entnommen. Obwohl dies Blatt tatsächlich einen deutlich erkennbaren Schwerpunkt im Bereich von Literatur, Kunst und Kultur aufweist, bestimmen ihre politischen Kommentare (im Regelfall auf S. 9 zu finden) die Meinungsbildung bei einer sehr wichtigen Gruppe der sowjetischen Bevölkerung.
Die Argumentationsrichtung des vorliegenden Kommentars veranschaulicht recht gut die mangelhafte Informierung der sowjetischen Öffentlichkeit über Verhältnisse und Ereignisse im nicht-sozialistischen Ausland. Was insbesondere die Berichterstattung über

die Bundesrepublik Deutschland betrifft, so ist allerdings seit etwa 1969 eine tiefgreifende und wohl folgenreiche Veränderung der Informationspolitik eingetreten. Die Grenzen dieser Veränderung werden im vorliegenden Text jedoch deutlich sichtbar.

Quelle: Krymov, B., Po staroj partiture? Aus: Literaturnaja gazeta. Organ pravlenija Sojuza pisatelej SSSR. 46. Jg. No. 15 v. 9.4.1975.

Западноберлинская и западногерманская печать продолжает комментировать "величайшую операцию розыска в послевоенной истории", предпринятую в Западном Берлине после похищения П. Лоренца и названную, как и подобает подобным акциям, необычайно и загадочно: "X плюс 60" (что означает: 60 минут прошло с "момента икс", когда освобождённый Лоренц позвонил по телефону домой, и до момента, когда тысячи полицейских растеклись по городу, проверяя всех и всё). Газеты приводят подробности "беспощадной охоты" (шпрингеровская "Бильд") и рассказывают о грубейшем попрании элементарных гражданских прав, о разгроме, учинённом полицией. "Полицейские действовали, как вандалы", - пишет "Дойче цайтунг".

Ermittlung
Entführung.sich gehören
ungewöhnlich.geheimnisvoll
anrufen.nach Hause
sich verteilen
überprüfen.bringen.Einzelheit.schonnungslos.Jagd.berichten.
grob.Verletzung
Verwüstung.anrichten

Однако все усилия до сих пор оказались напрасными, "Удар по воде" - так перекрестили эту акцию западноберлинские газеты. Собственно, с самого начала было не очень ясно, что же следует искать ибо "похищенный и возвращённый" председатель западноберлинского ХДС не смог толком рассказать ни о похитителях, ни о месте своего заточения, ссылаясь на "одурманивающие уколы", которым он непрерывно подвергался. Полиция хотя и распространила описание местонахождения Лоренца, но тут же выразила сомнение в его правоподобности.

erfolglos
Schlag ins Wasser.taufen
suchen.entführen
zurückschicken
mit Sinn u.Verstand.
Entführer.Einschließung.sich berufen auf
Betäubungsspritze.
unablässig.Aufenthalt
Zweifel.Zuverlässigkeit.

Некоторые органы печати и прежде высказывали осторожное предположение: не могло ли так называемое похищение председателя ХДС накануне выборов оказаться лишь трюком? Недавно газета "Дойче цайтунг" напомнила об одной "афере, имевшей место в апреле 1971 года": как раз накануне выборов в Шлезвиг-Гольштейне были "похищены" шеф "Кружка друзей ХСС" Б. Рубин, а также его помощник Р. Мецгер. Газета не воспроизводит подробностей и не делает слишком прямолинейних выводов, но сравнение деталей обоих похищений заставляет задуматься.

/vorsichtig
Vermutung /Entführung
am Vorabend /erinnern
Kreis.ср.по́мощь
wiedergeben.Einzelheit
zu sehr.direkt
zwingen.nachdenken

Профессор Б. Рубин и Р. Мецгер 21 апреля 1971 года принимали участие в дискуссии в Кельнском университете, где выступили с ожесточёнными нападками на "восточную политику" правительства Брандта. Затем они сели в автомашину и исчезли (П. Лоренц сел утром 27 февраля 1975 года в лёгковую машину и исчез). Был, правда, вскоре обнаружен их автомобиль (то же самое - во втором случае) . Через два дня была подброшена написанная от руки записка: "Рубин и Мецгер - в наших руках. Мы требуем прекратить следствие по делу Малера[+] и тех, кто был арестован вместе с ним, и предоставить им свободный выезд в какую-либо страну по их выбору. О выполнении сообщить по телевидению (точно такие же требования были предъявлены - и выполнены - в случае с П. Лоренцом)... При невыполнении наших условий фашисты из ХСС будут казнены".

erbittert.Angriff
sich setzen
verschwinden
Personen-. bald
entdecken
heimlich zustecken
Hand.Notizzettel
gerichtl.Untersuchung
gewähren
erheben
hinrichten
verwickeln

[+] Адвокат, замешанный в деле группы Баадера-Майнхоф.

В 1971 году власти не откликнулись на угрозы "похитителей" (дело, очевидно, в том, что почерк, которым была написана записка, оказался почерком ... самого Рубина. В 1975 году записка была напечатана уже на машинке).

Шпрингеровская печать подняла тогда дикий шум: "Осталось всего 48 часов до убийства!", "Прокуратура не шевелится!"

Через четыре дня в одной дорожно-ремонтной конторе раздался звонок: "На помощь, на помощь, пришлите полицию!" Это спутник Рубина Мецгер, не дождавшись вмешательства властей, "сумел освободиться от пут", добрался до телефона и позвал на помощь. Полиция "вызволила" Мецгера и Б. Рубина, напоила горячим кофе, а потом тщательно допросила. Рубин оказался недостаточно подготовленным, запутался и наконец признался, что всё "похищение" - не более чем инсценировка. При этом преследовались, по его заявлению, две цели: "разжечь народный гнев против левых" и "оказать влияние на выборы" в Шлезвиг-Гольштейне.

Организатор "похищения" Рубина, западноберлинский предприниматель и поклонник Штрауса Плекингер, был оштрафован на 3 000 марок. Организаторы похищения Лоренца не найдены. Но, во всяком случае, пишет "Дойче цайтунг", "отравленная атмосфера, которая ныне растёт, ширится, заполняет всё, - она была заранее скалькулирована как совершенно необходимая, уже тогда, в той отнюдь не безобидной игре".

hier:Behörde.reagieren
Handschrift
erheben.wild.Lärm
Mord.sich rühren
vier.Straßen-.Reparatur-. /ertönen.Klingel.schicken./Gefährte
abwarten./vermögen
Fessel.erreichen/rufen
heraushelfen/bewirten.
heiß.sorgfältig.verhören /sich verheddern
zugeben /verfolgen
entfachen.Zorn
Anhänger
см.найти
vergiften.ср.широкий
ср.полный
durchaus.harmlos

Расистские клики ЮАР и Южной Родезии всеми силами пытаются сохранить на африканском континенте колониальные порядки.
(Из газет).

На гнилых подпорках. Рис. Д. Агаева.

PRAVDA, 2.6.1974

INTERNATIONALES RECHT UND INTERNATIONALE POLITIK

Rechtliche Aspekte der sozialistischen Integration

Die sowjetische Literatur zur wirtschaftlichen Integration der sozialistischen Länder hat in den letzten Jahren enorm zugenommen. Die sichtbaren Vorbehalte einiger sozialistischer Länder gegenüber den Formen der RGW-Arbeitsteilung verleiht der Diskussion juristischer Aspekte der Integration eine erhöhte Bedeutung. Der Artikel ist aus einer der führenden juristischen Zeitschriften entnommen.

Zur Orientierung - auch über die theoretischen Aspekte der sozialistischen Wirtschaftsintegration:
BONDARENKO, E. L., Vyravnivanie ėkonomičeskich urovnej stran-členov SEV. M. 1973
BUTENKO, A. P., Socialističeskaja integracija, ee suščnost' i perspektivy. M. 1971

Quelle: USENKO, E. T., Pravovye aspekty kompleksnoj programmy socialističeskoj integracii. Aus: Sovetskoe gosudarstvo i pravo, No. 7 (1973), S. 66.

...
Ко́мплексная програ́мма - э́то междунаро́дный догово́р осо́бо-
го ро́да (pactum sui generis). Осо́бенность тако́го дого-
Koordinierung — во́ра заключа́ется пре́жде всего́ в том, что здесь согласо-
ва́ние воль сувере́нных госуда́рств достига́ется не путём
непосре́дственных перегово́ров ме́жду ни́ми, а при посре́д-
стве междунаро́дной организа́ции, и не име́ет ме́ста фор-
ма́льное подписа́ние докуме́нта.
kurz.Normensetzung — Вкра́тце сумми́руем механи́зм нормотво́рчества при созда́нии
тако́го догово́ра: представи́тели стран в о́рганах Сове́та
выраба́тывают докуме́нт, содержа́щий положе́ния нормати́вного
хара́ктера, при́званные регули́ровать отноше́ния ме́жду стра́-
нами-чле́нами. Зате́м тако́й докуме́нт, при́нятый СЭВ как
его́ рекоменда́ция, направля́ется соотве́тствующим стра́нам
на рассмотре́ние. Тот факт, что представи́тель страны́ в
absimmen — Сове́те голосова́л за приня́тие соотве́тствующего докуме́нта
ещё не свя́зывает во́лю госуда́рства, кото́рому адресо́вана
рекоменда́ция, так как его́ представи́тель уча́ствовал лишь
в формирова́нии во́ли междунаро́дной организа́ции. Страна,
кото́рой адресо́вана рекоменда́ция, обя́зана в 60-дне́вный
срок сообщи́ть секретарю́ Сове́та о результа́тах рассмотре́-
ния рекоменда́ции. Секрета́рь Сове́та дово́дит полу́ченные
сообще́ния до све́дения други́х стран-чле́нов. Е́сли все
страны да́ли положи́тельный отве́т, то на э́том заверша́ется
Koordinierung — согласова́ние воль сувере́нных госуда́рств. Возника́ет меж-
дунаро́дный догово́р. И поско́льку са́ми стра́ны рассма́три-
вают тако́й догово́р как правово́й акт, его́ междунаро́дно-
правово́й хара́ктер не мо́жет вызыва́ть сомне́ний. Ме́жду про́-
чим, в постановле́нии XXIII специа́льной се́ссии СЭВ,
приня́вшей реше́ние о разрабо́тке Ко́мплексной програ́ммы,
in gehörige Form bringen — пря́мо ука́зывалось, что она́ должна́ быть офо́рмлена в ви́де
правово́го докуме́нта, что и вы́полнила XXV се́ссия СЭВ.
В круга́х экономи́стов и юри́стов стран-чле́нов СЭВ обсуж-
komp. zu простой — да́лся вопрос: не про́ще бы́ло бы прида́ть постановле́ниям

	СЭВ си́лу и значе́ние обяза́тельных реше́ний? На э́то сле́дует
	пре́жде всего́ заме́тить, что СЭВ, согла́сно его́ Уста́ву
	при́зван соде́йствовать сотру́дничеству и́ли организо́вывать
durchaus	сотру́дничество ме́жду стра́нами-чле́нами отню́дь не в тех-
	ни́ческих, а в таки́х вопро́сах, реше́ние кото́рых отно́сится
	к о́бласти сувере́нных прав социалисти́ческих госуда́рств.
offensichtlich	С учётом э́того представля́ется очеви́дным, что рекоменда́-
	ция СЭВ име́ет пе́ред реше́нием то преиму́щество, что она́
	мо́жет явля́ться осно́вой для междунаро́дного соглаше́ния,
	а реше́ние соглаше́нием стать не мо́жет. В о́бласти же отно-
	ше́ний ме́жду сувере́нными госуда́рствами нет и быть не
freiwillig	мо́жет бо́лее си́льной обя́занности, чем осно́ванная на доб-
	рово́льном соглаше́нии сами́х обязу́ющихся. Да́лее, рекомен-
wirksam	да́ция мо́жет быть не то́лько бо́лее де́йственным, чем ре-
	ше́ние, сре́дством сотру́дничества социалисти́ческих госу-
	да́рств, но и явля́ется сре́дством бо́лее демократи́ческим,
	адеква́тным хара́ктеру отноше́ний ме́жду сувере́нными социа-
	листи́ческими госуда́рствами как отноше́ний, осно́ванных
Interessiertheit	на их взаи́мной заинтересо́ванности и их взаи́мном согла́-
	сии.
Vereinigung	Ино́е де́ло Европе́йское экономи́ческое соо́бщество и дру-
	ги́е подо́бные объедине́ния капиталисти́ческих госуда́рств,
dauerhaft	где нет усто́йчивой о́бщности интере́сов и где реше́ния
über-	наднациона́льных о́рганов должны́ служи́ть юриди́ческой ос-
	но́вой для осуществле́ния интере́сов бо́лее си́льных парт-
	нёров. Велича́йшее же преиму́щество стран-чле́нов СЭВ за-
	ключа́ется и́менно в том, что они́ име́ют возмо́жность раз-
	вива́ть са́мые те́сные экономи́ческие отноше́ния на осно́ве
Freiwilligkeit	по́лной доброво́льности и уваже́ния суверените́та. Э́то
	преиму́щество не мо́жет идти́ ни в како́е сравне́ние с той
Einfachheit	кажу́щейся вы́годой, кото́рую могла́ бы дать бо́льшая про-
	стота́ отноше́ний на осно́ве обяза́тельных для госуда́рств
	реше́ний междунаро́дной организа́ции.

ABRÜSTUNG UND INTERNATIONALES RECHT

Der folgende Text ist aus einer der maßgebenden sowjetischen juristischen Fachzeitschriften entnommen.
Die Auseinandersetzung mit den rechtlichen Aspekten der Abrüstung ist naturgemäß noch relativ neu. Sie basiert auf dem einstweilen noch durchaus überschaubaren Vertragsmaterial, das seit Beginn der sechziger Jahre bilateral und im Rahmen der UNO geschaffen worden ist.
Der Verfasser ist leitender Mitarbeiter am Institut gosudarstva i prava der Akademie der Wissenschaften der UdSSR.

Quelle: Bogdanov, O. B., Pravo razoruženija: Itogi i perspektivy. Aus: Sovetskoe gosudarstvo i pravo. No. 10 (1973) S. 79-80.

	Уже́ существу́ющее пра́во разоруже́ния соде́ржит как конкре́т-
enthüllen	ные но́рмы, так и не́которые ва́жные о́бщие положе́ния, рас-
	крыва́ющие содержа́ние при́нципа разоруже́ния на да́нной
ср.договор	ста́дии разви́тия. Таки́е положе́ния прежде всего́ догово́р-
	ные име́ют, как нам представля́ется, реша́ющее значение
Präzisierung	для уточне́ния содержа́ния да́нного при́нципа. Обрати́мся

Nichtweitergabe
gut
Wettrüsten
frisch
Hinweis

к некоторым договорным формулиро́вкам. Так, интересны положения ст. VI договора о нераспростране́нии я́дерного ору́жия: "Каждый участник настоя́щего договора обя́зуется в ду́хе до́брой воли вести́ переговоры об эффективных мерах по прекращению го́нки вооруже́ний в ближа́йшем бу́дущем и я́дерному разоружению, а также о договоре о всеобщем и полном разоружении под строгим и эффективным международным контролем". Весьма́ близкие по содержанию формулиро́вки включены́ и в други́е международные документы; наиболее све́жим примером может служить договор между СССР и США об ограничении систем противоракетной обороны. Преа́мбула этого договора соде́ржит пряму́ю ссы́лку на ст. VI Договора о нераспростране́нии ядерного оружия и далее выражает наме́рение сторо́н "по возможности скоре́е достигнуть прекращения гонки ядерных вооружений и принять эффективные меры в направле́нии сокращения стратегических вооружений, ядерного разоружения и всеобщего и полного разоружения".

enthüllen
hinauslaufen
niederschreiben
teilweise

Подобные формулиро́вки раскрыва́ют, как нам представля́ется, содержание принципа разоружения на современной стадии его формирова́ния. В общей форме оно сво́дится к обяза́тельству (принятому на себя многими государствами, поскольку оно записано в многосторонних договорах) содействовать скорейшей вы́работке эффективных мер как по части́чному разоружению, так и по полному разоружению.

tot.Buchstabe.das Erscheinen /anschaulich /Umsetzung
allzu einfach darstellen
jüngstvergangen.Vergangenheit
überholen

Важно подчеркну́ть, что такое обяза́тельство отню́дь не является мёртвой бу́квой - появле́ние всё новых договоров по вопросам разоружения нагля́дно иллюстри́рует процесс его претворе́ния в жизнь. Всё это говорит о том, что уже́ возни́кла определённая система международно-правовы́х обяза́тельств в области разоружения и что она реально проявляется в международной жизни. Конечно, было бы непра́вильно упроща́ть ход постепе́нного и в о́бщем довольно сложного развития в да́нной области. Об этом нужно сказать потому, что в неда́внем про́шлом в советской литературе встречались тенденции такого рода, которые значительно опережа́ли действительный ход развития.

unaufhörlich
reicher werden
Vorrat
toxisch
Reife

Главное заключается в том, что очеви́дны результаты действия принципа разоружения - область разоружения непреста́нно обогаща́ется всё бо́льшим число́м международных договоров. Среди́ них есть и догово́ры о полном запреще́нии отде́льных видов оружия; таким договором является, например, Конвенция о запреще́нии разработки, производства и накопления запасов бактериологического (биологического) и токси́нного оружия и об их уничтоже́нии. Подготовка подобных документов - заме́тный вклад в развитие права разоружения, свидетельствующий о всё возрастающей зре́лости этого права.

vermengen
ср.широ́кий

Нужно сказать и о том, что не сле́дует сме́шивать такие понятия, как принцип разоружения, с одно́й стороны́, и право разоружения, с другой. Ука́занный принцип в общем виде формулирует обязательства государств в области разоружения, в то время как право разоружения представляет собой совокупность действующих договоров и норм в да́нной области. Оно, конечно, гора́здо ши́ре по содержанию, чем принцип разоружения, который также входит в

	понятие тако́го права. Право разоружения вообще включает
	все юриди́ческие нормы и принципы, относя́щиеся к разо-
Gesamtheit	ружению. Оно, следовательно, представля́ет собой сово-
	купность принципов и норм, касающихся разоружения. Прин-
	цип же разоружения в концентри́рованном и са́мом обо́бщен-
	ном виде выража́ет содержание права разоружения и ука́зы-
	вает тенденции его развития. Поско́льку право разоружения
	постоя́нно развивается, то развивается и принцип разору-
	жения. Если говорить об о́бщем направлении этого разви-
	тия, то оно, несомне́нно, идёт по линии всё более широ-
Erfassen, Umfassen	кого охва́та различных видов вооружений и запрещения
	(иногда полного, т.е. включающего уничтоже́ние) наибо́лее
Spielart	опасных разнови́дностей оружия. Такое направление должно
letzten Endes	в коне́чном счёте привести́ к всео́бщему и полному разо-
(an)füllen	ружению, и тогда принцип разоружения напо́лнится наиболее
	радикальным и далеко́ иду́щим содержанием - он будет пред-
	усматривать упраздне́ние вооружений. Но эта стадия ещё
voraus, in Zukunft	впереди́. Пока на о́череди всё более развёрнутое приме-
	нение системы ограничения и запрещения современных воо-
	ружений.

<u>Sowjetische Politik in der UNO</u>

Die Sowjetunion hat - nach anfänglicher Ablehnung des Völkerbundes - eine zwar nach wie vor ambivalente, aber doch grundsätzlich positive Einstellung gegenüber derartigen internationalen Organisationen gewonnen. Mitglied des Völkerbundes war sie von 1934 bis zu ihrem Ausschluß 1939. Den Vereinten Nationen gehört sie (zusammen mit den Unionsrepubliken der Ukrainischen SSR und der Weißrussischen SSR) seit deren Gründung 1945 an.

<u>Zur Orientierung:</u>

Krasil'čikova, S.A.: OON i nacional'no-osvoboditel'noe dviženie. M. 1964

Sovetskij Sojuz v Organizacii Ob-edinennych Nacij. T. 1-2, M. 1965

Sovetskij Sojuz i Organizacija Ob-edinennych Nacij. 1966-70. M.1975

Der vorliegende Text ist ein Artikel des sowjetischen Historikers V. Israéljan aus der Pravda vom 20.12.1974 ("Razrjadka - osnovnaja tema"). Es handelt sich hier um eine offiziöse Zusammenfassung der Arbeit der XXIX. Vollversammlung der Vereinten Nationen. Dabei werden die Schwerpunkte der sowjetischen Politik in der UNO herausarbeitet.

	18 декабря в Нью-Йорке закончилась XXIX сессия Генераль-
leisten	ной Ассамблеи ООН. На сессии была проделана значитель-
hier: debattieren	ная работа: рассмотрен широкий круг политических, эко-
	номических, социальных, международно-правовых и других
	проблем. Повестка дня сессии включала 112 вопросов,
	которые в течение трёх месяцев были рассмотрены в ходе
	около 450 заседаний Генеральной Ассамблеи и её главных
	комитетов. Широким был и состав участников закончив-
erreichen	шейся сессии. Численность государств - членов ООН до-
	стигает ныне 138. ...
	Каждая сессия Генеральной Ассамблеи ООН имеет свою спе-
	цифику, связанную с международной обстановкой, в кото-
gerade	рой она происходит. Не была исключением и только что

frisch. Wind
Faden

закончившаяся - свежий ветер перемен в мировой политике сказался и на её работе. Красной нитью через всю сессию проходили вопросы разрядки международной напряжённости и укрепления мира. Они доминировали при рассмотрении самых различных вопросов повестки дня. Это и понятно.

Generallinie

ООН не может стоять в стороне от столбовой дороги развития мировой политики. Разрядка создала более благоприятные предпосылки для использования возможностей ООН в целях осуществления положений Программы мира XXIX съезда КПСС. "В своём отношении к Организации Объединённых Наций, - подчеркнул глава советской делегации член Политбюро ЦК КПСС министр иностранных дел СССР А. А. Громыко, - Советский Союз исходит из того, что она может и должна играть важную роль в развитии и закреплении положительных процессов, характерных для современной мировой обстановки". ...

Противники разрядки международной напряжённости по существу оказались в полной изоляции. Среди них оказались и маоисты, которые, как и на прошлых сессиях, выступали

Ausfall.Handlanger-
dienste leisten/vereinzelt /klingen

с антисоветскими выпадами. Им по мере сил подпевали представители чилийской хунты. Эти единичные фальшивые голоса звучали, однако, резким диссонансом на конструктивном фоне политической дискуссии, проходившей под знаком широкого одобрения позитивных перемен в международной обстановке. ...

Отражением возросшего внимания государств к вопросам разоружения, их понимания необходимости дополнить политическую разрядку разрядкой военной явилось включение в повестку дня Генеральной Ассамблеи двенадцати вопросов разоружения, четыре из них было внесено на рассмотрение ООН впервые. ...

Не могла Генеральная Ассамблея пройти, разумеется, мимо

heiß

"горячих точек" современной международной жизни. Позиции государств по вопросу о положении на Ближнем Востоке были изложены как в ходе общей политической дискуссии, так и при обсуждении вопроса о Палестине и ряда других. ...

С решительной поддержкой прав арабского народа Палестины, в первую очередь их права на самоопределение вплоть до создания собственной государственности, выступили представители стран социалистического содружества. Они подчеркнули, что только отказ Израиля от агрессивной политики в отношении арабских государств и палестинского народа, вывод израильских войск со всех оккупированных в 1967 году арабских территорий и обеспечение законных прав арабского народа Палестины могут обеспечить мир и безопасность на Ближнем Востоке. Активно поддержали позицию представителей палестинского народа не-

"blockfrei"

присоединившиеся государства. ...

Важнейшим решением сессии стала единодушно принятая резолюция, в которой содержится определение агрессии. Таким образом, крупная политическая инициатива, начало которой было положено Советским Союзом ещё в 1933 году, завершилась успехом.

Нельзя, разумеется, сказать, что все решения закончив-

Geist

шейся сессии Генеральной Ассамблеи отвечают духу времени

и доминирующим в современной мировой политике тенденциям. Однако в целом сессия показала, что ООН может играть важную роль в развитии и закреплении процессов
Gesundung разрядки, в дальнейшем оздоровлении международной обстановки. ... Итоги XXIX сессии Генеральной Ассамблеи потвердили, что совместными усилиями социалистических
"blockfrei" стран, неприсоединившихся государств, всех миролюбивых сил можно добиться принятия в ООН важных решений, способствующих укреплению мира и международной безопасности.

Африканская общественность рассматривает переговоры ЮАР в США как попытку закрепить власть белого меньшинства на юге Африки. **(Из газет).**

Pravda, 1.10.1976

— Мы гото́вы вести́ перегово́ры о пробле́мах ю́га А́фрики.

Рис. В. Тильмана.

Реакционные силы используют радиостанции «Свобода» и «Свободная Европа» в своих попытках при помощи клеветы и дезинформации помешать разрядке напряженности. **(Из газет).**

Pravda,6.10.1973

Их то́чка зре́ния.

Рис. Ю. Кершина.

SOZIOLOGIE

Die sowjetische Soziologie ist - nach sehr vielversprechenden Anfängen in den 20er Jahren und einer Phase der "Nichtexistenz" in der Stalinära - seit knapp zwei Jahrzehnten dabei, sich als Wissenschaft neu zu konstituieren. Dieser Prozeß war recht mühsam und ist es teilweise noch heute. Bezeichnend hierfür ist die Tatsache, daß bis 1974 keine soziologische Fachzeitschrift vorhanden war; bis heute gibt es keine sozialwissenschaftliche "Fachenzyklopädie".
Der vorliegende Textabschnitt ist aus dem repräsentativen Artikel des Leningrader Soziologen I. Kon in der Filosofskaja ėnciklopedija entnommen. Der sehr viel umfangreichere erste Teil des Artikels ist wegen seiner Auseinandersetzung mit der westlichen Soziologie von großem Interesse.

Zur Orientierung über den Neubeginn der sowjetischen Soziologie: Soziologie in der Sowjetunion. Ausgewählte sowjetische Abhandlungen zu Problemen der sozialistischen Gesellschaft. Hrsg., eingeleitet und übersetzt von René Ahlberg. Freiburg (1969).

Quelle: KON, I., Sociologija. In: Filosofskaja ėnciklopedija. t. 5, Moskva 1970.

Разви́тие маркси́стской социоло́гии органи́чески свя́зано с пра́ктикой социалисти́ч. строи́тельства в СССР и други́х социалисти́ческих стра́нах. Социалисти́ч. о́бщество нужда́ется в С., как никако́е друго́е. Планоме́рное строи́тельство но́вого стро́я невозмо́жно без многосторо́нней информа́ции о социа́льных проце́ссах, тща́тельных социа́льных экспериме́нтов и долгосро́чных прогно́зов. Вме́сте с тем социалисти́ч. преобразова́ния открыва́ют необыча́йно широ́кие перспекти́вы для С. как нау́ки: учёные мо́гут не то́лько констати́ровать стихи́йно соверша́ющиеся проце́ссы, но и са́ми уча́ствовать в созда́нии но́вой социа́льной структу́ры. Э́то предполага́ет пра́вильное сочета́ние общетеорети́ч. подхо́да и эмпири́ч. социа́льных иссле́дований. Уже́ в ма́е 1918, гото́вя прое́кт постановле́ния Совнарко́ма "О социалисти́ч. Акаде́мии обще́ств. нау́к", Ле́нин записа́л: "одно́й из первоо́чередных зада́ч поста́вить ряд социа́льных иссле́дований" (там же, т. 27, с. 368).
Сов. учёные в 1920-30-х гг. проводи́ли большо́е число́ иссле́дований разли́чных сторо́н обще́ств. жи́зни (измене́ние усло́вий труда́ и бы́та под влия́нием револю́ции - А. И. То́дорский, Е. О. Кабо́, Вл. За́йцев и др.; бюдже́т и структу́ра свобо́дного вре́мени трудя́щихся - С. Г. Струми́лин, Л. Е. Минц, В. Михе́ев, Я. В. Видре́вич и др.; брак и семья́ - С. Я. Во́льфсон; пробле́мы социа́льной психоло́гии - В. М. Бе́хтерев, Л. С. Выго́тский, социа́льной медици́ны - Н. А. Сема́шко, Б. Я. Смуле́вич и т.д.). Социологи́ч. иссле́дования развива́лись в те́сной свя́зи с филос., экономи́ч., статисти́ч., демографи́ч., этнографи́ч. и др. Не́к-рые рабо́ты э́того пери́ода сохраня́ют нау́чную це́нность и сейча́с, хотя́ они́ и устаре́ли по своему́ факти́ч. материа́лу. Одна́ко в конце́ 1930-х гг. под влия́нием ку́льта ли́чности Ста́лина разви́тие сов. С. затормози́лось. Эмпири́ч. иссле́дования

nötig haben
planmäßig
sorgfältig
ungewöhnlich
spontan.sich vollziehen/voraussetzen
Verbindung
sich notieren.vordringlichst
Lebensweise
Ehe
bewahren
veralten
bremsen,z. Stehen bringen

ganz und gar	социа́льной действи́тельности бы́ли ли́бо во́все прекращены́,
	ли́бо ограни́чены ча́стными вопро́сами, разраба́тываемыми
	специа́льными нау́ками. Не́к-рые обще́ств. дисципли́ны, орга-
	ни́чески свя́занные с С. (социа́льная психоло́гия, социа́ль-
aufhören	ная медици́на, антрополо́гия), переста́ли развива́ться и́ли
	получи́ли односторо́ннее направле́ние. Теорети́ч. иссле́до-
	вания, сосредото́ченные в ра́мках истори́ч. материали́зма,
einbeziehen	включи́вшего в себя́ та́кже и тео́рию нау́чного коммуни́зма,
bremsen.schöpferisch	тормози́лись. Тво́рч. изуче́ние актуа́льных пробле́м нере́дко
ersetzen	подменя́лось просты́м коммента́торством.
	Бы́стрый прогре́сс С. в СССР и стра́нах наро́дной демокра́тии
	начался́ в 1950-х и осо́бенно в 60-х гг. Э́тому спосо́бство-
erstens	вали три гру́ппы обстоя́тельств: во-пе́рвых, преодоле́ние
zweitens	ку́льта ли́чности и свя́занного с ним догмати́зма; во-вторы́х,
ср.сло́жный	усложне́ние пра́ктики плани́рования и управле́ния, необхо-
	ди́мость бази́ровать полити́ч. реше́ния не на субъекти́вных
Wunsch	пожела́ниях и настрое́ниях, а на нау́чной информа́ции и про-
drittens	гнози́ровании социа́льных проце́ссов; в-тре́тьих, прогре́сс
	самого́ социалисти́ч. о́бщества, повыше́ние акти́вности масс
	и ро́ли "челове́ч. фа́ктора" во всех социа́льных проце́ссах,
ср.доста́точный.eng-	показа́вшие недоста́точность узкоэкономи́ч. подхо́да да́же к
	хозя́йств. явле́ниям, не говоря́ уже́ о поли́тике и культу́ре.
	Разви́тие маркси́стской С. шло двумя́ путя́ми: 1) путём кон-
Bereicherung	кретиза́ции и обогаще́ния фундамента́льной пробле́матики
nicht umsonst.Kern	истори́ч. материали́зма (неда́ром осн. ядро́ со́зданной в
	1958 Сов. социологи́ч. ассоциа́ции соста́вили лю́ди, име́ющие
benachbart	филос. образова́ние); 2) путём социологиза́ции сме́жных
	обще́ств. нау́к, в пе́рвую о́чередь экономи́ческих.
Denken.fremd.eigen	Маркси́стской мы́сли глубоко́ чужда́ сво́йственная позитиви́з-
	му тенде́нция противопоставля́ть С. филосо́фии, с одно́й
	стороны́, исто́рии - с друго́й. Разви́тие и дифференциа́ция
ср.сло́жный	эмпири́ч. социа́льных иссле́дований усложня́ют фо́рмы взаимо-
aufheben	свя́зи ра́зных обще́ств. нау́к, но не отменя́ют их вну́тр.
	еди́нства. В маркси́стской литерату́ре, как сове́тской, так
ausländisch	и зарубе́жной, выска́зывались ра́зные взгля́ды на соотноше́-
strittig	ние истори́ч. материали́зма и социоло́гии. Спо́рным явля́ется
	вопро́с о соотноше́нии С. и нау́чного коммуни́зма. Как бы
	ни реша́лся вопро́с о классифика́ции нау́к, все маркси́сты
	согла́сны с тем, что нау́чная С. возмо́жна то́лько на ба́зе
ср.коне́ц	истори́ческого материали́зма. Коне́чной це́лью вся́кого со-
	циа́льного, в т.ч. социологи́ч., иссле́дования явля́ется
Erbauen	разрабо́тка путе́й и спо́собов построе́ния коммунисти́ч.
	о́бщества. Э́то осо́бо подчёркнуто в Постановле́нии ЦК КПСС
	"О ме́рах по дальне́йшему разви́тию обще́ственных нау́к и по-
	выше́нию их ро́ли в коммунисти́ческом строи́тельстве" (1967),
	где зада́ча разви́тия истори́ч. материали́зма как общесоцио-
Aufruf	логи́ч. тео́рии органи́чески свя́зана с призы́вом к широ́кому
Entfaltung	развёртыванию конкре́тных социа́льных иссле́дований.
Erkennungsmerkmal	Отличи́т. черта́ маркси́стской С. - еди́нство её конструк-
aussondern	ти́вной и социа́льно-крити́ч. фу́нкций. В сов. лит-ре выде-
	ля́ются три у́ровня социологи́ч. иссле́дования: 1) о́бщая
	тео́рия истори́ч. материали́зм , 2) социа́льные тео́рии,
	иногда́ называ́емые тео́риями сре́днего у́ровня, и 3) кон-
	кре́тные социа́льные иссле́дования; причём все они́ взаимо-
	зави́симы. Иссле́дования сов. социо́логов в большинстве́
ср.цель	своём пря́мо наце́лены на потре́бности гос. и обще́ств.пла-

heranziehen	ни́рования, социо́логов привлека́ют к подгото́вке ва́жных
	обще́ств. мероприя́тий. XXIII съезд КПСС подчеркну́л зна-
	че́ние С. в ряду др. обще́ств. нау́к для обеспе́чения нау́ч.
	руково́дства о́бществом. Изуче́ние теку́щих социа́льных про-
rechtzeitig	це́ссов позволя́ет своевре́менно преодолева́ть возника́ющие
wertvoll.sachlich	противоре́чия, даёт руково́дству це́нную делову́ю информа́цию.
	Субъе́ктом исто́рии бы́ли и всегда́ бу́дут нар. ма́ссы, и за-
	да́чей маркси́стской С. явля́ется не то́лько вы́работка приё-
Erhellung	мов эффекти́вного управле́ния людьми́, но и проясне́ние воз-
schöpferisch	мо́жных целей и средств их со́бств. тво́рческой де́ятельно-
Einstellung	сти в строи́тельстве коммуни́зма. Э́та гуманисти́ч. устано́в-
unterscheiden	ка принципиа́льно отлича́ет маркси́стскую С. от буржуа́зной.
	Изуча́я реа́льные усло́вия жи́зни и возмо́жности социалисти́ч.
Feind	о́бщества, маркси́стская С. явля́ется враго́м вся́кого уто-
kleinbürgerlich	пи́зма, романти́зма и мелкобурж. "революцио́нности".

SOZIOLOGIE DER INTERNATIONALEN BEZIEHUNGEN

Der folgende Text stellt eine Fortsetzung von Diskussionen dar, die in einer Arbeitsgruppe "Soziologie der internationalen Beziehungen" auf dem Soziologenkongreß in Varna (1970) geführt wurden.

Der Verfasser ist Leiter einer Sektion des Akademieinstituts für Staat und Recht in Moskau. Zusammen mit M. Kaplan (Chicago) wurde er 1971 zum Leiter eines Forschungskomittees zur Soziologie der internationalen Beziehungen im Rahmen der Internationalen Soziologischen Gesellschaft berufen.

Quelle: BURLACKIJ, F.M., Sistemnyj analiz mirovoj politiki i planirovanie mira. In: Sovetskoe gosudarstvo i pravo, No. 8 (1973), S. 98-99.

anfüllen	В насы́щенный динами́змом век нау́чно-техни́ческой револю́ции
	междунаро́дные отноше́ния в бо́льшей ме́ре, чем люба́я друга́я
Zugang,"approach"	сфе́ра обще́ственной жи́зни, нужда́ются во всесторо́ннем под-
fruchtbar	хо́де. Поэ́тому наибо́лее плодотво́рным для изуче́ния но́вых
Gesamtheit	явле́ний представля́ется систе́мный ана́лиз всей совоку́пно-
	сти междунаро́дных отноше́ний, де́ятельности кла́ссовых и
	други́х социа́льных групп на мирово́й аре́не, хара́ктера и
Quelle	исто́чника конфли́ктов, формирова́ния це́лей, конкре́тных
	ситуа́ций, социа́льно-психологи́ческих фа́кторов, влия́ющих
	на тех, кто принима́ет реше́ния, прогнози́рования и пла-
	ни́рования и т.д. ...
	В отли́чие от интерпрета́ции буржуа́зных социо́логов, маркси́-
	сты понима́ют систе́мный подхо́д диалекти́чески. Э́то пред-
"Heraus"grenzung	полага́ет, по на́шему мне́нию, не то́лько вы́деление систе́мы
	из среды́, выявле́ние элеме́нтов, её составля́ющих, обозна-
Variable	че́ние основны́х переме́нных, структурализа́цию пробле́мы,
	определе́ние це́лей, альтернати́в наибо́лее эффекти́вных ре-
	ше́ний и де́ятельности всего́ механи́зма как систе́мы, но,
конец.Zwischen-	во-пе́рвых, разграниче́ние коне́чных и промежу́точных це́лей,
	во-вторы́х, рассмотре́ние систе́мы как еди́нства противоре́-
	чивых нача́л и, в-тре́тьих, ана́лиз систе́мы в её разви́тии.
	С э́той то́чки зре́ния междунаро́дные отноше́ния выступа́ют
Feld.zusammenstoßen	как специфи́ческое по́ле, где ста́лкиваются и сотру́дничают
	в ра́мках мирово́й систе́мы разли́чные си́лы - социа́льные,
	полити́ческие, госуда́рственные, вое́нные, экономи́ческие,

Zugang	интеллектуа́льные. Тако́й подхо́д позволя́ет прогнози́ровать
	полити́ческие измене́ния и планоме́рно возде́йствовать на
Gang	ход мировы́х собы́тий. Плани́рование в э́том слу́чае понима́-
1.pl.prs. v	ется не так, как во вну́тренных отноше́ниях, ска́жем, в
	о́бласти эконо́мики, где план есть зако́н, обяза́тельство.
	Под плани́рованием ми́ра понима́ется регули́рующее возде́й-
Grenze	ствие в тех и́ли ины́х преде́лах на проце́сс междунаро́дного
	разви́тия в глоба́льном масшта́бе, осно́ванное на нау́чном,
	максима́льно объекти́вном ана́лизе основны́х тенде́нций
	социа́льной реа́льности. По свои́м це́лям - э́то акти́вное
	возде́йствие на систе́му междунаро́дных отноше́ний, борьба́
	за осуществле́ние коллекти́вных мер упроче́ния всео́бщего
	ми́ра. Заплани́рованное возде́йствие на мирову́ю поли́тику
stellen	ста́вит зада́чей реализа́цию одного́ из прогно́зов междуна-
unausweichlich	ро́дного разви́тия, кото́рое неизбе́жно многовариа́нтно, и́бо
	зави́сит от акти́вности уча́стников междунаро́дных отноше́-
Unterschied	ний. Ина́че говоря́, в отли́чие от прогно́за, представля́ю-
übersehbar	щего собо́й обозри́мую многовариа́нтную перспекти́ву, и
darstellen.sich vor-	фанта́стики, рису́ющей вообража́емую перспекти́ву, план
stellen	означа́ет регули́руемую перспекти́ву в определённых вре́-
	менных ра́мках. Всесторо́нний ана́лиз взаимоде́йствия систе́-
ср. по́мощь	мы междунаро́дных отноше́ний со средо́й помога́ет определи́ть
	объекти́вные крите́рии иссле́дования вну́тренней структу́ры
Gerippe.willkürlich.	э́той систе́мы. Её костя́к образу́ют не произво́льные пере-
Verflechtung	плете́ния в дипломати́ческой сфе́ре, как счита́ют буржуа́з-
stabil.Verbindung	ные социо́логи, а бо́лее и́ли ме́нее усто́йчивые сочета́ния
Orientierung	внешнеполити́ческих це́нностных устано́вок и целе́й, обусло́в-
	ленных экономи́ческими и социа́льными фа́кторами, пре́жде
	всего́ специ́фикой обще́ственного стро́я.
herauslösen	На осно́ве каки́х крите́риев мо́жно вы́делить подсисте́мы из
	о́бщей систе́мы междунаро́дных отноше́ний? Гла́вный крите́рий
	выделе́ния междунаро́дных систе́м в совреме́нном ми́ре со-
	циа́льно-кла́ссовый. В ра́мках о́бщей систе́мы междунаро́дных
	отноше́ний име́ются две основны́е социа́льно-кла́ссовые систе́-
	мы - социалисти́ческих и капиталисти́ческих госуда́рств.
(Unter)teilung	Да́нное разделе́ние отража́ет совре́менную дифференциа́цию
	госуда́рств в соотве́тствии с их социа́льно-экономи́ческим
	стро́ем, у́ровнем и направле́нием социа́льного и полити́чес-
derartig.genügend	кого разви́тия. Подо́бное деле́ние в о́бщих черта́х доста́точ-
wiedergeben	но по́лно воспроизво́дит глоба́льную карти́ну расстано́вки
natürlich	сил в совреме́нной мирово́й поли́тике. Э́то, разуме́ется, не
aufdrücken	означа́ет, что оно́ по́лностью накла́дывается на существу́ю-
Gesamthheit	щую в ка́ждый да́нный моме́нт совоку́пность внешнеполити́-
	ческих группиро́вок.
gleichzeitig mit	Наряду́ с основны́ми социа́льно-кла́ссовыми междунаро́дными си-
bemerken	стемами (социалисти́ческая, капиталисти́ческая) мо́жно от-
	ме́тить и други́е, кото́рые но́сят хара́ктер подсисте́м. К
	их числу́ отно́сятся вое́нно-полити́ческие подсисте́мы (НА́ТО),
	экономи́ческие ("О́бщий ры́нок"), региона́льные и социа́льно-
	культу́рные (Лати́нская Аме́рика). Бо́лее и́ли ме́нее стаби́ль-
entstehen.Boden	ные, неофо́рмленные систе́мы и коали́ции возника́ют на по́чве
	еди́ных интере́сов и пози́ций по кру́пным междунаро́дным про-
	бле́мам. Приме́ром мо́гут служи́ть отноше́ния ме́жду мно́гими
"blockfrei"	неприсоедини́вшимися госуда́рствами, а та́кже ме́жду ни́ми
	и социалисти́ческими стра́нами, осуществля́ющими совме́стные
	полити́ческие а́кции по защи́те наро́дов от агре́ссии, неоко-
	лониали́зма и в борьбе́ за укрепле́ние всео́бщего ми́ра.

ZWEISPRACHIGKEIT IN ARMENIEN

Ein außerordentlich bedeutsames und letzthin von der sowjetischen Soziologie, Ethnosoziologie und Soziolinguistik zunehmend bearbeitetes Thema ist die ZWEI- und MEHRSPRACHIGKEIT in der UdSSR.

Der vorliegende Textausschnitt stammt aus einem Sammelband, in dem verschiedene Aspekte und regionale Erscheinungsformen des Bi- und Multilingualismus analysiert sind. Der Artikel befaßt sich mit den besonderen Verhältnissen Armeniens. - Die Armenier verfügen über eine schriftsprachliche Tradition, die bis ins 5. Jht. unserer Zeitrechnung, d.h. in die Zeit der Christianisierung, zurückgeht.

Das moderne Armenisch verfügt über eine eigene Schrift und eine reiche (auch: Übersetzungs-) Literatur, seine Stellung im Bildungswesen der Armenischen SSR ist überragend.

Zur Orientierung:

Lewis, E.G., Multilingualism in the Soviet Union. Aspects of Language Policy and its Implementations. The Hague 1972.

Quelle: Tumanjan, E.G., Problema dvujazyčija. (Po nekotorym dannym vzaimodejstvija jazykov v Armjanskoj SSR). In: Baskakov, N.A. (otv. red.), Vzaimodejstvie i vzaimoobogaščenie jazykov narodov SSSR. Moskva 1969. 277 S., S. 130-133.

На второ́м ме́сте по́сле армя́нского языка́ стои́т ру́сский
язы́к, кото́рый явля́ется межнациона́льным языко́м и во мно́гих
слу́чаях явля́ется вторы́м родны́м языко́м армя́н. Определённые
слои́ городско́го населе́ния по́лностью владе́ют как родны́м,
армя́нским, так и ру́сским языко́м. При э́том сле́дует отме́-
тить, что мно́гие ву́зы и те́хникумы респу́блики име́ют рус-
Unterricht
кие факульте́ты, где преподава́ние ведётся на ру́сском язы-
ке́ (паралле́льно с таки́ми же факульте́тами на армя́нском
языке́). ...
Сте́пень распространённости двуязы́чия среди́ се́льского на-
nicht identisch
селе́ния респу́блики и городско́го неодина́ковы. В дере́внях
abgelegen.zählen
и в отдалённых го́рных ме́стностях респу́блики, не счита́я
отде́льных дереве́нь с ру́сским населе́нием, коммуникати́вная
фу́нкция ру́сского языка́ значи́тельно снижа́ется. ...
beobachten
Ина́я карти́на наблюда́ется среди́ городско́го населе́ния.
Здесь большинство́ наряду́ с армя́нским акти́вно владе́ет
ру́сским языко́м, акти́вный тип двуязы́чия преоблада́ет над
пасси́вным. Интере́сно то, что ру́сский и армя́нский языки́
одина́ково мо́гут быть основны́ми языка́ми в зави́симости от
(Zwischen)schicht
того́, кака́я просло́йка городско́го населе́ния по́льзуется им.
Так, наприме́р, среди́ ча́сти интеллиге́нции и городско́го
zu Hause
населе́ния вообще́ основны́м языко́м обще́ния как до́ма, так
и в обще́ственных места́х явля́ется ру́сский язы́к. ...
В чём заключа́ются э́ти специфи́ческие усло́вия, кото́рые по-
hin und wieder
рожда́ют не то́лько дву-, но и трёх- и да́же изре́дка и че-
Betrachtung
тырёхъязы́чие? Остано́вимся подро́бнее на обзо́ре соста́ва
населе́ния респу́блики.
von alters her
1. В респу́блике изда́вна живёт иноязы́чное населе́ние (ку́рды,
азербайджа́нцы). Кро́ме своего́ родно́го языка́, они́ зна́ют
непло́хо и армя́нский язы́к, а нере́дко та́кже и ру́сский.

	2. В после́дние го́ды населе́ние респу́блики значи́тельно уве-
Zustrom	личилось за сче́т внешнего прито́ка армя́н, в основно́м из
angefahren kommen.	приезжа́ющих из разли́чных городо́в Советского Сою́за и от-
ausgezeichnet	ли́чно владе́ющих русским языко́м и репатриа́нтов из различ-
anfangs	ных стран мира. Последние внача́ле не владе́ли русским
	языко́м. В ма́ссе своей репатриа́нты владе́ют каким-либо
	иностра́нным языко́м, нере́дко да́же двумя́. В результа́те
	этих обстоя́тельств на территории Арме́нии получа́ется не́-
	сколько своеобра́зная карти́на распределе́ния коммуникати́в-
aussehen	ной функции между разли́чными языка́ми. Это вы́глядит при-
	ме́рно так:
	1. В райо́нах, где изда́вна живу́т ку́рды и́ли азербайджа́нцы
Umgebung	в армянском окруже́нии, двуязы́чие выража́ется в ви́де акти́в-
	ного владе́ния свои́м родны́м языко́м и практическим знанием
	армянского языка́, который испо́льзуется при обще́нии с
	армянским населением. Армя́не, находя́сь в те́сном и дли́-
	тельном обще́нии с этим иноязы́чным населением, в свою́
sich aneignen	о́чередь, усва́ивают их язы́к, который ими испо́льзуется для
	обще́ния. ...
beiderseitig	Но межнациона́льным языко́м здесь, при тако́м обою́дном дву-
	язы́чии, всё же мо́жно счита́ть армя́нский.
	2. Население, состоя́щее из армя́н, которые в последние
übersiedeln	годы перее́хали в Арме́нию из разли́чных городо́в Росси́и и
	Кавка́за. Как пра́вило, они активно владе́ют русским языко́м
von wo	(иногда́ одновреме́нно и языко́м той респу́блики, отку́да они
	перее́хали в Армению, наприме́р грузи́нским, азербайджа́н-
	ским). Активно владе́я русским языко́м, они нере́дко свой
	родно́й армянский зна́ют пасси́вно. ...
	3. Большой прито́к разноязы́чной массы армян-репатриа́нтов
	из разли́чных стран мира привёл к тому, что наряду́ с ар-
	мяно-русским двуязы́чием и армя́но-ку́рдским и́ли азербайд-
	жа́нским создало́сь и армя́но-иностра́нное двуязы́чие, а в
	не́которых слу́чаях и трёхъязы́чие. Мно́гие репатриа́нты,
benutzen	употребля́я армя́нскую речь в обще́ственных места́х, нере́дко
	говоря́т в семье́ и между собо́й на языке́ той страны́, из
	какой они прие́хали. Бо́лее того́, нере́дко выше́дшие из
	ара́бских стран армя́не-репатриа́нты наряду́ с ара́бским
	языко́м зна́ют и французкий язы́к, т.е. у них наблюда́ется
Straße	да́же трёхъязы́чие. Интере́сно, что на у́лицах Ерева́на и
hören	други́х городо́в Арме́нии вообще́ можно услы́шать разноязы́ч-
	ную речь: говоря́т на армя́нском, русском, туре́цком, ара́б-
	ском, французком, гре́ческом, румы́нском и други́х языка́х.
	В настоя́щее время мно́гие из репатриа́нтов овладе́ли в ра́з-
	ной сте́пени и русским языко́м. Ста́ршее поколе́ние, а иногда́
	и молодёжь из репатриа́нтов отли́чно зна́ет и туре́цкий язы́к.
sich erklären lassen	Э́то объясня́ется тем, что основна́я масса армян-репатриан-
	тов эмигри́ровала в разли́чные стра́ны мира в нача́ле XX в.
	из Туре́цкой Армении, т.е. из тех областе́й бы́вшей истори́-
	ческой Арме́нии, которые оста́лись сейча́с на территории
	Ту́рции. ...
	Распростране́ние русского языка́ и его влия́ние на общест-
	венно-полити́ческую жизнь респу́блики не только не ограни́-
Aufblühen	чивает дальне́йшего развития и расцве́та армянского языка́,
	но и спосо́бствует э́тому.

M. M. KOVALEVSKIJ (1851-1916)

M. M. Kovalevskij gehört zu den international bekanntesten russischen Soziologen der vorrevolutionären Zeit.
Als Lehrer von K. M. Tachtarev und P. A. Sorokin hat er über die Revolution und über Rußland weit hinaus fortgewirkt.
Der Stellenwert, den politische und publizistische Aktivitäten Kovalevskijs in und nach der Revolution von 1905 in dessen Leben hatten, ist in dem vorliegenden Artikel verkannt oder zumindest erheblich verkürzt.

Quelle: Karpačev, V., "Kovalevskij". Aus: Filosofskaja Ėnciklopedija. t. 2, Moskva 1962, S. 546-7.

-густ	Ковале́вский, Макси́м Макси́мович (27 авг. 1851 - 23 марта
-ский.Jurist.-ческий	1916) - рус. социо́лог, историк, правове́д и полити́ч.
-жуазно.-ческий	де́ятель бурж.-либера́льного направле́ния. Око́нчил юридич.
	фак-т Ха́рьковского ун-та (1872). Продо́лжил образование
sich bekannt machen	в Берлине, Париже и Лондоне, где познако́мился с Марксом
zurückkehren	и Энгельсом. Возврати́вшись в Россию 1877 и получи́в
	сте́пени магистра (1877) и доктора ("Общественный строй
lehren	Англии в конце́ средних веко́в", 1880), преподава́л право
-ковском.-местно	в Моск. ун-те. Совм. с В. Ф. Ми́ллером редакти́ровал
-нал.Rundschau	журн. "Крити́ческое обозре́ние" 1879 - 1880.
ср.тель.-ковского.	Один из основа́телей Моск. психологич. о́бщества (1884).
-ческого /freistellen	Уво́ленный из ун-та (1887), уе́хал за границу. Участник
-родных	многих междунар. конгрессов социологов и историков.
zurückkehren	В Россию возврати́лся в 1905, преподавал в Петербургском
-ческих.	ун-те, Психо-неврологич. и Политехнич. ин-тах. Издатель
-нала.Bote	журн. "Ве́стник Европы" (1909-16), один из редакторов
-ческого.-респондент	Энциклопедич. словаря́ Гранат (1910-16). С 1899 - член-
-вительный.-лен	корр., с 1914 - действ. чл. АН. Активно участвовал в
-ческой.-ческих	политич. жизни: основатель партии "демократи́ч. рефо́рм",
	депута́т 1-й Гос. думы, с 1907 - член Гос. совета.
-совские.sich heraus-	Филос. взгля́ды К. сложи́лись в основном под влиянием
bilden/Ergebenheit	позитивизма Конта и Спенсера. Приве́рженность к позити-
bewahren	визму К. сохрани́л в течение всей жизни, критически от-
ungeachtet	носясь к неокантиа́нству и неогегелья́нству. Несмотря́ на
см.найти	знакомство К. с Марксом и Энгельсом и их уче́нием, наше́д-
	шее известное отражение в его трудах (интерес к истории
-ческим	землевладения, к экономич. проблемам), он остался про-
zu erkennen meinen	тивником марксизма; в нём К. усма́тривал одностороннее
angeblich	объяснение истории, к-рое бу́дто бы преодолева́ется по-
-тельное	зитивизмом. Значит. влияние оказали на К. теории, био-
	логизи́рующие социальный процесс (социальный дарвини́зм
	и др. - см. Биологи́ческое направле́ние в социологии).
	Центральное место в труда́х К. занимают проблемы социо-
-циальные.widmen.	логии. Спец. работы К. по социологии посвящены́ гл. обр.
гла́вным о́бразом	разбо́ру социологич. учений ("Современные социологи",
Analyse	1905 "Социология", т. 1 - 2, 1910). Свою задачу К.
Überwindung	видел в сближении различных учений об обществе, в прео-
-ческого	доле́нии односторонности психологич., экономич., гео-
других.Boden	графич. и др. школ социологии на по́чве "теории социаль-
laut	ного прогресса". Сущность прогресса, согла́сно К., со-
	стои́т в развитии солидарности и единства между группами,
	классами и народами, т.е. в социальной гармо́нии. Социо-
berufen	логия, по К., при́звана "..объясни́ть про́шлое и настоя́щее

	разнообразне́йших форм человеческой солидарности и са́мую
	приро́ду последней..." ("Современные социо́логи", СПБ,
Herstellung.-венной	1905, с. 286). Установле́ние обществ. солидарности возни-
	кает из влияния множества причин, среди к-рых нельзя
herauslösen.-дельный	вы́делить какой-либо отд. фактор как основной и опреде-
=einzeln/ ср.гра-	ляющий (см. там же, с. XIV). Историк должен ограничи-
ница.Korrelativität.	ваться констатацией соотноси́тельности в развитии обществ.
-венных /hinweisen	явлений. В то же время К. ука́зывал на рост населения как
treibende Kraft=Motor	на "главный дви́гатель экономической эволюции" ("Разви-
	тие народного хозяйства в Западной Европе", СПБ, 1899,
unmittelbar.-венное.	с. 2), оказывающий непосредств.влияние и на др. стороны
-ругие /-венной	обществ. эволюции. Опира́ясь на свою "теорию социального
sich stützen.-жуаз-	прогресса" и под влиянием бурж. экономизма и "катедер-
ного /verkünden.Ne-	социализма", К. пропове́довал отрица́ние революц. методов
gation.-ционных	измене́ния общества, гармонию классовых интересов. В
	гос-ве К. видел выражение солидарности классов, в рево-
-ческое.-венное	люции - патологи́ч. явление и искусств. состояние.
	В своих работах К. разраба́тывал и применя́л историко-
-тельный=vergleichend	сравни́т. ме́тод, характерную особенность к-рого, по К.,
	составля́ет "параллельное изучение общественной эволюции
	разли́чных народов, дре́вних и совреме́нных, которое должно,
vorwärts gerichtet	в конечном счёте, дать о́бщую фо́рмулу поступа́тельного
	движения общественной жизни" ("О́черк происхожде́ния и раз-
	вития семьи́ и со́бственности", 1939, с. 19). Дава́я исто́-
-тельную.-ческому	рико-сравнит. характеристику этнографич. и историко-ле-
	генда́рному материалу, К. показа́л, что коллективные
-родной	формы по́льзования землёй не свя́заны с нар.психоло́гией
Slawe.widerlegen	славян или германцев, а о́бщи всем народам. К. опровер-
Geist	га́л объясне́ние истории "национа́льным ду́хом", "народным
	хара́ктером" и т.п. нача́лами. В работе "От прямо́го наро-
	допра́вства к представи́тельному и от патриархальной мо-
	нархии к парламентаризму" т. 1 -3, 1906 К. (в отличие
	от госпо́дствовавших в то время в России учений, в к-рых
-ческих. ableiten.	история политич. учений выводилась из нра́вств. и мета-
-венных =moralisch.	физич. начал) пыта́лся показать историю политич. идей как
-ческих.-ческих /-че-	продукт политич. практики. Одна́ко отсу́тствие у К.
ской. Zugehörigkeit	объективного критерия для определе́ния принадле́жности
	сра́вниваемых явле́ний к одно́й и той же стадии развития,
-венных	отка́з от выделения определя́ющих обще́ств. явлений делали
	его концепцию философски эклектичной.
-жуазно.-ческой	В период бурж.-демократич. и социалистич. революций
-ционную.-ческой	20 в. идеи К. стали играть реакц. роль в политич. жизни
	России. Вступа́я в о́бласть политики, К. стреми́лся теоре-
-жуазный. Versöhnung	тически обосновать бурж. либерализм, примире́ние демо-
	кратии с монархией.

I. S. KON, "Sociologija", aus: SIÉ. t. 13, stlb. 472-3, M. 1971

	Измене́ние предме́та и ме́тодов С., превраще́ние её в эмпи-
-ческую.-венной	рич. науку, вызванное потре́бностями обществ. практики,
	прежде всего́ нуждами управления, значительно расширили
-ческого	возможности её практич. примене́ния по сравнению со
	старой, "философской", С. В капиталистических странах
angewandt	эмпирическая С. (особенно прикладна́я) широко́ испо́ль-
-жуазным	зуется монополиями и бурж. государством (само́ становле́-
	ние её здесь тесно свя́зано с развитием социальной орга-

низации, характерной для гос.-монополистич. капитализма и предъявля́ющей осо́бый "зака́з" социальной науке): изучение социо́логами обществ. мнения испо́льзуется для вы́работки практич. мер по повышению эффективности пропаганды, вы́воды индустриальной С. поло́жены в основу т.н. системы "человеческих отношений" в пром-сти, широко́ применя́емой капиталистич. корпора́циями, и т.д. На эмпири́ч. социологич. исследования расхо́дуются крупные средства (особенно в США). Исследования зап. социо́логов независимо от их филос. взглядов, соде́ржат важную информацию о разли́чных сторона́х жизни капиталистич. общества, ими вы́работан ряд ценных технич. приёмов и исследовательских методик. Однако стихи́йность развития и клас. антагонизмы бурж. общества порожда́ют противоречие между "конструктивной" функцией С., предполага́ющей совершенствование существующей системы отношений, и её социально-критической функцией. Развитие марксистской С. органически свя́зано с практикой социалистич. строи́тельства в СССР и др. социалистич. стра́нах. Социалистич. об-во нужда́ется в С. как никако́е друго́е. Планоме́рное строи́тельство нового строя невозможно без многосторонней информации о социальных процессах, тща́тельных социальных экспериментов и долгосрочных прогнозов. Социалистич. преобразова́ния открыва́ют широкие перспективы для С. как науки. Быстрый прогресс марксистской С. в СССР и др. социалистич. странах начался́ со 2-й пол.50-х и особенно в 60-х гг. (в СССР социологич. исследования успешно развивались уже в 20 - нач. 30-х гг., но позднее затормозились). В 1958 была создана Сов. социологич. ассоциация (является членом со́зданной в 1949 Междунар. социологич. ассоциации), со́здан ряд иссле́доват. учрежде́ний и групп: Ин-т конкретных социальных исследований АН СССР, Научно-исследовательский ин-т ко́мплексных социальных исследований Ленингр. ун-та, отдел С. Ин-та экономики Сиб. отделения АН СССР (Новосиби́рск) и др. Сочета́я развитие конкретных социологич. исследований с разрабо́ткой общих проблем исторического материализма, сов. социо́логи сумели заня́ть ви́дное место в Междунар. социологич. ассоциации; это ясно прояви́лось на всемирных социологич. конгрессах в Эвиа́не (1966) и особенно в Варне (1970).

-сударственно.-ческого
vorzeigen.Auftrag
венного
-ческих
anwenden -ческими
-ческие.ср.расход
-падных
-софских
-ческого
-ческих. Verfahren
Spontaneität
-ссовые.-жуазного
-ческого.
другких.-ческих.-ческое
sorgfältig
-ческие
других
-ческих.-ловины
-ческие
-ча́ле. behindern
-ветская.-ческая
-родной
-ческой.-тельских
-радского
verbinden
-ческих
-ветские
vermögen .-родной
-ческой
-ческих

SOWJETISCHES BILDUNGSWESEN, SOWJETPÄDAGOGIK

Die sowjetische Pädagogik hat einen bedeutenden Beitrag zur Entwicklung der Erziehungswissenschaft geleistet. Das sowjetische Bildungswesen wird immer häufiger zum Vergleich herangezogen, wo es um Probleme der Ausbildung in den westlichen Ländern geht.

Zur Orientierung:

Narodnoe Obrazovanie v SSSR 1917-1967. Moskva 1967.
O. Anweiler, Die sowjetische Bildungspolitik seit 1917. Dokumente und Texte. Heidelberg 1961.
ders., F. Kuebart, K. Meyer, Die sowjetische Bildungspolitik von 1958 bis 1973. Dokumente und Texte. Berlin 1975.

Zwei der folgenden Texte sind aus der maßgeblichen sowjetischen Fachenzyklopädie entnommen: Pedagogičeskaja ėnciklopedija. t. 1-4, Moskva 1964-1968.

	БЛО́НСКИЙ, Па́вел Петро́вич (1884-1941) - сове́тский педаго́г
	и психо́лог. По оконча́нии исто́рико-филологи́ч. ф-та Ки́ев-
unterrichten	ского ун-та 1907 преподава́л педаго́гику и психоло́гию в
Frauen-.уче́бных. Lehr-	моско́вских же́нских сре́дных уч.заведе́ниях. Вы́держав в
anstalt.bestehen	1913 маги́стерские экза́мены, Б. на́чал чита́ть ле́кции по
	психоло́гии и филосо́фии в Моско́вском ун-те в ка́честве
	прива́т-доце́нта. Он чита́л та́кже ку́рсы педаго́гики и пси-
	холо́гии в ун-те Шаня́вского и на Вы́сших же́нских педаго-
	ги́ческих ку́рсах. В 1915-1916 им бы́ли напи́саны ориги-
=дагоги́ческие. (Werk)	на́льные пед. произведе́ния, в кото́рых Б. утвержда́л, что
	шко́ла - организа́ция не то́лько уче́ния, но и всей жи́зни
Kind.ablehnen	ребёнка. Б. тре́бовал "са́мым реши́тельным о́бразом от-
verhaßt.Absonderung	ве́ргнуть прокля́тое обособле́ние шко́лы от жи́зни", называ́л
Kloster.Kaserne	дореволюцио́нную шко́лу "монастырём" и "каза́рмой". В ра-
	бо́тах "Шко́ла и рабо́чий класс", "Шко́ла и обще́ственный
	строй", опублико́ванных в феврале́ - октябре́ 1917, Б.
versuchen.offenlegen	пыта́лся вскрыть кла́ссовый хара́ктер воспита́ния, зави́си-
aufzeigen	мость шко́лы от обще́ственного стро́я и наме́тить перспек-
	ти́вы созда́ния трудово́й социалисти́ч. шко́лы. Он счита́л,
unvorstellbar.schöp-	что но́вая шко́ла немы́слима без акти́вной, тво́рческой де́-
ferisch	ятельности дете́й. С пе́рвых дней Сов. вла́сти Б. игра́л
	акти́вную роль в революцио́нном преобразова́нии шко́лы.
Gedanke	Мы́сли, вы́сказанные Б. в кни́ге "Трудова́я шко́ла" 1919,
	оказа́ли большо́е влия́ние на формирова́ние иде́й трудово́й
ungerechtfertigt.her-	политехни́ч. шко́лы, но он неправоме́рно обру́шивался на
fallen.=уче́бные.	стаби́льные уч. пла́ны, програ́ммы и кла́ссно-уро́чную си-
урок:Unterrichts-	сте́му заня́тий. В 1921 Б. вошёл в соста́в нау́чно-пед.
stunde/Unterricht	се́кции Госуда́рственного учёного сове́та НКП РСФСР и
Gedanke	уча́ствовал в разрабо́тке но́вых програ́мм, к-рые, по мы́сли
	а́второв, должны́ бы́ли обеспе́чить те́сную связь шко́лы с
	жи́знью, с зада́чами социалисти́ч. строи́тельства. Разра-
Unterricht	ба́тывая вопро́сы преподава́ния тео́рии и исто́рии педаго́ги-
	ки, Б. писа́л о необходи́мости свя́зывать изуче́ние класси́ч.
Erbe	насле́дия с реше́нием актуа́льных пробле́м образова́ния. Мно́-
sittlich	го внима́ния Б. уделя́л нра́вственному воспита́нию уч-ся.
handwerkelnd.eng-	Он протестова́л про́тив реме́сленнического, узкопрофессио-
Kinder.Lehrer	на́льного подхо́да к воспита́нию дете́й, обраща́лся к учи́телю:
imp.sg.lebendig.Seele.	"Учи́тель, стань челове́ком!", "Лишь жива́я душа́ оживи́т
beleben	

	душѝ". Пед. сочине́ния Б. напи́саны я́рко, темпераме́нтно.
hervorragend	В 20-х - 30-х гг. Б. был одни́м из ви́дных представи́телей
drucken	педоло́гии. В 1925 была́ напеча́тана кни́га Б. "Педоло́гия".
Kinder	Б.- а́втор ря́да трудо́в по о́бщей и де́тской психоло́гии.
	В нача́ле 20-х гг. он акти́вно вы́ступил про́тив идеалисти́ч.
	психоло́гии Г. И. Челпа́нова и на́чал одновреме́нно с К. Н.
	Корни́ловым борьбу́ за маркси́стскую психоло́гию. Б. вёл
vielseitig.Lehr-	разносторо́ннюю преподава́тельскую рабо́ту в 1-м и 2-м
	Моск.ун-тах, явля́лся одни́м из созда́телей и руководи́те-
	лей Акаде́мии коммунисти́ческого воспита́ния и́мени Н. К.
	Кру́пской, уча́ствовал в подгото́вке нау́чных ка́дров, руко-
	води́л коллекти́вом молоды́х психо́логов и аспира́нтов в
	Моск. ин-те психоло́гии. О́пытная и эксперимента́льная ра-
nicht wegzudenken	бо́та в шко́ле была́ неотъе́млемой ча́стью нау́чной де́ятель-
	ности Б.

L. M. Novikov, Blonskij, aus: PĖ, t. 1, Moskva 1964, stlb. 259-260

Neben Blonskij sind unter den Pädagogen der frühen Sowjetzeit im Westen vor allem MAKARENKO und Šackij bekannt geworden. Auch die folgende biographische Skizze über Šackij ist der Pädagogischen Enzyklopädie entnommen.

	ША́ЦКИЙ, Станисла́в Теофи́лович (1878-1934) - сов. педаго́г.
absolvieren	Око́нчил Моск. ун-т и Моск. с.-х. ин-т. Пед. де́ятельность
Kinder.Heranwachsen-	на́чал в 1905 среди́ дете́й и подро́стков рабо́чих окра́ин
der.Randgebiet	Москвы́, где им совме́стно с А. У. Зеле́нко и др. педаго́-
organisieren.=тские	гами бы́ли учреждены́ пе́рвые в Росси́и дет. клу́бы. Для
Einrichtung	устро́йства клу́бов и др. дет. внешко́льных учрежде́ний
	Ш. и Зеле́нко организова́ли об-во "Сетлемент". По́сле того́
schließen	как э́то об-во бы́ло закры́то ца́рским пр-вом за попы́тку
	"проведе́ния социали́зма среди́ дете́й", Ш. и др. де́ятели
	об-ва продолжа́ли на́чатую и́ми рабо́ту в об-ве "Де́тский
Erholung.fest ver-	труд и о́тдых". Ш. сплоти́л гру́ппу прогресси́вных педаго́-
einigen/Organisa-	гов, осуществи́л о́пыт постано́вки внешко́льной рабо́ты с
tion/Achtung.Kind	детьми́, осн.на уваже́нии к ли́чности ребёнка и напра́влен-
	ной на воспита́ние дете́й в ду́хе коллективи́зма. В 1911
Ehefrau	вме́сте с жено́й В. Н. Ша́цкой Ш. организова́л в Калу́жской
Sommer-	губ. на обще́ственные сре́дства ле́тнюю трудову́ю коло́нию
munter.wohin.Sommer.	"Бо́драя жизнь", куда́ на ле́то приезжа́ли 60-80 челове́к
angereist kommen	из числа́ дете́й, посеща́ющих дет. клу́бы. Осно́вой жи́зни
besuchen	дете́й в коло́нии был физи́ческий труд.
	По́сле Вел. Окт. социалисти́ч. револю́ции Ш. акти́вно уча́ст-
	вует в строи́тельстве сов. шко́лы. В 1919 им была́ со́здана
ср.опыт	Пе́рвая о́пытная ста́нция по наро́дному образова́нию, вклю-
=тские. Kindergarten	ча́вшая о́пытные учрежде́ния - дет. сады́ и шко́лы 1-й и 2-й
Stufe	ступе́ни. Под руково́дством Ш. в э́тих учрежде́ниях разра-
überprüfen	ба́тывались и на пра́ктике проверя́лись организа́ция, содер-
Unterrichts-	жа́ние и ме́тоды уче́бно-воспита́тельной и обще́ственной ра-
	бо́ты сов. шко́лы и вопро́сы подгото́вки учителе́й в проце́ссе
	их пед. де́ятельности. Ш. понима́л воспита́ние как органи-
Kinder.sich heraus-	за́цию жи́зни дете́й, к-рая скла́дывается из физи́ч. труда́,
bilden.=ческого	игр, заня́тий иску́сством, у́мственной де́ятельности, соци-
ср.играть.Geistes-	а́льной жи́зни. Он счита́л, что труд име́ет наибо́льшую вос-
dann.ср.школа. be-	пита́тельную це́нность тогда́, когда́ шко́льники осознаю́т его́
greifen	необходи́мость для дет. коллекти́ва, рассма́тривают свой

kleiner Teil.Vereinigung.Unterricht/nützlich.verleihen/machen das Lernen/einsichtig bewußt.wirksam

труд как части́цу о́бщего труда́. Соедине́ние обуче́ния с трудо́м, с обще́ственно поле́зной рабо́той придаёт всему́ обуче́нию жи́зненный хара́ктер, де́лает проце́сс уче́ния бо́лее осмы́сленным, а зна́ния созна́тельными и де́йственными.

nützlich
nach
Sinn
erheben

Ш. разрабо́тал мето́дику организа́ции обще́ственно поле́зной рабо́ты шко́льников, согла́сно кото́рой обще́ственно поле́зная рабо́та должна́ быть полна́ смы́сла для сами́х дете́й, соотве́тствовать их си́лам и возмо́жностям, должна́ их эмоциона́льно поднима́ть. То́лько при э́тих усло́виях обще́ственная рабо́та шко́льников явля́ется си́льным сре́дством социалисти́ческого воспита́ния.

Berücksichtigung.Umwelt
Kind
Familie

Большо́е значе́ние Ш. придава́л учёту влия́ния среды́ на формирова́ние ли́чности ребёнка. Шко́ла, по его́ мне́нию, явля́ется организа́тором ма́ссового воспита́ния дете́й, це́нтром, направля́ющим воспита́тельную рабо́ту, выполня́емую семьёй, комсомо́льскими и др.обще́ственными организа́циями.

Unterricht
sich stützen
Fähigkeit

Ш. подчёркивал, что в проце́ссе обуче́ния необходи́мо применя́ть таки́е ме́тоды, к-рые бы дава́ли возмо́жность опере́ться на реа́льный о́пыт ребёнка. Ва́жное значе́ние Ш. придава́л воспита́нию у уч-ся уме́ния рабо́тать, самостоя́тельно приобрета́ть зна́ния.

ср.пере-

Большо́е внима́ние Ш. уделя́л подгото́вке и переподгото́вке учителе́й. Он счита́л, что э́та рабо́та, как и рабо́та пед. ин-тов, должна́ проходи́ть в трёх направле́ниях: нау́чно-иссле́довательском, курсово́м (по подгото́вке студе́нтов и переподгото́вке учителе́й) и практи́ческом (по руково́дству шко́лами).

Volksbildungsministerium.ср.образец: Modell, Muster

С 1932 Ш. руководи́л Центра́льной эксперимента́льной пед. лаборато́рией Наркомпро́са РСФСР, изуча́вшей о́пыт образцо́вых и о́пытных школ респу́блик (одновреме́нно был дире́ктором Моск. гос. консервато́рии).

L. N. Skatkin, "Šackij", in: P.Ė. t. 4, stlb. 688-689

Beruflich-technische Bildung in der UdSSR

Änderung

Вступление нашей Родины в период развёрнутого строительства коммунизма потребовало серьёзной перестройки системы профессионально-технического образования. Начало этой перестройки было положено законом "Об укреплении связи школы с жизнью и о дальнейшем развитии системы народного образования в СССР".

in Übereinstimmung mit
Lehranstalt
acht-
allgemeinbildend
überwältigend.ср.ведомство.stationär
проф.тех.училище

В соответствии с законом создан новый тип профессионального учебного заведения - городские и сельские профессионально-технические училища на базе восьмилетней общеобразовательной школы. В течение 1959-1963 гг. все типы профессиональных училищ и школ системы трудовых резервов и подавляющее большинство ведомственных стационарных учебных заведений по подготовке рабочих кадров преобразованы в профтехучилища. Профили и содержание подготовки квалифицированных рабочих определяются потребностями нового этапа развития промышленности и сельского хозяйства.

	В связи с быстрым научно-техническим прогрессом, ком-
	плексной механизацией и автоматизацией производства
	возникают профессии широкого профиля. ... Удельный вес
	такого рода высококвалифицированных профессий .., объ-
Geistes-	единяющих физический и умственный труд, будет возра-
	стать. Но одновременно ещё в течение многих лет с ними
eng	будут сосуществовать и профессии более узкие и менее
	квалифицированные.
	В настоящее время профессионально-технические училища
	готовят рабочие кадры более чем по тысяче квалифициро-
	ванных профессий и специальностей для всех отраслей
	промышленности, строительства, сельского хозяйства,
Dienstleistung	транспорта, связи, культурно-бытового обслуживания,
	коммунального хозяйства и торговли.
Anstalt.gleichzeitig	Учебные планы этих училищ, наряду с производственной
mit/Gegenstand.vor-	практикой и специальными предметами, предусматривают
sehen	изучение общей технологии производства, технической
	механики, электротехники с основами промышленной
	электроники, основ организации и экономики производ-
Gesellschaftkunde	ства, обществоведения, физическую подготовку и эстети-
	ческое воспитание молодого рабочего. Профессионально-
	технические училища стремятся, таким образом, обеспе-
Grenze	чить в пределах своих возможностей всестороннее разви-
Jugend	тие и коммунистическое воспитание молодёжи.
	В современных условиях важнейшее значение приобретает
	систематическое повышение квалификации работников
	промышленности и других отраслей народного хозяйства,
Unterricht.hier:Ein-	а также обучение и рациональное использование рабочих,
satz/ср.вы-,свобода	высвобождающихся в процессе механизации и автоматиза-
	ции производства. Значительная роль в решении этой
Abend-.Schicht-	задачи принадлежит вечерним (сменным) профессионально-
	техническим училищам, которые осуществляют подготовку
Loslösung	квалифицированных рабочих без отрыва от производства,
Aneignung	повышение квалификации работающих, а также освоение
benachbart	ими смежных профессий.
ср.день	В 1959-1965 гг. дневные профессионально-технические
	училища подготовили 5401,6 тыс. молодых рабочих, в том
	числе 1411,3 тыс. для промышленности, 1035 тыс. для
	строительства, 2463 тыс. для сельского хозяйства,
	488,3 тыс. для других отраслей народного хозяйства. По-
Unterricht	высилось качество обучения и воспитания молодых рабо-
	чих.
	Вместе с тем ЦК КПСС, Президиум Верховного Совета СССР,
Gruß(botschaft)	Совет Министров СССР в своём приветствии по случаю
	25-летия системы профессионально-технического образо-
	вания, отметив её достижения, подчеркнули, что теперь,
	когда перед страной стоят весьма важные задачи по
	дальнейшему развитию социалистической экономики, обеспе-
	чению высоких темпов технического прогресса, ко всей
erheben,stellen	системе профессионально-технического образования предъ-
	являются новые, ещё более высокие требования. Необходимо
(er)heben	всемерно поднимать уровень профессионального обучения
	молодёжи, решительно улучшать качество подготовки и рас-
	ширять выпуск квалифицированных рабочих кадров для народ-
	ного хозяйства. ...

Narodnoe obrazovanie v SSSR 1917-1967. M. 1967, str. 251-252.

WIRTSCHAFT, WIRTSCHAFTSWISSENSCHAFT

Die Bedeutung einer volkswirtschaftlichen Statistik

Der folgende Text kommentiert die erste wissenschaftlich bearbeitete systematische statistische Veröffentlichung der Nach-Stalin-Ära.

Zur allgemeinen Orientierung über die sowjetische Wirtschaft:
Raupach, Hans: System der Sowjetwirtschaft, Theorie und Praxis. (Reinbek b. Hamburg 1968)
Markert, Werner (Hrsg.): Osteuropa Handbuch, Band Sowjetunion, Teil: Das Wirtschaftssystem. Köln, Graz 1965

Quelle: Duginov, A., Statističeskij sbornik "Narodnoe chozjajstvo SSSR". Aus: Planovoe chozjajstvo, No. 4 (1956) str. 78-86.

Unterbrechung	После дли́тельного переры́ва Центра́льное Статисти́ческое
wiederaufnehmen	Управле́ние при Сове́те Мини́стров СССР возобнови́ло публи-
	ка́цию систематизи́рованных статисти́ческих да́нных, харак-
	теризу́ющих хозя́йственное и культу́рное строи́тельство в
	СССР. Вы́шел из печа́ти статисти́ческий сбо́рник "Наро́дное
	хозя́йство СССР".
	Потре́бность в таки́х изда́ниях чрезвыча́йно вели́ка. То́чные,
bearbeiten	нау́чно обрабо́танные да́нные стати́стики необходи́мы для
	глубо́кого изуче́ния наро́дного хозя́йства, они́ явля́ются
unschätzbar	неоцени́мым материа́лом для нау́чных иссле́дований и для
	широ́кого разви́тия пропага́нды экономи́ческих зна́ний. ...
	Большо́е внима́ние уде́лено в сбо́рнике структу́рным сдви́гам
	по ря́ду важне́йших показа́телей разви́тия наро́дного хозя́й-
	ства. В ча́стности, значи́тельный интере́с представля́ют
	да́нные об измене́ниях структу́ры промы́шленно-произво́дствен-
	ных основны́х фо́ндов промы́шленности по ви́дам э́тих фо́ндов
Bearbeiter,Verfasser	и по о́траслям. ... К сожале́нию, состави́тели сбо́рника
gebührend	далеко́ не по всем вопро́сам удели́ли до́лжное внима́ние ха-
	ракте́ристике структу́рных сдви́гов. Так, табли́ца о струк-
	ту́ре затра́т на произво́дство промы́шленной проду́кции со-
	де́ржит в себе́ да́нные, относя́щиеся то́лько к 1955 го́ду;
Vergleichung	ме́жду тем сопоставле́ние э́тих да́нных со структу́рой затра́т
	в преды́дущие го́ды помогло́ бы вы́яснить как достиже́ния,
	так и недоста́тки в о́бласти сниже́ния затра́т на произво́д-
deutlich.Selbstko-	ство, и бо́лее отчётливо определи́ть резе́рвы сниже́ния се-
stenpreise	бесто́имости промы́шленной проду́кции. ...
Unvollständigkeit	К недоста́ткам сбо́рника сле́дует пре́жде всего́ отнести́ не-
	полноту́ его́ да́нных, отсу́ствие материа́ла о ря́де ва́жных
Teilbereich	уча́стков наро́дного хозя́йства. Мно́гие вопро́сы недоста́-
	точно детализи́рованы, в ча́стности в сбо́рнике нет да́нных
	о производи́тельности труда́ в отде́льных о́траслях хозя́йства.
	Нет та́кже аналити́ческих да́нных о сте́пени испо́льзования
	произво́дственных мо́щностей в промы́шленности и её о́трас-
Brennstoff	лях, о но́рмах расхо́да основны́х ви́дов сырья́, то́плива,
	строи́тельных материа́лов. Серьёзным недоста́тком сбо́рника
	явля́ется отсу́ствие да́нных о затра́тах труда́ в колхо́зах
	на произво́дство отде́льных ви́дов проду́кции. Ме́жду тем
	и́менно таки́е да́нные име́ют большо́е значе́ние как для на-
	у́чного ана́лиза, так и для пра́ктики плани́рования и моби-
	лиза́ции вну́тренных резе́рвов наро́дного хозя́йства. Кра́йне

	жела́тельно, что́бы в статистических сбо́рниках тако́го ро́да
Beleuchtung.ungenutzt	уделя́лось внима́ние освеще́нию име́ющихся да́нных о неис-
	по́льзованных резе́рвах наро́дного хозя́йства, что значи́тель-
Wirksamkeit	но повы́сит де́йственность публику́емых статисти́ческих ма-
nützlich	териа́лов. В э́той свя́зи кра́йне поле́зными были бы да́нные
	об о́пыте передовы́х предприя́тий, доби́вшихся высо́ких по-
	каза́телей в испо́льзовании основны́х фо́ндов, материа́льных
	и трудовы́х ресу́рсов.
	Вообще́ сле́дует подчеркну́ть, что составители сбо́рника
	должны́ были бо́льше удели́ть внима́ния тем пробле́мам, кото́-
auf das engste	рые тесне́е всего́ свя́заны с плани́рованием наро́дного хо-
hierher	зя́йства. Сюда́ в пе́рвую о́чередь отно́сятся бала́нсовые да́н-
	ные, кото́рые пока́зывали бы, как скла́дываются и изменя́-
	ются соотноше́ния в разви́тии о́траслей наро́дного хозя́йства
Gesamt-	и ме́жду разли́чными частями совоку́пного обще́ственного
fehlen	проду́кта. Отсу́тствуют показа́тели структу́ры национа́льного
	дохо́да. ...
	Серьёзный недоста́ток сбо́рника состои́т та́кже в том, что
fehlen.Gegenüberstel-lung	в нём отсу́тствует сопоставле́ние основны́х показа́телей
	разви́тия наро́дного хозя́йства СССР с соотве́тствующими
	показа́телями разви́тия наро́дного хозя́йства гла́вных капи-
	талисти́ческих стран. ...

WIRTSCHAFTLICHE ENTWICKLUNG DER RGW-STAATEN

Die wirtschaftliche Entwicklung innerhalb des RGW kann anhand der vom Sekretariat des RGW herausgegebenen Statistischen Jahrbücher ("Statističeskij eżegodnik stran-členov Soveta Ėkonomičeskoj Vzaimopomošči", M.) verfolgt werden. Leider sind bis heute die in diesen Veröffentlichungen enthaltenen Zahlenangaben noch nicht durchgängig homogenisiert.
Darüber hinaus erscheinen in den einschlägigen Fachzeitschriften periodisch wiederkehrende Analysen. (vor allem "Voprosy ėkonomiki", aber auch MĖiMO)

Quelle: Nikolaev, L., Tarasov, L.: Ėkonomika stran-členov SĖV (Obzor), aus: Voprosy ėkonomiki, No. 6, 1975, str. 90-92.

vergangen.Meilenstein	Проше́дший 1974 год стал ва́жной ве́хой в экономическом
	разви́тии стран социалисти́ческого содру́жества. На о́бщем
Hintergrund	противоре́чивом фо́не мировой эконо́мики то́лько стра́ны СЭВ
sich hervortun.Er-schütterung	выделя́лись стаби́льностью развития, не испы́тывая тех по-
	трясе́ний, которые характе́рны для капиталистических стран
	в связи́ с инфля́цией, повыше́нием цен и ростом безрабо́тицы.
	Плановое развитие социалистического народного хозяйства
erlauben	позволило странам СЭВ, как и в прошлые го́ды, успе́шно
	развивать все отрасли экономики и культуры. Этому спо-
	со́бствовала реализация Комплексной программы социали-
	стической экономической интеграции. Итоги выполне́ния
	планов 1974 г. даю́т все основания для вывода, что ско-
	ордини́рованные пятилетние планы стран социалистического
	содру́жества будут успешно завершены.
	В 1974 г.продолжалось расширение и углубление процесса
	специализации и коопери́рования производства; экономиче-
ср. бога́тый	ское и научно-техническое сотру́дничество обогаща́лось новы-

(be)ständig
vergangen. ср. динамика
ungefähr

ми фо́рмами и на этой основе неукло́нно возраста́л жи́зненный у́ровень населения стран содру́жества. Стра́ны-чле́ны СЭВ за проше́дший год продемонстри́ровали высо́кую динами́чность развития народного хозяйства. Это вы́разилось прежде всего́ в ро́сте национального дохода, который в це́лом по всем странам увели́чился примерно на 6,5 % против 1973 г., а по сравне́нию с 1970 г. - более чем на 29 %. Ни́же приво́дятся да́нные о росте национального дохода в 1974 г. по отде́льным стра́нам СЭВ (в %) :

		1973=100	1970=100
Болга́рия	....	107,5	133,3
Ве́нгрия	....	107	128
ГДР	....	106,3	124,4
Ку́ба	....	108	140
Монго́лия	....	105,6	123,5
По́льша	....	110	145
Румы́ния	....	112,5	153,3
СССР	....	105	126
ЧССР	....	105,5	122,4

Zuwachs
Durchschnitts-
umreißen
abzweigen
sich bemerkbar machen
bekräftigen

При этом необходи́мо отме́тить, что приро́ст национального дохода в 1974 г. в целом не только соотве́тствовал заплани́рованным среднегодовы́м темпам на теку́щую пятиле́тку, но в ря́де стран (Венгрии, ГДР, Польше и др.) был вы́ше, чем намеча́лось по плану. Стабильно высо́кие темпы приро́ста национального дохода позволя́ют стра́нам социалистического содру́жества из года в год выделя́ть всё бо́льше средств на накопле́ние, что в коне́чном счёте ска́зывается на росте капитальных вложе́ний, направля́емых на развитие всех о́траслей народного хозяйства. Это потвержда́ется сле́дующими данными (в %) :

		Среднегодовой прирост за 1971-1973 гг.	1974 г. к 1973 г.
Болгария	....	6,1	9
Венгрия	....	2,9	8
ГДР	....	4,1	4,2
Монголия	....	5,9	8,1
Польша	....	18,5	25
Румыния	....	9,7	17,3
СССР	....	5,9	7
ЧССР	....	7,6	8,7

Резкое увеличе́ние темпов приро́ста капитальных вложе́ний в Польше за последние го́ды объясняется в пе́рвую о́чередь повышением удельного веса фонда накопле́ния в испо́льзованном национальном дохо́де. Так, если в 1960 г. он составля́л 24,2 %, то в 1973 г. уже́ 34,6 %.
1974 год характеризова́лся высо́кими темпами развития

vorwärtsgerichtet

промышленности, которая играет определя́ющую роль в поступа́тельном движении всех стран-членов СЭВ. Приро́ст промышленной продукции в целом соста́вил в 1974 г. по сравне́нию с 1973 г. 8,5 %, а по сравнению с 1970 г. - 35 %.

Brutto-

По отде́льным стра́нам - чле́нам СЭВ приро́ст валово́й продукции промышленности характеризуется следующими данными (в %):

		Среднегодово́й приро́ст за 1971-1973 гг.	1974 г. к 1973 г.
Болгария	....	9,1	8,5
Венгрия	....	6,3	8,2
ГДР	....	6,1	7,4
Куба	....	8,8	8
Монголия	....	10,1	8,3
Польша	....	9,9	12,2
Румыния	....	12,7	15
СССР	....	7,2	8
ЧССР	....	6,7	6,2

Самыми высокими темпами, как и в предыду́щие годы теку́щей пятилетки, развивались машиностроение, радиоэлектроника, электроэнергетика и химическая промышленность, что сказывается в пе́рвую о́чередь на улучше́нии структуры и повышении эффективности всего́ народного хозяйства. Развитие прогрессивных о́траслей достига́ется путём строительства новых и модернизации действующих предприятий, при-

Umgestaltung

чём в последние годы модернизация и реконструкция де́йствующих предприятий обеспе́чили рост произво́дительности труда в промышленности. Так, в Болгарии за счёт этого фа́ктора было полу́чено 75 %, в Венгрии - 89, в ГДР - почти 100, в Польше - более 80, в Румынии - 73, в СССР - 84 и в ЧССР - 87 % всего приро́ста промышленной продукции. В 1974 г. во всех странах СЭВ продолжался процесс

Produktionsobjekte anwachsen lassen

введения в эксплуатацию новых мо́щностей, позволя́ющих нара́щивать темпы не только в промышленности, но и в других отраслях народного хозяйства. ...

Umgestaltung

Стро́ительство новых, модернизация, реконструкция и расширение де́йствующих предприятий позво́лили странам СЭВ

ср. под-

увели́чить производство почти́ во всех подо́траслях промышленности, обеспе́чить стабильное развитие о́траслей народного хозяйства. Этому в первую очередь способствова-

(all)jährlich. Vermehrung

ло ежего́дное нара́щивание производства электроэнергии, которое по всем странам СЭВ в целом соста́вило в 1974 г.

Kwh

свы́ше 1 300 млн. квтч., что почти в 10 раз больше, чем

hier: Produktion

в 1950 г. Резко повы́силась вы́плавка стали, достигнув в 1974 г. свыше 185 млн. т. ...

Развитие веду́щих о́траслей промышленности позво́лило улуч-

Versorgung

шить снабже́ние сельского хозяйства электроэнергией,

Ausstattung. Dünger

машинами, обору́дованием и удобрениями, что сказалось

Brutto-

на темпах его роста. По сравне́нию с 1973 г. валова́я

ungefähr

продукция сельского хозяйства возросла́ в Венгрии на 3,7 %, в ГДР - приме́рно на 7, в Монголии - на 3,8, в Польше - почти на 2, ЧССР - на 3 %, в Румынии её объём был приме́рно на у́ровне 1973 г., а в Болгарии и СССР несколько ниже уровня 1973 г.

schlecht
ср. погода=Wetter. stabil. Ernte
überproportional. Viehzucht/Pflanzenzucht

Особенностью развития сельского хозяйства стран СЭВ в последние годы является улучшение агротехники, укрепление материальной базы, что позволя́ет им даже при плохи́х пого́дных условиях получа́ть усто́йчивые урожа́и основны́х сельскохозяйственных культур. Характерным почти для всех стран СЭВ явилось опережа́ющее развитие животново́дства по сравнению с растениево́дством. ...

vergesellschaften
Brutto-
konstant
Pflanzenzucht. Viehzucht/hinzufügen
Dünger. Aussaat
Umrechnung. ha
hier: Nutzfläche

Возросла́ роль обобществлённого се́ктора в общей сельскохозяйственной продукции. Его валова́я продукция только за год увели́чилась на 12,3 % (в постоя́нных ценах), в том числе растениеводства - на 7,8 и животноводства - на 17,7 %. Резко возросло́ количество вне́сенных искусственных удобре́ний под посе́вы 1974 г. (на 9,3 % бо́льше, чем в 1973 г.). В пересчёте на 1 га сельскохозяйственных уго́дий расход удобре́ний увели́чился со 158 кг в 1973 г. до 173 кг в 1974 г.

...

WIRTSCHAFTSREFORM UND LOHNSYSTEM

Der vorliegende Text stammt von einem Wirtschaftspraktiker aus der sowjetischen Automobilindustrie. Er ist einem Bericht über die Erfahrungen mit der Wirtschaftsreform entnommen.

Zur Orientierung:
Feiwel, George R.: The Soviet Quest for Economic Efficiency. [2]New York, London 1972

Quelle: Fursov, V., Chozrasčet i material'noe stimulirovanie na Volžskom Avtomobil'nom Zavode. Aus: Planovoe chozjajstvo, No.5 (1975), str. 107-110

Bezahlung
hier: Art
ср. определение
Akkord-
Bedienung

Новая система оплаты введена на Волжском автомобильном заводе в порядке эксперимента с 1970 г. и в общем виде может быть определена как повременно-премиальная с элементами сдельной, с дополнительной оплатой за выполнение нормированных заданий. Последние устанавливаются на основе технически обоснованных норм времени и норм обслуживания.

sich zusammensetzen

По своему составу заработная плата рабочего слагается из трёх основных частей:

anrechnen
einschließen
"Meisterschaft"

Первая часть заработной платы - повременная - начисляется пропорционально фактически отработанному времени и включает оплату по тарифу (тарифная ставка), доплату за профессиональное мастерство и доплату за условия труда.

Unterschied. üblich

Оплата по тарифу. В отличие от обычной для машиностроительных предприятий системы, включающей большой диапазон

шесть= sechs
Hilfs-
dessen
Akkord-
ср. разряд.Unter-schied.-ср.шесть
ср.мало,движение
nicht identisch.
Fleiß
Erfahrung
Umfang
Abschnitt.ср.граница
beseitigen.Ungleichheit
festsetzen
im Laufe
entziehen
berücksichtigen.kalt.heiß.- schwer
gefährlich
vorsehen
besitzen
Reihe.Vorzug
zulassen
Verletzung
Abstimmung
ср. слабый.verleihen
berechnen
Schicht-

тарифных сеток, на Волжском автозаводе применяется одна шестиразрядная тарифная сетка, охватывающая всех рабочих, за исключением некоторых категорий вспомогательного персонала, чьи тарифные ставки на 10 % ниже. Кроме того, в заводских тарифных ставках отсутствуют доплата за условия труда и различия в оценке повременных и сдельных работ. Межразрядная разница в тарифных ставках - 12 %, т.е. соотношение между ставками первого и шестого разрядов как 1:1,8.

Доплата за профессиональное мастерство. Разряд - показатель слишком общий и малоподвижный. Люди, имеющие один разряд, работают неодинаково, с разной степенью интенсивности, прилежания, аккуратности. Многое зависит от индивидуальных способностей, навыков, отношения к труду. Игнорировать это нельзя, тем более в массовом производстве, где диапазон квалификации работ на конкретном участке ограничен, как правило, одним-двумя разрядами. ...

Чтобы устранить неравенство и обеспечить реальную дифференциацию труда, на автозаводе введена доплата за профессиональное мастерство. Она устанавливается по предложению мастера раз в год и составляет 4, 8, 12 % к тарифной ставке соответствующего разряда. Если на протяжении года качество снижается, мастер может внести предложение и лишить рабочего доплаты или сократить её размер. ...

Доплата за условия труда. Действующие в машиностроении тарифные ставки учитывают три вида работ: холодные, горячие и с вредными условиями труда с особо тяжёлыми и особо вредными условиями труда . Опыт показывает, что такая дифференциация носит общий характер. В частности, не учитывается степень напряжённости труда на холодных работах, недостаточно учитывается "коридор" между вредными и особо вредными условиями труда, не предусмотрены различные сочетания напряжённости, тяжести и вредности. ...

Тарифные ставки на заводе не связаны с условиями труда, вместо этого введена система доплат. Доплаты учитывают как условия труда, так и уровень его напряжённости. Доплаты составляют 4, 8, 12, 17, 22, 27 % тарифной ставки за условия труда для каждого рабочего. Система обладает рядом достоинств. Оплата рабочего зависит от напряжённости труда, условий работы, фактического времени работы. Кроме того, она позволяет свободно маневрировать рабочей силой без нарушения принципа оплаты по труду, контролировать средний уровень заработной платы и её динамику в тесной увязке с показателями производительности. Следовательно, первая часть заработной платы есть, по существу, тарифная ставка, дифференцированно увеличивающаяся с ростом мастерства рабочего, физических и эмоциональных усилий, необходимых для выполнения трудовых функций. Как показывает опыт, указанные доплаты не только не ослабляют значение тарифной ставки, но и придают ей динамичность, стимулируя рост мастерства и качества работ.

Вторая част заработной платы - доплата за выполнение нормированных заданий, которая исчисляется в процентах к повременной оплате и зависит от выполнения бригадой сменного

ср.месяц	и месячного задания. По существующему положению её
	максимальный размер - 40 %. Система доплаты за выполнение
ср.распространение	нормированного задания распространяется на всех рабочих
Hilfs-	как основного, так и вспомогательного производства. Эта
	часть заработной платы стимулирует рост количественных
	показателей, заинтересовывая рабочего в достижении опти-
	мального результата. ...
	Третья часть заработной платы рабочих - премия за сни-
Arbeitsaufwand	жение трудоёмкости и рост производительности труда. Эта
verfolgen.Aneignung	доплата преследует две цели: стимулировать быстрое осво-
	ение проектных норм времени и обеспечивать тесную связь
	между заработной платой и производительностью труда. ...
sehen	Как видим, по мере снижения трудоёмкости размеры премий
ср.рост.ходить=gehen	возрастали и при достижении проектной величины доходили
	до максимума - 20 %.

Экономический кризис в странах капитала прежде всего сказывается на положении иностранных рабочих: их увольняют первыми. (Из газет).

За борт... Рис. Л. Чепрунова.

Pravda, 12.6.76

E. SCHLÜSSEL ZU DEN VOKABELLISTEN

SCHLÜSSEL zu den VOKABELLISTEN

Zur besseren Benutzbarkeit ist die Auflösung der Lückenergänzungen in Kolumnen geschrieben.

1. Lektion

Intelligenz und Proletariat
Proletariat
proletarische Kultur
der Bankrott der Politik der Agressoren
Universitätsstatut
Elektrizität
Elektrifizierung des Sowjetlandes (des sowjetischen Landes)
eine Region elektrifizieren
politische Strömung
Solidarität
solidarisch
die Aktualität der politischen Informationen
aktuell
Neutralität
нейтральный
eine konkrete Möglichkeit
конкретность
Industriegebiet
eine Forderung der Politiker
eine Mitteilung des Präsidiums
Beziehung

3

Gegenstand der Gesellschaftswissenschaften ist die Gesellschaft.
"gesellschaftliche Bewegung"
die Entwicklung der Struktur des Offizierscorps
sowjetisch
arabisch
zaristisches Regime
die Sozialdemokratie des Russischen Reiches
die russische Sozialdemokratie
eine polemische Frage
eine Unionsrepublik
wissenschaftliches Interesse
Volkskontrolle
"Rote Professur"
mittlere Regionen
1. Welt, 2. Friede
Außenpolitik
staatliche Eremitage
Staat
gesellschaftlich; öffentlich
öffentliches Interesse
Gesellschaft
Öffentlichkeit
Erster Sekretär des ZK
auf dem Gebiet der Wissenschaft

4

Jahr

2. Lektion

Einheit der Partei
Plenumssitzung des Zentralkomitees
Die Einheit der Partei ist eine Bedingung (ihrer) Stärke
Kampf des Proletariats
kämpfen gegen die Inflation

5

der Geist der leninschen Prinzipien
Verschärfung des Kampfes
Sowjetunion
Unionsrepubliken
Abreise des Ministers aus Moskau
Parteikongreß
eine Erklärung Indira Gandhis
linke Kräfte
Wiener Verhandlungen
Der Kanzler trat im Radio und im Fernsehen auf.
Neuerer
Regierungschef (Chef der Regierung)
Sicherheitsrat der UNO
gegen Chauvinismus und Reaktion
nach Ratifikation des Vertrages

6

Abreise des Ministers aus Kiev
Empfang beim Vorsitzenden
aus der Erfahrung des ideologischen Kampfes
Gäste aus Moskau
Erklärung für die Presse
Vorsitzender
Unternehmen, Vorhaben
Vorschlag
Sitzung des Präsidiums des Obersten Sowjets
Die Hauptstadt der BRD ist Bonn.
"großes Theater"
große Bedeutung
Bolschewismus
Kampf gegen den Bolschewismus

Bolschewik
bolschewistische Fraktion
das ganze Volk
alle Minister
Die Frage hatte Bedeutung.
ein notwendiger Beschluß
Aktionseinheit (Einheit der Aktionen)
Kissinger unterstrich, daß
Recht der Nationen auf Selbstbestimmung
Der Parteikongreß faßte einen Beschluß.

7

Die Menschewiki nahmen den Kampf auf.
Der Kongreß der KPdSU fand im Jahr 1956 statt.
Neujahrs-
Neujahrsansprache des Kanzlers
Einheit
Vereinigte Staaten

3. Lektion

Der Minister unterzeichnete das Dokument.

8

Teilnehmer der Konferenz
Akademiemitglied
Historiker
teilnehmen
Die Mitglieder der Kommission erörterten das Problem.
Erörterung des Problems
Fortsetzung folgt
wissenschaftlicher Vortrag
Vertrag
bis Moskau
gesellschaftlich Tätiger
Pekinger Führer
der Stellvertreter des Vorsitzenden
chilenisch
Wien
Wiener
Peking
Pekinger
Warschau
Warschauer Pakt
Sambia
sambisch
Vorsitzender
Vertreter, Repräsentant
die öffentliche Rede E. Giereks
Der Minister legte das Programm dar.
Gäste aus Prag
Der Kongreß beendete seine Arbeit.
im gesellschaftlichen Leben
während der Konferenz
Das ist ein wichtiges Dokument

9

von allen Seiten
ein einseitiger Artikel
Regierungserklärung
Regierung
gesellschaftliches Interesse
Gesellschaft
Oberstes Gericht
Erörterung eines Problems
Das Land macht eine Krise durch.
Wiener Verhandlungen
sprechen
Vertrag über Freundschaft und Zusammenarbeit
Verhandlungen
Es gibt nur eine Alternative.
Einheit der fortschrittlichen Kräfte
einziges Resultat der Verhandlungen
gefährlich
Die Bedeutung des Besuchs geht über den Rahmen der Region hinaus.
Protest gegen die Erhöhung der Preise
Demonstration für eine Erhöhung des Arbeitslohnes
Schwarzes Meer
Ostsee
Karibische See
ungeachtet der Proteste der Öffentlichkeit
Fortsetzung folgt
Erörterung des Vortrags
ein Problem lösen
Beschluß des Zentralkomitees
Aufhebung des Privateigentums

10

das politische Klima verbessern
die Verbesserung des politischen Klimas
TASS-Meldung
Die Regierung verstärkt die Repressionen.
Verstärkung der repressiven Maßnahmen
der Protest verschiedener sozialer Gruppen
Krisenmeldungen liefen ein.
außenpolitischer Kurs
Die Sowjetmenschen wollen den Frieden.
Die Sitzungsperiode endet am 4. Juli.
Die Währungsreserven verringern sich.
die Verringerung der Währungsreserven
Die provisorische Regierung setzt die Außenpolitik des Zarismus fort.
Aufhebung des privaten Eigentums an "Grund und Boden" (d.i.Land)
Privateigentum an Produktionsmitteln
Das Programm sieht Massendemonstrationen vor.

Vorschlag der Regierung
der Vorsitzende des Präsidiums
Erhöhung der Preise
Verbesserung der Altersversorgung
Das Treffen hat gewaltige Bedeutung
gesellschaftliche Kräfte
die internationalen Verbindungen verstärken
Ministerium der auswärtigen Angelegenheiten
die Rolle des ausländischen Kapitals in Rußland
die Bevölkerung der ganzen Welt
in Kraft treten
Inkrafttreten
Die Versammlung wählte Stalin zum Berichterstatter.
Wahlgesetz

11

letztes Stadium des Kapitalismus
Die Ziele der Partei sind unsere Ziele.
mein Freund, unsere Freunde
Der Roman besteht aus 2 Teilen.
Alles hängt ab von den Umständen.

4. Lektion

Alle Macht den Räten!
Einerseits ... andererseits
jeden Tag
alle 20 Minuten
Das war eben dasselbe Argument.
Die Losung war und bleibt ein und dieselbe.
Die Kriterien für die Lösung der Frage waren folgende.
Die Argumente waren von solcher Art:
Grundgesetz
Grundlage
Was für ein Problem haben Sie?
Ausländische Hilfe spielt eine große Rolle.

12

Hitler-Deutschland führte einen Krieg
Friede auf der ganzen Welt
Weltmarkt
Friedensvertrag
friedliche Koexistenz
Ich bin Student.
Sie sprechen viel darüber.
Die Delegationen besuchten die Redaktion
Die Rede zeugt davon, daß
Ölgesellschaft

Was für ein Leben!
die Zukunft der sowjetisch-kubanischen Freundschaft
sie sprechen viel darüber
der Präsident hebt hervor, daß
seine Positionen stärken
die Stärkung der Positionen
unter seine Kontrolle nehmen
die Politik der friedlichen Koexistenz unterstützen
Außenpolitik
außenpolitischer Kurs
Außenhandelsbilanz
das Vermögen der Ölgesellschaften
Das hat Bedeutung.
"Neuerertum"
Elektrizität
Offizierscorps
Regierung
Staat
Bankrott
Zusammenarbeit
Einheit
der Prozeß der Stärkung der internationalen Einheit der sozialistischen Länder

13

die Preise auf Rohöl verändern
Veränderung der Konjunktur
Der Minister spricht seine Überzeugung aus.
den Genossen überzeugen
Die Gesellschaft aktivierte ihre Tätigkeit merklich.
Peter der Große

5. Lektion

Sein oder Nichtsein, das ist hier die Frage.
im Sozialismus
unter welchen Bedingungen?
Ankunft
Er mißt dem große Bedeutung bei.
Das Präsidium faßte einen Beschluß.
nach Ablauf der Frist
politische Strömung

14

antisowjetisch
verfassungsfeindlicher Akt
proamerikanisch
Der Gelehrte schreibt einen Artikel über die Spieltheorie.
Gestern schrieb Žukov seinen Artikel.
gefährliche Lage in Angola
Die Hauptstadt Chinas ist Peking.
Der 1. Mai ist der Feiertag der Werktätigen

Die Räte der Deputierten der Werktätigen
Erfolge des werktätigen Volkes
Beendigung des Streiks
viele Streiks
Das Streikkomitee faßte den Beschluß mit der Mehrheit der Stimmen.
streiken
herzlicher Empfang
Herzlichkeit in den Beziehungen
brüderlicher Bund der sowjetischen Nationen
an der afghanisch-sowjetischen Grenze
grenzen an
China grenzt an die UdSSR
Weltgeschichte
welthistorische Bedeutung
Allunionskongreß
das ganze Volk betreffend
Das Exekutivkomitee faßte einen Beschluß.
nach Beendigung des Studiums
die Verhandlungen beendigen

15

Aufenthalt Kissingers in Moskau
Der 1. Sekretär der Partei veröffentlichte einen Sammelband seiner Reden.
Der Redakteur veröffentlicht einen Artikel.
Die Redaktion veröffentlichte viele Zeitschriften.
öffentliche Bibliothek
Publizist
Jurij Žukov arbeitet als Publizist.
Publizistik
publizistisch
Sammelband von Dokumenten
Fernsehfilm
Fernsehen
Freundschaftsbesuch
Völkerfreundschaft
Sie waren Freunde des Volkes.
Das geschieht aus verschiedenen Gründen.
soziale Herkunft
im vergangenen Jahr
Die Historiker sprachen über die Vergangenheit der Fabrik.
südlich - Süden
östlich - Osten
wissenschaftlich - Wissenschaft
technisch - Technik
Ostverträge
osteuropäische Flüsse
westeuropäische Staaten
Osten, Westen

16

am Anfang des Jahres
Grundlagen des Marxismus-Leninismus
Hitler-Deutschland begann den Krieg.
die innere Lage in Äthiopien
internationale Lage
Abbruch des Streiks
den Streik abbrechen
an der sowjetisch-chinesischen Grenze
angespannte Arbeit
Börsenkrach
Sie wächst weit von der Hauptstadt entfernt auf.
Die politische Aktivität der Massen wächst.
Er wuchs in der Stadt auf.
Man veröffentlichte den ersten Sammelband der Reden L.I. Brežnevs.
Erster-Mai-Demonstration
ursprüngliches Projekt
Jahre der Schulausbildung
Lehr-, Studienplan
Schul-, Studienfach
Beginn des Krieges
5 Stimmen waren dafür, 6 dagegen.
abstimmen über eine Gesetzesvorlage
Abstimmung

17

mit der Mehrheit der Stimmen
Das Bol'šoj-Theater befindet sich in Moskau.
Bol'ševik - Men'ševik
eine neue Bedingung in den Vertrag einfügen
Er leistete einen großen Beitrag zu dieser Sache.
die Ausbeutung des Menschen durch den Menschen
Menschenrechte
ein Vertreter des Volkskommissariats
Das erwies sich als ein Fehler.
Er benutzt die wissenschaftliche Literatur.
Die Völker haben das Recht auf Selbstbestimmung.
Er verfügt über große Talente.
sein
Er war Bauer.
werden
Er wurde Ingenieur.
sein
Das ist ein Fehler.
Sie hielt den Beschluß des Politbüros für einen Fehler.
Er diente in der Armee als Offizier.
Sie arbeitete in der Fabrik als Direktor.
Er beschäftigte sich mit ernsten Problemen.
Man machte ihn zum Vorsitzenden.

Man wählte ihn zum Mitglied des ZK der Partei.
Die Inflation blieb ein ernstes Problem.

18

Als Ursache aller dieser politischen Fehler erwies sich der Beschluß des Parteikongresses.
die Erweiterung des dokumentarischen Materials
gegen die Strömung
Diese Frage beschäftigt alle Wissenschaftler.
Die Lehre von Karl Marx
lernen, lernen
Innenministerium
Außenministerium
häufige Treffen der Minister
Die Minister trafen sich häufig.
erziehen
Leibeserziehung
moralische Erziehung
kommunistische Erziehung

6. Lektion

19

der Frage viel Zeit widmen
Beide Seiten unterzeichneten den Friedensvertrag.
Beide Kontrahenten unterschrieben das Dokument.
auf die Frage antworten
für den Fehler verantwortlich sein
verantwortlicher Redakteur
Ebenso wie Lenin trat auch Trockij gegen den Vorschlag Stalins auf.
Feindseligkeit
die der Sache des Friedens feindliche Propaganda
die den sozialistischen Ländern feindliche Politik des Westens
ein für die Lösung der Frage wichtiges Argument
eine an Informationen reiche Mitteilung
nach Ablauf der Frist
verändern
ein Programm darlegen
Verlag für politische Literatur
aus Warschau
Exekutivkomitee
die sogenannte Freie Universität in Westberlin

Das war sozusagen ein großer Fehler.
die Entwicklung der Zusammenarbeit fördern
Der Beschluß wird zum Erfolg der Sache beitragen.

20

Der Beschluß der sozialdemokratischen Partei behindert die Entwicklung der Zusammenarbeit.
Hindernis
Der Beschluß erwies sich als ein Hindernis.
Durch sein Verhalten stört er die Zusammenarbeit.
Treffen mit dem Minister
Verbesserung des politischen Klimas
Stärkung der Außenhandelspositionen
Verstärkung des Kampfes
den Kampf für den Frieden verstärken
das Eigentum an Produktionsmitteln aufheben
die Verhandlungen werden zu einer Verbesserung der Beziehungen führen
Gemeinsamer Markt
die Proteste der fortschrittlichen Öffentlichkeit
das wechselseitige Interesse der Kontrahenten
strittige Frage
Streit
streiten
Kosygin empfing den Botschafter der USA.
annehmen, empfangen
die Forderungen der Arbeiter befriedigen
die Befriedigung der Forderungen
Kampf der Meinungen
Erklärung Indira Gandhis
Erklärung abgeben
Die Regierung gibt eine Erklärung über den Vorfall an der sowjetisch-chinesischen Grenze ab.
Die Frage hat große Bedeutung.
bedeutendes Anwachsen

21

die staatliche Verschuldung Rußlands
die Politik der Entspannung
Das kann nicht sein.
Möglichkeit
man kann sagen
erfolgreiche Politiker
Erfolg unserer Politik
Peter der Große
eine Erhöhung der Zahl der Arbeiter
Žukov nimmt eine wichtige Stellung ein.
Žukov befaßt sich mit Musik, Marx mit Geschichte.
Marx' Beschäftigung mit Geschichte
Die Zahl der in der Industrie beschäftigten Arbeiter

von 1907 bis 1913
das Budget der Einnahmen und Ausgaben
Der Haushalt erhöhte sich um 80%.
das Problem lösen
eine Lösung des Problems
der Beschluß des Parteitages
Wann war der Minister in Moskau?
Er nahm früher eine andere Position ein.
vor allem
Einfluß ausüben
Kunst - künstlich
alle Kräfte anspannen
Spannung an der sowjetisch-chinesischen Grenze

22
persönliche Frage
reiches Material
Reichtum
Beziehung
Die Kritik bezog sich auf ihn.
Stiller Ozean
beendigen
häufige Treffen der Minister

7. Lektion

Botschaft, Schreiben
Sowjetische Botschaft

23
Er mißt dem keine Bedeutung bei.
der beste Arbeiter
deutsches Volk
deutsche Frage
Deutscher
Regierungsform
Mitglied der Unternehmensführung
Regierung
Antwort der Sowjetregierung
Krise des modernen Kapitalismus
zu seiner Zeit
Provisorische Regierung
auf Einladung des Parteivorsitzenden
auf Einladung des Bundeskanzlers
Einheitsfront der fortschrittlichen Kräfte
Kampf für die Einheit der Arbeiterbewegung
Staatsbürgerschaft
nach Meinung des Autors
aus welchem Grunde
Lehrbuch zur Geschichte der Sowjetperiode

Demonstrationen breiteten sich im ganzen Lande aus
Der Geburtstag von Karl Marx ist der 5. Mai.
Lenin wurde 1870 geboren.
Der Autor schrieb eine Reihe von Zeitschriftenartikeln.
eine Reihe neuer Tatsachen
der 2. Weltkrieg

24
Staatsschuld
Der 8. März ist der internationale Frauentag
Frau
wissenschaftliche Arbeiten, Forschungen
gesellschaftliche Arbeit
mit Mühe
erwerbstätige Bevölkerung
werktätiges Volk
Sieg über das faschistische Deutschland
Sieger
siegen
Schulgesetz
Schüler
herrschen über
herrschende Klasse
vor dem Krieg
Georgien
Georgier
Handelskapital
Außenhandel
Die Delegation traf in Moskau ein.
Ankunft des Ministers
fortschrittliche Kräfte
den Terror verstärken
eine starke politische Strömung

25
Festigung der Außenhandelspositionen
Die USA festigten ihre Positionen.
Kosygin schickte Glückwünsche.
Volksbildung
Das Parlament bildete eine Kommission.
Nordischer Krieg
Norden
Unternehmensleitung
Festigung der Positionen
enger Kontakt
Sie errang einen Erfolg.
Diese Frage betraf alle.
Das kubanische Volk strebte nach Freiheit.
Streben zum Sieg
Er gilt als bester Arbeiter.
der Lebensstandard der Werktätigen
unter der Flagge des Antikommunismus
Oberster Sowjet
das Präsidium des Obersten Sowjets
Gewerkschaftsbewegung

Meinungsaustausch
Wenn das so ist, (so) bin ich dagegen.

8. Lektion

26
die sogenannte Freie Universität
Führer
eine Partei führen
die nichtsozialistischen Länder
unumgängliche, notwendige Maßnahmen
unpopulär
Kampf für die Unabhängigkeit
illegale Ziele
einen Faktor mit dem anderen vergleichen
Stimmengleichheit, Gleichheit der Stimmen
die Einstellung Pekings zu verschiedenen Ländern
an eine Frage herangehen

27
gesellschaftliche Veränderungen
verändern
Der Botschafter der UdSSR in der BRD betrachtet den Besuch Breżnevs als einen Erfolg.
Betrachtung, Untersuchung
Veränderungen werden beobachtet.
die Sicherung, Gewährleistung des internationalen Friedens
die europäische Sicherheit gewährleisten
in dem Telegramm heißt es (wird gesagt)
Die Zeitung wird vom ZK der Partei herausgegeben.
Produktionsausstoß
der neue Regierungschef
Im 2. Kapitel des Buches wird das Abrüstungsproblem analysiert.
der 2. Weltkrieg
die militärpolitische Konsolidierung der NATO
Die Politik der BRD wird bestimmt durch den kapitalistischen Charakter dieses Staates.
die Definition der Staatsschuld
die sowjetische Gesellschaftsordnung
Die Arbeiter bauen ein Haus.
Alle nahmen teil.
Es war zu Beginn des Jahres und zwar im Januar.

Deshalb gelang es uns nicht.
die Arbeit beenden
nach Beendigung der Arbeit

28
zu spät zur Arbeit kommen
mit Verspätung
sie wissen
Man erfüllte den Plan vorfristig, vorzeitig.
Übererfüllung des Planes
entweder im März oder im April
Marx oder Engels sagten schon
Diese Frage wurde allerdings nicht entschieden.
der Prozeß der Stärkung der EWG
All dies führte zu einer Veränderung der Rolle der EWG.
Gromyko wird am 25. September Kanada besuchen.
Der Rezensent erhielt das Buch.
Die Beziehungen werden eine weitere Entwicklung erfahren.
Es ist notwendig, zur Vorbereitung der Konferenz zu schreiten.
die Rede E. Giereks
Die wirtschaftliche Effektivität der Automatisierung erhöht sich.
Erhöhung des Arbeitslohnes
hoher Lebensstandard

29
Das ist dort, wo sich das Mausoleum Lenins befindet.
Wo befindet sich das Außenhandelsministerium?
man kann nicht sagen
Wann kam Hitler zur Macht?
Das war die Periode, als Lenin an dem Thema der Genese des Kapitalismus arbeitete.
Zu dieser Zeit zeichnet sich der Übergang von Marx vom Idealismus zum Materialismus ab.
zur Macht gelangen
Übergang vom Kapitalismus zum Sozialismus
solange das Proletariat noch den Staat nötig hat
unter dem Druck der bäuerlichen Massen
Der sozialistische Staat ist ein Mittel zur Unterdrückung der Klassengegner.
unterdrücken
Wenn das so ist, dann bin ich dagegen.
Er kann nicht ins Kino gehen, weil morgen eine Versammlung sein wird.
Unter den Abgeordneten sind 31,7% Arbeiter.
Das Parlament besteht aus 500 Abgeordneten, unter ihnen 137 Bauern.

Die Parteien (Seiten) schlossen einen Vertrag.
der Abschluß des Brester Friedens
Der Vorsitzende der Kommission trat sofort gegen den Vorschlag Černovs auf.

30
die Macht an die russische Bourgeoisie zurückgeben
geben
übergeben
Übertragung im Radio
Der Autor des Buches versucht, das Problem der sowjetisch-chinesischen Beziehungen herauszuarbeiten.
wirklich
wirkliches Mitglied der Akademie der Wissenschaften

9. Lektion

Er leistete einen großen Beitrag zu dieser Sache.
gegenseitiges Interesse
auf der Grundlage des gegenseitigen Vorteils
vorteilhafter Vertrag
Vertrag über Nichteinmischung
sich einmischen in die inneren Angelegenheiten
die Überwindung des Anarchismus
Gewerkschaftsbewegung
die Überwindung des Anarchismus in der Gewerkschaftsbewegung

31
Befreiungsbewegung
Freiheit der Presse
Bund der Befreiung
befreien
Die Arbeiter bauen ein neues Haus.
der Aufbau einer neues Gesellschaft
die Veränderung der organisatorischen Struktur
der Aufbau von Organisationen auf der Grundlage des Föderalismus
die Arbeiterklasse hinter sich bringen
Der Staat ist ein Instrument zum Aufbau des Sozialismus.
gegen den Trotzkismus
Gegenüberstellung
Stadtverwaltung
Finanzverwaltung
Staatsduma
befreien
Befreiung
überwinden
Überwindung
Die fortschrittlichen Kräfte müssen gegen das Gesetz protestieren.
im gegenwärtigen Moment
Der Verlag "Nauka" gibt viele Bücher über Gesellschaftswissenschaften heraus.
Veränderung der Konjunktur
herausgeben
Die Kommission wählte einen Vorsitzenden.
die Wahl des Präsidenten
Die Zeitschrift wird vom ZK der Partei herausgegeben.
Produktionsausstoß

32
Sein Freund arbeitet in der Stadtverwaltung.
die Aufmerksamkeit auf eine andere Frage richten
die Richtung der gesellschaftlichen Entwicklung
hoher Lebensstandard
hoher Prozentsatz
Freundschaftsbesuch
Völkerfreundschaft
Freund des Sowjetvolkes
die Gesellschaftsordnung
ununterbrochene Arbeit
Fortsetzung folgt
die Durchführung der Politik der Entspannung
eine Politik durchführen
eine feste Überzeugung
ein fester Charakter
feste Preise
vielseitig, multilateral
einerseits ... andererseits
gemeinsame Anstrengungen beider Parteien (Seiten)
Anstrengungen für den Frieden
Die der Sache des Friedens feindliche Propaganda benutzt den Ausdruck "Supermacht" für die Sowjetunion.

10. Lektion

33
die Vereinigten Staaten Amerikas, USA
die Organisation der Vereinten Nationen, UNO
In der Geschichtswissenschaft der UdSSR nimmt die Zeitschrift "Geschichte der UdSSR" einen bedeutenden Platz ein.

Forschungszentrum
Forscher, Wissenschaftler
Fortsetzung folgt.
die im Jahr 1946 gegründete Forschungsgesellschaft
alle genannten (Aktien-) Gesellschaften
eine Überzeugung aussprechen
hervorrufen
Der Beschluß ruft Kritik hervor
ihr Beschluß (pl.)
sein Vorschlag
ihre (f. sg.) Kritik
das stärker gewordene Interesse der studentischen Öffentlichkeit
das wachsende Interesse
Erhöhung (Anwachsen) des Lebensstandards
Die Autoren selbst schreiben über dieses Problem.

34

deutsche Jugend
Kommunistischer Jugendverband
junger Mensch
Inhalt des Buches
beinhalten
die von den sozialistischen Ländern erreichten Erfolge
Errungenschaften der Volkswirtschaft
zeigen
Die Erfolge der UdSSR zeigen die große Vitalität des Sozialismus.
Verkauf von Waren
die in der Produktion entstehenden Veränderungen
Die Krise befindet sich im Stadium der Entstehung.
Marx ging auf die Position des Materialismus über.
der Übergang vom Feudalismus zum Kapitalismus
die Veränderung der Organisationsstruktur
altes Regime, ancien régime
modischer Begriff
die Zahl der Studenten erhöht sich
Angestellte und Arbeiter
Churchill diente als Offizier in Indien.
der nächste Genosse
Fortsetzung folgt.
ihr Lieblingsautor ist Tolstoj

35

Gesellschaftsordnung
ein Haus bauen
die Herrschaft der Monopole über die Kolonien
nach meiner Überzeugung
die an der Demonstration teilnehmenden Studenten
die Teilnahme des Präsidenten an der Konferenz
die Teilnehmer der Konferenz
teilnehmen
Er arbeitete schon lange in dieser Fabrik.
Erhöhung des Lohns
Landwirtschaft
ein Jahr
Übererfüllung des 5-Jahres-Plans
Im Krieg war das Sowjetvolk ergriffen vom Pathos des Patriotismus.
Sonderbotschafter, außerordentl. B.
Der Beschluß des Kongresses verschärfte die Beziehungen.
die Verschärfung der Beziehungen
gespannte Situation
die Anwendung einer neuen Methode
das Buch, das von der Akademie der Wissenschaften vorbereitet worden ist

36

Das Buch stellt eine der ersten Arbeiten über den entwickelten Sozialismus dar.
ein glänzendes Talent
ein leuchtendes Beispiel
Bei ihm trat ein Interesse zur Frage der Abrüstung hervor.
sein Leben
ihr Beschluß
ihre Freunde
Grundorganisationen der KPdSU
Primärwahlen in den USA

11. Lektion

Lenin lebte, ist lebendig und wird leben.

37

die Edition einer besonderen Buchreihe "veranstalten"
Unternehmen
Unternehmer
Das Buch besteht aus vielen Teilen.
Tausend Personen nahmen an der Demonstration teil.
"Die Entstehung und Entwicklung der Räte in Rußland"

entstehen
Die Zeitschrift "Geschichte der UdSSR" wurde gegründet 1957.
auf der Grundlage eines alten Gesetzes
auf der Grundlage solider Angaben
die Veröffentlichung von Quellen zur Geschichte Rußlands
Besonderheiten des Imperialismus in Rußland
schriftliche Quelle
schreiben
Lenin schrieb einen Brief.
Die Position Israels ist verurteilt worden.
Die Erklärung findet Unterstützung.
Die Delegation befand sich noch auf Kuba.
Breite
Ein hoher Prozentsatz der Bevölkerung der UdSSR sind Nicht-Russen.
Höhe
Peter der Große
Größe
Widersprüche im System des Kapitalismus

38

die Länder der sozialistischen Gemeinschaft
Europäische Ökonomische Vereinigung (=EWG)
die Durchführung radikaler Reformen
Verhandlungen führen
die Einführung von Aktien an der Börse
Handelsabkommen
Stimme Amerikas
Abkommen über die Gewährung wirtschaftlicher Hilfe
Hilfe gewähren
Der Beschluß ist richtig.
die Errichtung, Aufnahme diplomatischer Beziehungen
die Errichtung der Sowjetmacht
errichten
die Arbeit in der festgesetzten Frist (russ: pl.) abschließen (erfüllen)
Tendenzen in der amerikanischen Soziologie
die auf die Festigung des Friedens gerichtete Politik der Regierung
Die Geschichte des Liberalismus im Russischen Reiche ist schlecht erforscht.
untrennbar verbunden
annähernd 1%
UNO: Organisation der Vereinten Nationen
Aktionseinheit (Einheit der Aktionen)
ein guter Mensch

39

ein positives Resultat der Verhandlungen
Er lebt (existiert) von seiner Arbeit.
das Prinzip der friedlichen Koexistenz
die deutliche Linie der KPdSU
Die Linie der KPdSU ist deutlich, klar.
die gegenwärtigen und zukünftigen Aufgaben der KPdSU
politische Strömungen
dabei geht die Partei davon aus, daß ..
die Abgeordneten wählten einen Vorsitzenden
die Periode des schrittweisen Übergangs vom Sozialismus zum Kommunismus
mehr als 20%
Die Konzeption ist mehr oder weniger originell ausgearbeitet.
mit Stimmenmehrheit (mit der Mehrheit der Stimmen)
Zunahme der Produktivität der Arbeit
die Produktion von Stahl, Stahlproduktion
Neue Informationen erlauben das Problem zu lösen.
Petrov, Ivanov und andere
9 Arbeiter und 9 Bauern
Die Wirtschaft der UdSSR entwickelt sich in schnellem Tempo (russ: pl.).
ein vollständiges Bild
das größte Unternehmen
der wahrscheinlichste Kandidat

40

Der Staatsrat war eine der konservativsten Institutionen in Rußland vor 1917.
Die Revolution brachte neue Ideen in die europäischen Länder.
nicht nur in unserem Land, sondern auch auf der ganzen Welt
Dieses Buch gehört mir.
der fortschrittliche Teil der Gesellschaft
die Rolle des ökonomischen Faktors hoch einschätzen
Einschätzung, Urteil
Preiserhöhung (Erhöhung der Preise)
H. Rothfels ist das anerkannte Oberhaupt der Historiker der BRD.
In den Sammelband fanden die neuesten

Artikel des Autors Eingang.
früher Feudalismus
quantitative und qualitative Veränderungen
die Zahl der Stimmen ist um 70% größer als
Der Wille der Völker ist stärker als der Krieg.
die politische Annäherung zwischen der UdSSR und den USA
sich annähern

41

nahe - näher
häufig - häufiger
entgegenstehen
Recht auf Selbstbestimmung
hoch - höher, höchster
breit - breitester, sehr breiter
die vorhergehenden Treffen
Meinungsaustausch
Umwertung der Werte
Das Defizit der Handelsbilanz beträgt fast 100 Mio. Dollar.
Die Abkommen wurden gebilligt vom Bundestag der BRD.

12. Lektion

42

Der Staat ist ein Mittel zum (des) Aufbau des Sozialismus.
Werkzeug, Mittel
sich bewaffnen
Streitkräfte
bewaffneter Aufstand
"Wettrüsten"
den Ausnahmezustand verhängen (erklären)
Sie mußte den Kriegszustand verhängen (erklären).
die Absicht der sowjetischen Botschaft
Sie hat die Absicht, ihre Politik zu definieren.
Sie kämpfen mit der Kriegsgefahr.
Der Gegner droht mit Krieg.
Volksbildung
Reformen Peters des Ersten
Verlag für politische Literatur
der russischen Bourgeoisie die Macht überlassen (zurückgeben)
dem Adressaten einen Brief übergeben
dem Problem große Bedeutung beimessen
Geld aushändigen

43

Später breitete sich die Arbeiterbewegung über die ganze Welt aus.
Vertrag über die Nichtweiterverbreitung von Kernwaffen (russ: sg.)
Atomkrieg, nuklearer Krieg
Folgen eines nuklearen Krieges
folgen
Sie arbeitet,wie es sich gehört.
konsequenter Materialismus
Folgerichtigkeit ihrer Kritik
der nächste Genosse
in Rücksicht auf ihre Pflichten aus (gemäß) Art. 6
Verteidigungsministerium
Verteidigungsmaßnahmen der Regierung
Konferenz für Sicherheit und Zusammenarbeit in Europa
der gefährliche Kurs der Pekinger Führung
anwenden
Verbreitung
verbreiten
bewaffnen
günstige Bedingungen
sozialistische Verpflichtungen
Verpflichtungen gegenüber (vor) dem Staat
seine Pflichten erfüllen
die Erfüllung seiner (eigenen) Verpflichtungen
zügige Entscheidung
Geschwindigkeit des Autos
in dem Wunsch, die Entspannung zu fördern
auf Wunsch der Partei
ein wünschenswerter Beschluß

44

Abkommen zwischen Bulgarien und der UdSSR
übereinkommen, vereinbaren
Die Parteien (Seiten) haben unten folgendes vereinbart:
Währungsabkommen
bilaterales Abkommen
multilaterales Abkommen
niedrig - niedriger
oft - öfter
nahe - näher
unproduktive Ausgaben
viele Anstrengungen (darauf) verwenden
"Lehrerzeitung"
weitreichende (weit gehende) Schlüsse ziehen
Einführung in ein Problem
Forscher
forschen
Wahl zum Präsidenten (auf den Posten des Präsidenten)

Änderung der Sozialstruktur
Verlag für politische Literatur
ausgehend von
Ausgangspunkt der (wissenschaftlichen) Untersuchung
ausgehend von der Tatsache, daß

13. Lektion

hinter den Kulissen der kapitalistischen Welt
Angebot und Nachfrage
Ein guter Ruf verpflichtet.
Übersetzung aus dem Deutschen

45

zum ersten Mal
viele Male, oft
bekannter Wissenschaftler
in bestimmten Fällen
Bilanz, Resultate des Fünfjahresplans
Resultate der Koordination
(um) einige Tage früher
und ähnliches (u.ä.)
Ein ähnliches Dokument ist unterzeichnet worden.
Einfügung eines neuen Artikels in den Vertrag
Abschluß des Vertrags
Ausgangspunkt
im(Monat) Mai
Monatszeitschrift, monatlich erscheinende Zeitschrift
Das Defizit hat (trägt) chronischen Charakter.
Die Widersprüche zwischen ihnen haben sich zugespitzt (verschärft).
Verschärfung des Konflikts
Schärfe des Konflikts
die Probleme, vor denen das Land steht (die vor dem Land stehen)
Insgesamt erreichte das Defizit 1 Mrd. Mark.
Ein ganzes Jahr war er in Aŝchabad.
fast 3 Mrd. Dollar.
seine Politik festlegen
Definition des Begriffs "Macht"
eine Delgation empfangen
Kosygin empfing den Botschafter der BRD.

46

schrittweise ("Schritt nach Schritt")
gesunder Mensch
Gesundung des internationalen Klimas
Aufnahme (Einrichtung) diplomatischer Beziehungen
volle Kontrolle einführen (einrichten)
reich - reicher
Osten - östlich
versuchen
Einige Parteien versuchen, eine neue Regierung zu bilden.
sich ein Ziel setzen
die Frage zur Abstimmung stellen
Frist
vorfristige Erfüllung des Plans
Leichtathletik
"das Land der unbegrenzten Möglichkeiten"
bilaterales Abkommen
Das Buch besteht aus 2 Teilen.
2 Bücher
2 Journalisten
die Pflichten des Staatsoberhaupts auf sich nehmen
Sämtliche Werke Lenins ("vollständige Sammlung")
Inhalt der Untersuchung
Seine Untersuchung enthält viele neue Informationen.
Darlegung des Problems

47

Darlegung der Wert-Theorie
die Lehre von Karl Marx
Schuljahr, Studienjahr
wissenschaftlicher Rat
Marx' Vater war Advokat.
Eisen
Streik der Eisenbahner
groß - Vergrößerung, Erhöhung, Steigerung
niedrig, gering - Senkung, Kürzung
Land besitzen
Grundbesitz
für nötig halten
Römische Kurie
die rechten Führer der Sozialdemokratie
linke Kräfte
die Besonderheiten des Imperialismus in Rußland
innerparteiliche Demokratie
Außenhandelsbilanz
schwierige, komplizierte Frage
das Kompliziertwerden (Komplizierung) der innenpolitischen Lage im Lande
schwieriger werden, sich verkomplizieren
neu
Erneuerung des politischen Lebens des Landes
Presseagentur "Novosti"
Produktionsausstoß

ein Buch, das im Jahr 1928 herausgegeben wurde
herausgeben; ausstoßen
Abnahme (Rückgang) der Produktion auf 60%

48
niedrig, gering - geringerer, geringster
Sinken des Lebensstandards
der Lebensstandard der Werktätigen ist gesunken (hat sich verringert)
der Untergang des Zarenregimes
Ankunft der Delegation
Eintreffen des Präsidenten
Aufruf der Partei
Protest gegen das Urteil (die Verurteilung)
auf Einladung der sowjetischen Regierung
"Neuere und Neueste Geschichte" (neue und neueste)
demokratische Erneuerung des Landes
Immer (allzeit) bereit!
Fortsetzung folgt.
lange vor der Ankunft der Delegation

14. Lektion

Die Losung war und bleibt ein und dieselbe.
die Ausbeutung des Menschen durch den Menschen
ursprüngliche Akkumulation
Kapitalakkumulation
Was bedeutet seine Frage?
Bedeutung
die Bedeutung der Verordnung liegt (besteht) darin, daß
Was heißt das ?

49
Personenkult
Die 2. Resolution ging weiter als die 1.
sehr kurze (kürzeste) Frist
multilaterales Abkommen
bilaterales Abkommen
voll, völlig
Plan erfüllen
Übererfüllung des Plans
Das Schema bringt die objektiven Prozesse zum Ausdruck.
In den Wahlen zum Bundestag spiegelte sich die öffentliche Meinung.
Widerspiegelung
Das Gesicht ist ein Ausdruck der Persönlichkeit.
Die Kunst ist eine Widerspiegelung des Lebens.
Der Erfolg der Sache ist bedingt durch die Ausnutzung aller Ressourcen.
Voraussetzungen der Oktoberrevolution
Gesetzmäßigkeiten in der gesellschaftlichen Entwicklung
Wertgesetz
entsprechende Maßnahmen
Gesetzgeber
gesetzgeberische Tätigkeit
gesetzgebende Versammlung
revolutionäre Gesetzlichkeit
ungesetzliche Handlung
Eigenart der Sozialistischen Revolution
eigentümlich
bilden
Volksbildung
Lebensweise

50
schöpferische Arbeit
Werk Dostoevskijs
Schwankungen im Verhalten des Politikers
die Autorität schwankt
schwankende Preise
Im Buch fehlen statistische Angaben.
Neue Forschungen zum Thema erschienen.
Verallgemeinerung der Resultate
Einzelerscheinungen verallgemeinern
Gemeinsamer Markt
allgemeine Erscheinung
gesamtwirtschaftliche Fragen
öffentliche Kontrolle
der 75. Geburtstag (der 75. Jahrestag seit dem Tag der Geburt) von Maurice Thorez
5 Jahre
Der Kongreß schlug eine Reihe neuer Schlußfolgerungen und Thesen vor.
Verhütung von Kriegen
verhindern, verhüten
Der Kongreß unterwarf den Personenkult einer prinzipiellen Kritik
die Kulturrevolution durchführen
die Durchführung der genannten Maßnahmen
der zu verwirklichende Entwurf
existieren
Prinzip der friedlichen Koexistenz
strenger Verweis

51
beachten, befolgen
die Beachtung der leninschen Normen des Parteilebens

eine Verordnung des Ministerrats
ein Beschluß des ZK
das Auftreten des Personenkultes
sich äußern, erscheinen
Es trat ein Interesse an Fragen der Abrüstung hervor.
tief(gehende) Krise
es ist nicht zufällig, daß
der bedeutendste (ein sehr bedeutender) Wissenschaftler
der wahrscheinlichste Kandidat
um das Meer herum
der Kampf um die Ostpolitik
die Produktivität der Arbeit steigern
das Vorhandensein negativer Erscheinungen
negative Antwort
negatives Resultat
verneinen
Verneinung
Er erkannte seinen Fehler.
ein bedeutender Gelehrter
"schnellen Schritts"

52

die Positionen des Kapitalismus schwächen
schlechte (schwache) Resultate
der Diskussion ein Ende machen
ein mächtiges Land
moralischen Einfluß auf den Genossen ausüben
die Schwierigkeiten begannen seit Mitte der 50er Jahre
Beginn der Arbeit
Grundlagen des Marxismus-Leninismus
in der 2. Hälfte des 20. Jahrhunderts
Wende zum Besseren
schöpferische Arbeit
das Werk Dostoevskijs
Ende 1957
nach Beendigung der Arbeit
tief(gehende) Krise
vertiefen
Vertiefung der wirtschaftlichen Krise
Selbstkritik
Recht auf Selbstbestimmung
Selbständigkeit
die Rede Castros zeigt, daß
Zeuge
Vertrauen in die eigenen Kräfte
Selbstsicherheit, Selbstvertrauen

53

Er war bestrebt, alles zu machen, wie es sich gehört.
Die KPdSU ist erzogen nach den Prinzipien des Marxismus-Leninismus.
Erziehung
Sie las alle Artikel mit Ausnahme lediglich eines.
ausschließen
Sondergesetze
aus diesen Erwägungen
überlegen, erwägen
grundlegende Frage
eine entwickelte innerparteiliche Demokratie
radikale Maßnahmen
außergewöhnliche Maßnahmen

15. Lektion

unter seine (eigene) Kontrolle nehmen

54

einen Preis nennen
Bezeichnung
am Vorabend der ersten Debatte (russ: pl.)
bis dahin
seither
äußerst interessanter Artikel
äußerst wichtige Angelegenheit
Meinungsumfrage
Menševik
nationale Minderheit
das Gespräch Kosygins mit dem Botschafter der USA
jonglieren mit modisch gewordenen Begriffen
offene Frage
öffentliche Sitzung
offener Brief
Die Mehrheit bleibt unverändert.
Endabstimmung
nach Beendigung der Arbeit
ihnen steht eine schwere Entscheidung bevor
Relativitätstheorie
beide Regierungen stimmen (darin) überein, daß
Alle sind damit einverstanden.

55

gemäß, laut Vertrag
"Unsere Meinungsverschiedenheiten"
Handelsabkommen
Währungsabkommen
bilaterales Abkommen
Marktlage
Wirtschaftslage
Kriegszustand
Die Parteien (Seiten) verzichten auf Ersatz der Kriegsausgaben.

Haushalt der Einnahmen und Ausgaben
Militär-, Kriegsausgaben
Produktionskosten
Verwaltungsausgaben
Materialkosten
unverzüglicher Truppenabzug
Gelten soll das Prinzip der Meistbegünstigung.
Geltungsdauer des Gesetzes
Aktionseinheit
gültiges Abkommen
Bedeutung haben
Vorteile einräumen
ein Recht gewähren
Einräumung von Vorteilen
wirtschaftliche Bedürfnisse beider Länder

56

vorläufige Angaben
vorhergehender Meinungsaustausch
ein demokratischer und gerechter Frieden
Wiederherstellung der Souveränität
Gleichberechtigung der Frauen
gleichberechtigte Stellung Deutschlands
eine Wiedergeburt des deutschen Militarismus nicht zulassen
gesamtdeutsche Wahlen
im Namen ganz Deutschlands
mit Hilfe einer Bevölkerungsumfrage
Ministerium der "Verbindungswege" = Verkehrsministerium
Supermacht
Westmächte
ablehnende Position der UdSSR
Politruk, politischer Führer (in der Roten Armee)
führende Kreise der USA
vor allem
die Souveränität wiederherstellen
bewaffneter Aufstand
Münchener "Geschäft"
Münchener Abkommen
faschistische Eroberer
unter diesen schweren Bedingungen
eine Friedensfront zur Abwehr der Aggression

57

Pakt über gegenseitige Hilfe, Beistandspakt
wechselseitige Beziehung
gegenseitige Hilfe
Die UdSSR war gezwungen, den Vertrag mit Hitler-Deutschland zu unterzeichnen.
Nichtangriffspakt
in einer so schwierigen Lage
zusammen damit; zugleich
zu entschlossenen Maßnahmen greifen
der einzige Weg zur Befreiung der Arbeiterklasse
Einheitsfront
zu (seiner) Verfügung haben
Produktionsweise
Produktionsmittel
Produktionsverhältnisse
Hauptpostamt
Hauptverwaltung

16. Lektion

Gemeinsamer Markt
Entwicklungsländer
Voraussetzungen für die weitere Entwicklung werden geschaffen.
ununterbrochener Produktionsanstieg

58

Erweiterung der Tätigkeit
in Übereinstimmung mit dem Abkommen
eine vollständige Übereinstimmung der Interessen
ein anderes soziales System haben
ausländisch
Außenministerium
Mexiko bekundet Interesse an der Zusammenarbeit.
Exportländer
Importländer
Integration der Mitgliedsländer
seine Bedeutung nahm zu
wachsendes Interesse
behördlich
Die Gründung der EWG zielte auf die Organisation eines Agrarmarktes.
Gesetze der Nachfrage und des Angebots
berufen
Er ist zu einer wissenschaftlichen Tätigkeit bestimmt.
die Berufung
der Aufruf der Partei
Schutz des Agrarmarkts
Verteidigung der Menschenrechte
verteidigen
ein Verteidiger unserer Interessen
Schutzzone
Vorzugsbedingungen
(günstiger) Sondertarif
Vorzugspreis
Vorzug, Sonderrecht, Privileg, Vergünstigung
Absatzmärkte

absetzen, verkaufen
Verkaufsorganisationen
strukturelle Veränderungen auf dem Markt
entgegen den Erwartungen
gegen die Strömung
Unterschiede in den Bildungssystemen
Sie haben verschiedene Meinungen.
"Stadt und Land"
Elektrifizierung des sowjetischen Dorfes
"auf dem Lande" leben
wiederholte Treffen
Die Parteien (Seiten) haben sich über die Abrüstungsfrage geeinigt.
die erreichte Übereinkunft
"Ostverträge"
Rohstofflieferant ist ein amerikanischer Konzern.
Frankreich ist der Hauptlieferant dieser Waren.
Milchprodukte
Beitritt zum Gemeinsamen Markt
Eintritt in die Partei
Inkrafttreten
Der Vertrag trat in Kraft.
inkrafttretende Abkommen
die Rede, das öffentliche Auftreten des Vorsitzenden
Er hielt eine Rede.

60

Ausfuhr und Einfuhr von Kapital
"Dritte Welt"
Die BRD verfügt über ein sehr bedeutendes Industriepotential.
ein sehr leistungsfähiges Industriepotential
die Macht eines Staates
können
das kann sein
Man kann die Frage sofort lösen.
Rat für Gegenseitige Wirtschaftshilfe (RGW)
die Maßnahmen der neuen Führung
Maß, Maßnahme
Maßnahmen ergreifen
die in den Plänen angedeuteten Maßnahmen
Rechenschaftsbericht Chruščevs
Berichtsjahr
sich in Richtung auf (auf dem Wege) die ökonomische Integration bewegen
gesellschaftliche Bewegung
einzelne Branchen der Industrie
Einzelne Personen protestierten.
Großserienproduktion
Großbourgeoisie
ein bedeutender Wissenschaftler (Gelehrter)
Großmachtchauvinismus
volkswirtschaftliche Statistik
hochentwickeltes Land
landwirtschaftliche Produktion
gesetzgeberische Tätigkeit

61

unter welchen Bedingungen
volkswirtschaftliche Errungenschaften
einen Erfolg erringen
die Verbesserung der Zusammenarbeit
Formierung, Bildung
die Bildung eines neuen Typs

17. Lektion

"Gipfelgespräche"
Alter
Anstieg des Lebensstandards
Personalbestand
nationale Zusammensetzung
klassenmäßige Zusammensetzung
Georgien ist ein Bestandteil der UdSSR.
Das Defizit beträgt (beläuft sich auf) 100 Mio. Mark.
Fremdsprachen
existieren
Im Grunde genommen ist das nicht so.
Prinzip der friedlichen Koexistenz
Allunionsausstellung
Weltgeschichte
einen Artikel schreiben
in der Gegenwart, gegenwärtig

62

nach Beendigung der Arbeit
Ende
Bevölkerungsstand nach Geschlecht
statistische Daten
Bevölkerungszahl der Unionsrepubliken
Zahl der Arbeitenden
Zahl; Datum
1000 Menschen (Personen)
fünftausend Tonnen Rohstoff
Lebensweise
auf welche Art und Weise, wie
Leibeserziehung
eine Kommission bilden
auf 1000 Beschäftigte entfallen 158 Arbeitslose
Ausschüttung der Dividende
Verteilung der Bevölkerung der UdSSR nach der Nationalität
Übergang vom Kapitalismus zum Sozialismus

verteilen
Heimatstadt
Muttersprache
Marx wurde 1818 geboren.
Geburtstag
außerdem

63
eine Sprache beherrschen
Kolonialbesitz (russ: pl.)
Russisch als zweite Sprache beherrschen
In den Wahlen zum Bundestag spiegelte sich die öffentliche Meinung wider.
grundlegende Reformen
in den Jahren des sozialistischen Aufbaus
Zunahme des Anteils mechanisierter Arbeit
Veränderung des Verhältnisses der städtischen und der ländlichen Bevölkerung
Verhältnis von Angebot und Nachfrage
Kräfteverhältnis
mehr als die Hälfte der gesamten Bevölkerung
höher
seine Meinung zum Ausdruck bringen
eine deutlich ausgeprägte (ausgedrückte) Tendenz
Ausdruck
Rückgang (Absinken) des Anteils der in der Landwirtschaft Beschäftigten
Profitrate
Teilnahmequote
Vorkriegsperiode
vormarxsche Philosophie
Rekord brechen
Macht mißbrauchen
Machtmißbrauch

64
Das überstieg seine Kräfte.
Angebotsüberhang, Überangebot
lernen, lernen, lernen (Lenin)
einen neuen Artikel in den Vertrag einfügen
die gesamte Bevölkerung einschließlich der nicht arbeitenden Familienmitglieder
Nebenerwerbsbetrieb
öffentliches Ernährungswesen
die Separatistenbewegungen mit Waffen (russ: sg.) versorgen
Immer (allzeit) bereit!
Volksbildungsministerium
künstlich

unter anderem
nichtberufstätige Familienmitglieder
familiäre Verhältnisse
Kolchosbauer
Kritiker
Klassenbewußtsein der Arbeiter

65
Das ist ein gutes Beispiel.
ein lebendiges Beispiel des Heroismus
ein dauerhafter Frieden
ein festes Fundament
der nächste Genosse
quantitative Analyse
Übergang der Quantität in die Qualität
eine Schicht von Arbeitern neuen Typs
Materialien, die auf der Grundlage eines mathematischen Modells berechnet worden sind
eine feste Überzeugung
Die Automatisierung ruft Veränderungen in der Sozialstruktur hervor.
Marx wurde im Jahre 1818 geboren.
Fortsetzung folgt.
langwierige Umschulung (Umqualifizierung)
ie Frage beschäftigt alle Gelehrten.

18. Lektion
66
Die KPD verfügte nicht über ausreichende Kräfte.
zumindest
äußerste Linke
im März
Januarplenum
Februar
Aprilthesen Lenins
Mai
Maisitzung
Julikrise
Augustnummer einer Zeitschrift
Dezemberereignisse
am 5. November
die Vereinigung aller antifaschistischen Kräfte
vereinigen
wiedervereinigen
Organisation der Vereinten Nationen
Ablehnung eines Vorschlages
Gründe für die Niederlage der Arbeiterklasse
die Errichtung einer faschistischen Diktatur verhindern
die Verhütung von Kriegen
der Sturz der Selbstherrschaft (Autokratie)
Kampf für den Sturz des Faschismus
stürzen, beseitigen
die Vereinigung des Bankkapitals mit

dem Industriekapital
eine gewaltige Kapitalkonzentration
fremde Länder

67

Die Trusts umfassen ganze Gruppen kapitalistischer Mächte.
die ganze Gruppen kapitalistischer Mächte umfassenden Syndikate
die Energiekrise, die die kapitalistische Welt erfaßt hat
die wirtschaftliche Aufteilung der Welt
der Bruch mit der Arbeiterbewegung
die Zerschlagung der demokratischen Kräfte
Er sprach über Fragen der Abrüstung im allgemeinen.
Gemeinsamer Markt
die erreichte Stufe der Integration
die Umwandlung des imperialistischen Krieges in einen Bürgerkrieg
Wellen der Konterrevolution
Streikwelle
dem Genossen Geld anvertrauen
das Vertrauen der Arbeiter genießen
für sehr wünschenswert halten
wünschen
Wunsch
ich halte für sehr wünschenswert
Man muß die Kräfte des Gegners in Rechnung stellen.
Der Deputierte muß die Stimmung seiner Wähler berücksichtigen.
Einige Jahre arbeitete er als Journalist in Paris.
Er sagte einige Worte über die Ereignisse in Prag.

68

Die Stimmung sinkt etwas.
die Stimmung der Massen, soweit sie aus den Mitteilungen der Deputierten hervorgeht
Wieviele Jahre war sie in Rom?
Soweit ich weiß, hat er niemals als Ingenieur gearbeitet.
wievielmal
die (für) uns notwendige Hilfe
das ZK hält für erforderlich
Der Journalist kennt natürlich nicht den Mitgliederstand (zahlenmäßigen Bestand) der Partei.

Ende
Kriegsende
schließlich
Es ist nicht möglich, den Streik zu beenden, ohne irgendetwas erhalten zu haben.
enden, zu Ende gehen
Die Gespräche gingen mit einer Beendigung des Krieges und dem Abschluß eines Friedensvertrages zu Ende.
endgültige Entscheidung
nach Abschluß des Studiums
Vorschlag für eine Kandidatur
die Klärung der Situation
Teilung
die Wahl zum Präsidenten (ins Amt des Präsidenten)
die Ernennung eines neuen Botschafters
die Durchführung der Kulturrevolution
die Verwandlung des imperialistischen Krieges in einen Bürgerkrieg
den Arbeitern das Recht der Teilnahme gewähren
die Beendigung der Gespräche
Bekundung von Interesse
die Aufhebung des Eigentums an Grund und Boden
vernichten, aufheben

69

die innerparteiliche Demokratie verletzen
Verschärfung des Konflikts
verschärfen, zuspitzen
Für diesen Beschluß äußerten sich 13 Personen, die übrigen waren dagegen.
vor unseren Augen
die leitenden Gewerkschaftsfunktionäre sind verpflichtet
Die Debatte (russ: pl.) zu dieser Frage wird eröffnet.
Hilfe leisten
die Krise, die die kapitalistische Welt erfaßt hat
moderne Lebensweise
Dienstleistungskombinat
seltenes Metall
Mißerfolg
Nichtangriff
Notwendigkeit
Nichtweiterverbreitung von Kernwaffen (russ: sg.)
die Stalinsche Sorge um den Menschen
junge Generation
Kommunistischer Jugendverband
den Arbeitern das Recht gewähren teilzunehmen
Die den Arbeitern gewährten Rechte wurden abgeschafft.
führende Positionen, Leitungspositionen

Er muß den Artikel überarbeiten, umarbeiten.

70

Die Zeitung erscheint montags.

19. Lektion

"Gipfelgespräche"
führende Kreise der USA
langwierige Arbeit
Die Kollektivierung war ein langandauernder Prozeß.
Dauer der Bearbeitung
(an)dauern
komplizierte Aufgabe
schwierige Situation
Die Lage hat sich kompliziert.
Die Angelegenheit ist durch große Kompliziertheit gekennzeichnet.
Der XV. Parteitag verkündete den Kurs auf Kollektivierung der Landwirtschaft.
Die rechtsopportunistische Gruppe ist verurteilt worden.
Oberster Gerichtshof der UdSSR
Die Verantwortung liegt auf ihm.
alle genannten (Aktien-)Gesellschaften
die Nichtbeachtung der Hinweise Lenins
die gerade (erst) beschlossenen Pläne

71

die Beschlüsse über die Erfüllung der Planaufgaben des Fünfjahresplans im Bereich der Kollektivierung
entsprechend einer Aufgabenstellung arbeiten
Produktionssoll
Jahressoll
eine Reihe neuer Faktoren
ein wirkliches Mitglied der Akademie der Wissenschaften
die Echtheit, Gültigkeit eines Dokuments
bei der Planerfüllung zurückbleiben
Er übertrifft sich selbst.
Jahres-
fünf Jahre
vier Jahre
die erprobte Waffe des Proletariats
die entstandene rechte Opposition
schwierig, kompliziert
Leichtindustrie
Leichtigkeit
erleichtern, leichter machen
Erleichterung der Arbeit
Das Dorf braucht Waren des breiten Bedarfs.
Gegenstände des Massenkonsums
persönlicher Verbrauch
Massenkonsum
Weltverbrauch
Forderung der Arbeiter
Man muß Textilfabriken bauen.
man muß berücksichtigen, daß

72

Die Vorschläge der Opposition wurden abgelehnt.
einen Entwurf ausarbeiten
die Ausarbeitung von Plänen
die Leninschen Richtlinien
Fragestellung
Kampf für die Unabhängigkeit
Alles hängt von den Umständen ab.
Kapitalanlage
Anlage von Geldmitteln
das investierte Kapital
Geld investieren
Gesamtgewinn
Bruttogewinn
persönlicher Profit
Reingewinn
rentable Produktion
Rentabilität der Produktion
Halbfabrikat
Halbjahr
halbfaschistisches Regime
im Unterschied zu (von)
unterscheiden
früher
im Unterschied zu früheren Krisen
eine allen bekannte Tatsache
Dies (diese Angelegenheit) ist mir bekannt.
Ist Ihnen dieser Mensch bekannt?
ein sehr berühmter Wissenschaftler
in einer bestimmten Zeit
eine gewisse Anzahl
in gewissen Fällen
der Inhalt des Buches

73

sozialistisch im Inhalt und national in der Form
die Führung von Kriegen
die Durchführung der Entspannungspolitik
Kohle
20. Jahrhundert
100jähriges Jubiläum einer Fabrik
sich vorbildlich benehmen
ein ungefährer Überschlag der Ein-

nahmen und Ausgaben
Beispiel
Streik der Eisenbahner
Die Ausfuhr des Kapitals fand eine große Verbreitung. (erfuhr eine weite Verbreitung)
Vertrag über die Nichtweiterverbreitung von Kernwaffen (russ: sg.)
eine verhältnismäßig schwache Entwicklung der Produktivkräfte
Relativitätstheorie
feudale Überreste in der Volkswirtschaft
Hat sich der Kapitalismus nicht überlebt?
eine Krise durchmachen
die kolonialen Grenzgebiete des Russischen Reiches
zumindest
Umfang der Kapitalausfuhr
Aufschwung der Volkswirtschaft
Staatsanleihe
Empfang bei Kosygin
Lohnarbeit
Die Einfuhr von Kapital in der Form von Anleihen an die Regierung war dominierend.

74

die Richtung der gesellschaftlichen Entwicklung
Vorteile, die die RSFSR einem anderen Lande einräumt
Das Land importierte in erheblichem Umfang (russ: pl.) Kapital.
in geringem Umfang

20. Lektion

"Entwicklungsländer"
vor fast 3 Jahren
Gesamteuropäische Konferenz
eine allgemein bekannte Tatsache
Gemeinsamer Markt
noch nicht ein einziges Mal
Die Fragen harren ihrer Erörterung, Prüfung.
ein dauerhafter Friede
Die Regierung bekräftigte ihren Vorschlag.
Bestätigung, Bekräftigung
die sich hieraus für (die Sache des) den Frieden ergebenden Gefahren
sozialistisch im Inhalt
Abschluß eines Friedensvertrages
Die Angelegenheit besteht in folgendem.

75

Gleichberechtigung der Frauen und der Neger
gleichermaßen, in gleicher Weise
die Achtung der Unabhängigkeit
die gemeinsame Bodenbearbeitung in den Kolchosen
Wohlstand der Bevölkerung
imstande sein
Raketenangriff
Nichtangriffspakt
Der Vertrag verbietet das Wettrüsten.
die durch den Vertrag verbotenen Verteidigungssysteme
Verbot
Die Systeme werden entweder demontiert oder vernichtet.
künstliche Bewässerung
Kunst
ein umgekehrtes Resultat erzielen
zu beliebiger Zeit
Ihr Lieblingsautor ist Tolstoj.
lieben, gern (tun)
Das Ziel wird durch den Vertrag erreicht.
Das Abkommen bindet beide Parteien (Seiten).
Verpflichtung
Ein guter Ruf verpflichtet.
direkt oder indirekt Kernwaffen (russ: sg.) weitergeben
indirekt
direkte Steuern

76

eine Waffe weitergeben in den Besitz eines anderen Staates
besitzen; beherrschen
Er besitzt ein großes Vermögen.
Sie beherrscht die deutsche Sprache.
Er ist Besitzer bedeutender Vermögen.
Sie beschäftigen sich mit Problemen der Wissenschaftsorganisation (der Organisation der Wissenschaft).
Die Völker haben das Recht auf Selbstbestimmung.
Sie hielt den Beschluß des Politbüros für einen Fehler.
der Reihe nach
Er seinerseits war gegen diesen Vorschlag.
keine Kernwaffen (russ: sg.) produzieren
Erhöhung der Stahlproduktion
nicht herstellen und nicht die Herstellung vorbereiten
herstellen, produzieren

ein selbständiger Staat
der Kampf des Volkes von Kamerun für Selbständigkeit und Unabhängigkeit
Der sowjetische Entwurf unterscheidet sich prinzipiell von dem entsprechenden amerikanischen Entwurf.
im Unterschied zu
Verbot jeglicher Verbreitung von Kernwaffen (russ: sg.)
eine umfassende Kontrolle einrichten
Aufnahme (Errichtung) diplomatischer Beziehungen
außerhalb der Stadt (-grenzen)
eine Grenze setzen

77

Die Westmächte erhoben gegen den Vorschlag der sowjetischen Regierung Einwände.
Gespräche, die andauerten
Die Gespräche werden weiterhin kommentiert.
der bevollmächtigte Vertreter der UdSSR
die Vollmacht des Repräsentanten
können
Der Wissenschaftler arbeitet an der Lösung des darauf folgenden Problems.
die Folgen eines Atomkrieges für die Menschheit
man muß dabei berücksichtigen
Das Gesetz beraubte die Arbeiter ihres Wahlrechts (russ: pl.).
Die UdSSR war der Möglichkeit beraubt, an der Lösung der Frage teilzunehmen.
allgemeines Wahlrecht
allgemeine Schulpflicht
Gemeinsamer Markt
die Aufhebung der Leibeigenschaft, die Abschaffung des Leibeigenenrechts
die Veränderung der Sozialstruktur
geben
die Gesetzgebung der Ukrainischen SSR
Das Programm mag kompliziert und sogar utopisch scheinen.
ihnen scheint es unmöglich
Der Kongreß nahm alle möglichen Appelle (Aufrufe) an.
jedenfalls
einfach - einfacher
häufig - häufiger

21. LEKTION

78

Friede ohne Annexionen und Kontributionen
der Klassencharakter des Faschismus
Meinungsumfrage
Der Beschluß des Obersten Gerichts zieht die Aufmerksamkeit der Öffentlichkeit des Landes auf sich.
die Zurrechenschaftziehung des Präsidenten
Die Öffentlichkeit mißt dem Beschluß des Gerichts große Bedeutung bei.
er gelangte zu der Überzeugung, daß
Er mußte an der Versammlung teilnehmen.
Auf 1 000 Beschäftigte entfallen 180 Arbeitslose.
die Anwendung der neuen Technik in der Produktion
zum Erfolg der Sache beitragen
negative und positive Erscheinungen
Der Faschismus ist die vollständige Verneinung der Demokratie.
Er bringt zu seiner Rechtfertigung zwei Argumente vor.
Arbeiterbewegung
Die Regierung schlug einen Plan zur allgemeinen und vollständigen Abrüstung vor.
tiefer - tiefe Überzeugung
öfter - häufige Treffen
einfacher - einfacher Beschluß
Warum müssen die Sozialisten die kapitalistische Form der Integration rechtfertigen?
Der Genosse sagte ihr, warum er nicht an der Versammlung teilgenommen hat.
die vitalen (Lebens-) Interessen des Volkes schützen
Schutz des Agrarmarkts

79

Verteidigung der Stadt
Schutz der Menschenrechte
Verteidiger, Beschützer
Das zweite Argument war folgendes.
Alle Macht den Räten!
Exekutive
Legislative
um die Macht kämpfen
Machtergreifung Hitlers (durch Hitler)
an die Macht kommen
Machtantritt
lokale Behörden
Machtmißbrauch
die die Regierung führenden Parteien

neuer Regierungschef
die ideologische Geschlossenheit aller kommunistischen Parteien der Welt auf der Basis des Marxismus-Leninismus
für eine Idee kämpfen
Alle diese Prinzipien sind Bestandteil (finden in den Inhalt Eingang) des proletarischen Internationalismus.
Man führt die Truppen in die Stadt.
Man führte die militärische Dienstpflicht ein.
Rohstoffimport
eine Gesetzesvorlage im (ins) Parlament einbringen
Man trug alle Angaben in eine Liste ein.
Der Vorsitzende selbst brachte diesen Vorschlag ein.
Sie leistete einen großen Beitrag zu dieser Sache.
Geld investieren
Kapitalinvestition
einschließlich der Arbeitslosen
vom 2. bis 9. Juli einschließlich
Einmischung
Vertrag über Nichteinmischung
Presseagentur TASS
Der Vertrag tritt in Kraft.
Vorrede, Einleitung, Antrittsrede

80

den proletarischen Internationalismus der Unabhängigkeit, der Souveränität und Gleichberechtigung der kommunistischen Parteien gegenüberstellen
Gegenüberstellung
stellen
eine Frage stellen
zur Abstimmung stellen
sich ein Ziel setzen (zum Ziel)
Athen
Äthiopien
verschiedene Methoden (Zugänge) zur Lösung der entstehenden Aufgaben
Das darf nicht zum Nationalismus führen.
physische Arbeit
geistige Arbeit
herrschende Klasse
Herrschaft des Großkapitals
Herr Ivanov
Verehrte Herrschaften!
Eine wachsende Zahl der Intelligenz verwandelt sich in Lohnarbeiter.
Staatsanleihe
Arbeitermilieu
durchschnittlich pro Jahr
Der Mittwoch ist der 3. Tag der Woche.
in der Mitte des 20. Jahrhunderts
Unter den Mitarbeitern des Instituts sind viele Nicht-Russen.
der kleinbürgerliche Einfluß in den kommunistischen Parteien der kapitalistischen Länder
Kleinproduzent
Naturwissenschaften
natürlicher Bevölkerungszuwachs
es ist natürlich, daß
Für sie ist der Sozialismus immer noch ein unklares Streben.
streben nach

81

verfahren, vorgehen; eingehen
Wie kann man vorgehen?
Eingang von Geld
die Bildung eines neuen Begriffs
das marxistische Verständnis von der Geschichte
eine deutliche Vorstellung vom Sozialismus
Es war offensichtlich, daß sie nicht einverstanden waren.
berühmter Gelehrter
Stimme der Natur / Stadt Moskau
Abstimmung
eine Frage zur Abstimmung stellen
die Ablösung des alten Regimes
ablösen, ersetzen
Man ersetzte den Sekretär durch einen neuen.
mittlere Bevölkerungsschichten
im Bewußtsein der mittleren Bevölkerungsschichten
Rückkehr zur alten Praxis
die Verbindung der Theorie und Praxis
die Anwendung der neuen Technik in der Praxis
praktische Erfahrung
Sie hat enorme praktische Erfahrung.

22. LEKTION

in was für einer Form auch immer
"blockfreie Länder"
einen Friedensvertrag schließen
politische Häftlinge
Vorschläge verschiedenen Wichtigkeitsgrades

82

einen Vorschlag an die Führung richten

Aufruf der Mitgliedsländer der NATO
Die Fraktion der SPD wandte sich an die Regierung.
das durch den Artikel ausgeschöpfte Problem
Der Inhalt dieser Artikel ist interessant.
eine Armee unterhalten
das viele Informationen enthaltende Buch
Es ist notwendig, tatkräftig die Strategie der friedlichen Koexistenz zu vertiefen.
Die Prinzipien sind auf eine wissenschaftliche Prognose gegründet.
Kampf gegen den Hunger
hungern
"Stimme Amerikas"
Stadtverwaltung
Arbeitsloser
für einen Fehler verantwortlich sein
auf eine Frage antworten
Verantwortung
das Recht der Völker auf Selbstbestimmung
Selbsttätigkeit
Er ist ein selbsttätiger Mensch (= M. mit Initiative).
Geistliche Akademie
Vom Gesetz selbst war das nicht vor(her)gesehen.
Gedankenfreiheit
Der Verlag Mysl' ist einer der bekanntesten in der UdSSR und befindet sich in Moskau.
volle Anwendung des Gesetzes
alle verfassungswidrigen Gesetze abschaffen

83

einen Prozeß revidieren
Revision eines Beschlusses
unverzüglich die Lagerordnung für die politischen Häftlinge erleichtern
bis zu Ende führen
unter dem (von dem) Gesichtspunkt der Zweckmäßigkeit
bewerten, einschätzen
die Bedeutung der Frage neu bewerten
Preisbildung
eine Veränderung der Qualität der natürlichen Umwelt
Naturschutzmaßnahmen
Verhinderung der Umweltverschmutzung (Abwendung des Niedergangs der umgebenden Umwelt)
bekannter Gelehrter
allen ist bekannt, daß
Hitler-Deutschland begann den Krieg.
Die Welt (Erde) nimmt ihren Anfang bekanntermaßen am (vom) Kreml.
Beginn des Krieges
die Grundlagen des Marxismus-Leninismus
All das endete mit einem Börsenkrach.
schließlich, letzten Endes
Lebensweise
Man ließ ihn nicht zum Präsidenten (vor).
ein von dem Repräsentanten tolerierter Fehler
sauber, rein / Reinheit
scharf / Schärfe
junge Generation

84

alte Generation
jüngere Generation
von Generation zu Generation
tragen
diplomatische Beziehungen
Kräfteverhältnis
Entwicklung der gegenseitigen Beziehungen
die Politik der VRCh gegenüber der UdSSR
Der Tadel der Parteiorganisation betraf (bezog sich auf) mich.
der Schutz eines Naturkomplexes
Umweltschutz
im vollen Sinne des Wortes
Darin liegt kein Sinn.
Die Zeitung "Pravda" ist im Jahr 1912 gegründet worden.
Gen. Bucharin rechtfertigte sich vor der Kommission.
gerechtfertigte Aufwendungen, Ausgaben
die für die (in der) Produktion eingesetzten Kapitalien
unproduktive Ausgaben
Kräfte sparen
Ich gebe das Geld sparsam aus.
Die Parteien (Seiten) haben sich grundsätzlich geeinigt, wobei sie eine Erklärung über die verbliebenen Meinungsverschiedenheiten abgegeben haben.
trotz ökonomischer Stimuli
trotz des Versprechens (des gegebenen Wortes)
die Aufmerksamkeit richten auf
der Vergleich von Aufwendungen und

Resultaten
abwesend sein
anwesend sein
Anwesenheit
in ihrer Gegenwart

85

die gegen die Entspannung gerichteten Maßnahmen der Regierung
Gegenüberstellung
Klassenwidersprüche
qualitative und quantitative Kennziffern, Indikatoren
zeigen
Das ist völlig unmöglich.
"Sämtliche Werke" (vollständige Sammlung der Werke) Lenins
die Ansichten des Wissenschaftlers teilen
Arbeitsteilung
drei Teilungen Polens
die Lage in Äthiopien
Kriegszustand
Hauptthesen der Untersuchung
eine Frage stellen
die Aufgabe, die ihnen von der Parteiführung gestellt worden ist
Rohstofflieferung
Hauptlieferanten von Landwirtschaftsprodukten (landwirtschaftlicher Produktion) in der EWG sind Frankreich und Italien.
Lieferfrist
Identität der Ansichten
Personenkult
persönliche Frage
juristische Person
Er hielt eine Rede im Namen des Vorsitzenden.
Soweit wir wissen, war das nicht so.
souveräne Staaten
staatliche Souveränität

86

in allgemeinen Zügen
Öffentlichkeit
Weltgeschichte
Höhepunkt (höchster Aufschwung) der Revolution
Aufschwung der Volkswirtschaft der UdSSR
erheben, hoch heben
Der Erfolg des Streiks hob die Stimmung der Massen.
die Einführung der neuesten Technik
Vorzug / Nachteil, Mangel
Ein solcher Beschluß hat seine Vorzüge und Nachteile.
Einen übermäßig großen Platz nimmt die Entwicklung der Schwerindustrie ein.
Konsumgüter
Konsumgenossenschaft
Gegenstände des Massenkonsums
Reingewinn
Rentabilität der Produktion
ökonomische Hebel
Preisbildung
berufliche Bildung
eine Kommission bilden

23. LEKTION

Hat sich der Kapitalismus nicht überlebt?
weitgehende Schlußfolgerungen
das Vertrauen der Arbeiter genießen
Übergang vom Kapitalismus zum Sozialismus

87

der Weg (die Bewegung) zum Sozialismus unter Umgehung des Kapitalismus
Er schied aus (dem Bestand) der Kommission aus.
Sie trat schon 1973 in die Kommission ein.
Union; Bündnis; Bund
Verbündeter
Bündnisverpflichtungen
zweifellos
die nationale Befreiungsbewegung
Man setzte die 7. Flotte zum Indischen Ozean in Marsch.
Der Starke unterdrückt den Schwachen.
unter dem Druck der Umstände
Sie befand sich unter dem Eindruck des Treffens.
Chinesische Volksrepublik
die in der Produktion aufkommenden wichtigen Veränderungen
die Heimat verraten
Verräter
Preis; Wert
Er leistete einen wertvollen Beitrag zur (Sache der) Entspannung.
materielle und geistige Werte
ein rückständiges Land
die Überwindung der zivilisatorischen Rückständigkeit
Das war besonders wichtig für die Entwicklung des wissenschaftlich-technischen Fortschritts.

über die Besonderheiten des Imperialismus in Rußland
folgen
Untersuchungsausschuß des Bundestages
man muß daran denken, wie
man darf nicht vergessen

88
Der Weg (die Bewegung) zum Sozialismus unter Umgehung des Kapitalismus wurde in der Mongolischen Volksrepublik beschritten.
Der Parteitag der KPÖ hat seine Arbeit beendet.
die Frage, vor der wir stehen (die vor uns stehende Frage)
Die Sowjetunion steht für den Frieden auf der ganzen Welt ein.
Sie stützt sich auf die Unterstützung der Genossen.
die siegreiche (gesiegt habende) sozialistische Revolution
der Sieg der Interventen
der Apparat des unmittelbaren Zwangs
zwingen
Er braucht 30 Rubel.
Neben politischen und ethnischen Faktoren spielen wirtschaftliche Faktoren eine wichtige Rolle.
Die Revolution als solche hatte keinen Einfluß auf den Gang der Ereignisse.
sie berücksichtigte dabei nicht, daß
angesichts des Fehlens organisierter politischer Kräfte
Das Buch erschien 1975, d.h. seine erste Auflage.
die Regierung der Gutsbesitzer und der Bourgeoisie
Gutsländereien
die Großgüterwirtschaft zu Beginn des 20. Jahrhunderts
die Ablösung des alten Regimes
Die alte Politik muß durch eine neue ersetzt werden.
Exekutivkomitee
in Ausführung des Willens der Sowjetkongresse
Exekutive
gleich stark
Gleichmäßigkeit
Gleichberechtigung der Frauen

89
Selbstbestimmung bis zur Loslösung
Loslösung; Abteilung
3. Abteilung des Ministeriums
Einzelne Personen stimmten dagegen, die Mehrheit aber dafür.
Minderheit
Mehrheit
mit der Mehrheit der Stimmen

F. ANNOTIERTER BIBLIOGRAPHISCHER NACHWEIS DER IN DEN LEKTIONEN 14-23 VORKOMMENDEN TEXTE

ANNOTIERTER BIBLIOGRAPHISCHER NACHWEIS DER IN DEN LEKTIONEN 14-23 VORKOMMENDEN TEXTE

(Verwendete Abkürzungen: SIĖ: Sovetskaja Istoričeskaja Enciklopedija
M.: Moskva
MĖiMO: Mirovaja ėkonomika i meždunarodnye otnošenija)

---

14. LEKTION:

1. Text: G.N. Golikov, "Velikaja Oktjabr'skaja socialističeskaja revoljucija", aus: SIĖ, t. 3, stlb. 38-39, M. 1963
Der Text ist von einem der Mitherausgeber von SIĖ verfaßt und enthält eine scharfe Kritik an der Historiographie der stalinschen Periode. Dabei ist er in seiner Argumentation verhältnismäßig anspruchsvoll.

2. Text: V.S. Zajcev, "KPSS", aus: SIĖ, t. 7, stlb. 694-695, M. 1965
Der Text bietet eine Kurzfassung der historischen Bedeutung des XX. Parteitags der KPdSU. In de Artikel ist die Bedeutung der Entstalinisierungsdebatte merklich relativiert, was aus dem Zeitpunkt der Abfassung des Artikels (nach Chruščevs Sturz) verständlich wird.

3. Text: Institut marksizma-leninizma pri CK KPSS (Hrsg.), KPSS v rezoljucijach s-ezdov, konferencij i plenumov CK 1898-1960, čast' IV (1954-1960), str. 222, 7.Aufl., M. 1960
Diese mehrbändige Edition - selbst ein Produkt der Entstalinisierung - umfaßt die wichtigsten Parteibeschlüsse der KPdSU. Der vorliegende Text ist aus dem historischen Beschluß "Zur Überwindung des Personenkultes und seiner Folgen" vom 30.7.1956 entnommen. Wegen seiner Argumentationsrichtung ist er besonders geeignet, die "Frontenbildung" im ZK im Bereich der Außenpolitik zu erhellen.

4. Text: K.N. Tarnovskij, Sovetskaja istoriografija rossijskogo imperializma, str. 144-145, M. 1964
Der vorliegende Ausschnitt aus dem in kleiner Auflage erschienenen prononciert antistalinistischen Buch des Moskauer Historikers enthält eine Zusammenfassung der Folgen des XX. Parteitags der KPdSU für die sowjetische Historiographie. Die Grenzen der antistalinistischen Bewegung werden hier besonders gut sichtbar.

5. Text: die gleiche Quelle wie der Text 8,3, str. 224
Dieser Abschnitt aus dem ZK-Beschluß vom 30.7.56 gibt einen guten Einblick in die innenpolitische Argumentation der sowjetischen "Antistalinisten".

15. LEKTION:

1. Text: E. Grigor'ev, Pravda vom 21.2.1972 und vom 27.2.1972.
Dieser Text vereinigt zwei Abschnitte aus Kommentaren des ehemaligen Bonner Korrespondenten der "Pravda" zur Debatte der Ostverträge im Deutschen Bundestag.

2. Text: Dogovor meždu RSFSR i Germaniej, aus: Dokumenty vnešnej politiki, t.5, str,121, M. 1961
Die vorliegende Fassung des Rapallo-Vertrages ist aus der maßgeblichen sowjetischen Veröffentlichung von Dokumenten zur Außenpolitik (XIX. Bd. 1974, Berichtsjahr:1933) entnommen. Entgegen dem Prinzip, nur auf deutsch nicht vorliegende Texte zu bieten, ist der Rapallo-Vertrag aus Gründen der inhaltlichen Relevanz ("deutsch-sowjetische Beziehungen") aufgenommen worden.

3. Text: A.Gromyko u.a. (Hrsg.), Diplomatičeskij slovar', t.1-3, t. 1, str.393-394, Artikel "Germanskij vopros", M. 1971
Der Text bezieht sich auf die sowjetischen Deutschlandvorschläge der Jahre 1952-53, die bereits Gegenstand von Mythenbildung geworden sind. Er gibt die Sicht des sowjetischen Außenministeriums nach Abschluß der Ostverträge wieder.

4. Text: V.N. Ponomarev, u.a. (Hrsg.), Istorija vnešnej politiki SSSR 1917-1966, t.1-2. t.1, str. 350-351, M. 1966
Der Text behandelt das Münchener Abkommen und den deutsch-sowjetischen Nichtangriffspakt aus offiziöser sowjetischer Sicht.

16. LEKTION:

1. Text: A. Alekseev, V rusle socialističeskoj integracii, aus: MĖiMO, No. 3, 1974, str.13,19
Der Text behandelt in geraffter Form die Geschichte des RGW und seine Hauptaufgabe.

2. Text: E. Semenov, Obščij rynok: Regulirovanie cen na sel'skochozjajstvennye tovary, aus: MEiMO, No. 10, 1973, str. 132
Der Text behandelt die landwirtschaftliche Arbeitsteilung in der EWG aus sowjetischer Sicht. Er veranschaulicht das mäßige Niveau, auf dem ökonomische Fragen der westlichen Länder selbst in führenden Zeitschriften wie MEiMO noch heute teilweise behandelt werden.

3. Text: A. Leznik, L. Lučkina, Proizvodstvennaja integracija stran-členov SĖV, aus: MĖiMO, No. 7, 1973, str. 122
Der Text gibt einen Eindruck von der Aufgabenstellung des RGW im Bereich der besonders wichtigen produktions-technischen Zusammenarbeit.

4. Text: Kompleksnaja programma dal'nejšego uglublenija i soveršenstvovanija sotrudničestva i razvitija socialističeskoj ėkonomičeskoj integracii stran-členov SEV, aus: Pravda, 2.8. 1971, str. 1
Der Text ist dem derzeit gültigen Programm des RGW entnommen, der sich auf die Angleichung des ökonomischen Entwicklungsneveaus der Mitgliedsländer bezieht. (glava I, razdel 2)

17. LEKTION

1. Text: Naselenie našej strany. Soobščenie Central'nogo Statističeskogo Upravlenija pri Sovete Ministrov SSSR, aus: Pravda
Der Text enthält die ersten vorläufigen Ergebnisse der letzten (1970) Volkszählung. Ausgewählt wurden vor allem Angaben zur nationalen Zusammensetzung der Bevölkerung der UdSSR.

2. Text: S.S. Chromov, XXIV s-ezd KPSS i nekotorye voprosy social'nogo razvitija sovetskogo obščestva, aus: Istorija SSSR, No. 3, 1972, str. 7-8
Der Text gibt eine Übersicht über die Haupttrends der Bevölkerungs- und Beschäftigungsstruktur der UdSSR seit 1940 und vermittelt einen Eindruck von der Arbeit sowjetischer Sozialwissenschaftler mit dem amtlichen statistischen Material.

3. Text: A. I. Cholmogorov, Internacional'nye čerty sovetskich nacij, M. 1970, str. 210-212
Der Text ist aus einer Monographie entnommen, die sich mit dem Thema der Nationalitäten auf der Grundlage von Umfragematerialien aus dem Baltikum auseinandersetzt. Er macht die Grenzen sozialwissenschaftlichen Forschungsinteresses in der sowjetischen Soziologie deutlich.

4. Text: Ju.S. Loškarev, O probleme izučenija social'nych posledstvij avtomatizacii inženerno-upravlenčeskogo truda, aus: Social'nye issledovanija, vypusk 3, str. 122-123, M. 1970
Der Text untersucht die Auswirkungen der wissenschaftlich-technischen Revolution auf die Struktur der sowjetischen Arbeiterschaft. Er ist geeignet, Methoden und Inhalt sowjetischer Soziologie anschaulich zu machen. "Social'nye issledovanija" erschienen unregelmäßig, sie sind der Vorläufer der ersten sowjetischen soziologischen Zeitschrift "Sociologičeskie issledovanija" (Seit 1974).

18. LEKTION:

1. Text: A.E. Karetnikov, "Kommunističeskaja Partija Germanii", aus: SIE, t. 7, stlb. 609, M. 1965
Der Text behandelt das Thema "KPD und nationalsozialistische Machtergreifung". Er gibt eine verfälschte Sicht insbesondere des Verhältnisses von SPD und KPD in der Spätphase der Weimarer Republik.

2. Text: Programma RKP(B), aus: Protokoly VIII s-ezda RKP(B), M.1961, str. 392-393.
Der Text ist dem Programm der RKP(B) von 1919 entnommen, wie es in der Neuausgabe der Protokolle des 8. Parteitags veröffentlicht ist. Er vermittelt Einsichten in die politische Konzeption der Bol'ševiki nach dem Erfolg der Oktoberrevolution während des Bürgerkrieges.

3. Text: Protokol zasedanija Soveta rabočich deputatov, aus: Revoljucija 1905-07 gg., Vooružennye vosstanija nojabr'-dekabr' 1905 g. č. 1,str.363
Der Text ist der monumentalen Quellenedition zur Revolution von 1905-1907 in Rußland entnommen. Er gibt einen lebendigen Eindruck vom Verhältnis des Petersbuger Arbeiterrats zur Streikbewegung im November 1905.

4. Text: O rabote professional'nych sojuzov SSSR, Postanovlenie plenuma CK KPSS, prinjatoe 17 dekabrja 1957 goda, aus: KPSS v rezoljucijach c.IV, str.309-310, 7. Aufl. M. 1960
Der Text beleuchtet die Stellung der Gewerkschaften nach dem XX. Parteitag der KPdSU und die Durchsetzung der Chruščevschen Linie in diesem Bereich.

19. LEKTION

1. Text: V.P. Danilov, Kollektivizacija sel'skogo chozjajstva SSSR, aus: SIE, t. 7, stlb. 484,488-489,493, M. 1965
Der Text gibt eine knappe Charakteristik der Kollektivierungspolitik der KPdSU und der in der Partei diskutierten Alternativen.

2. Text: A.F. Chavin, "Industrializacija, socialističeskaja v SSSR", aus: SIĖ, t. 6, stlb. 26-27, M. 1965
Ebenso wie der Text über die Kollektivierung gibt auch dieser nur ein sehr verkürztes Bild von der parteiinternen Auseinandersetzung um den ersten Fünfjahresplan wieder ("Industrialisierungsdebatte"). Der Text nennt aber immerhin die wichtigsten Aspekte dieser Diskussion.

3. Text: "Mirovoj ėkonomikčeskij krizis", aus: SIĖ, t. 9, stlb.491-492, M. 1966
Der Text gibt in gedrängter Form Verlauf und Bedeutung der Weltwirtschaftskrise wieder. Er steht nicht auf der Höhe der sowjetischen Forschung über die wirtschaftlichen Zyklen im Kapitalismus.

4. Text: P.A. Chromov, Ėkonomičeskoe razvitie Rossii. Očerki ėkonomiki Rossii s drevnejšich vremen do Velikoj Oktjabr'skoj revoljucii, str. 463-464, M. 1967
Der Text ist einer der Standarddarstellungen zur russischen Wirtschaftsgeschichte entnommen und behandelt die Kapitaleinfuhr und -ausfuhr in Rußland vor 1914.

20. LEKTION:

1. Text: Obraščenie gosudarstv-učastnikov Varšavskogo dogovora ko vsem evropejskim stranam, aus: Pravda, 18.3.1969
Der Text wurde im Anschluß an einerKonferenz der Warschauer-Pakt--Staaten in Budapest veröffentlicht. Er betrifft die Einberufung einer Europäischen Sicherheitskonferenz.

2. Text: V. Viktorov, Na putjach k razoruženiju, aus: MEiMO, No. 8 1972, str. 7-8
Der Text enthält eine kritische Würdigung der Probleme der Antiraketenabwehr anläßlich des Vertragsabschlusses zwischen den USA und der UDSSR vom 26.5.1972, "Über die Begrenzung der Systeme der Antiraketenabwehr".

3. Text: D.A. Sanov,"Razoruženie", aus: SIĖ, t. 11, stlb.854, M.1968
Der Text faßt die Aktivitäten der UdSSR im Bereich der Abrüstung im Rahmen der UNO zusammen. Im Vordergrund steht der Vertrag über die Nichtweiterverbreitung von Kernwaffen.

4. Text: Zajavlenie predsedatelja sovetskoj delegacii, M. Litvinova na pervom zasedanii IV sessii Podgotovitel'noj komissii konferencii po razoruzeniju v Ženeve, aus: Dokumenty vnešnej politiki SSSR, t. 10, str. 506-08, M.1965
Der Text ist ebenso wie 9,2 aus der repräsentativen Quellenveröffentlichung des sowjetischen Außenministeriums entnommen. Er umfaßt den ersten sowjetischen Abrüstungsvorschlag und ist besonders geeignet zum Vergleich mit den Texten 14,2 und 14,3.

21. LEKTION:

1. Text: A. Veber, Social-demokratija v menjajuščemsja mire (Po povodu XII kongresa Socinterna), aus: MEiMO, No. 11, 1972, str.29,36
Der Text formuliert die sowjetische Kritik an der Westeuropakonzeption der Sozialistischen Internationale und verdeutlicht indirekt die sowjetische Haltung gegenüber den westlichen sozialdemokratischen und sozialistischen Parteien.

2. Text: Sovmestnoe zajavlenie delegacij KPSS i Francuzskoj Kommunističeskoj Partii, aus: Pravda, 6.7.1971
Die Gemeinsame Erklärung der französischen und sowjetischen Kommunisten ist das erste bilaterale Dokument nach der Intervention der Warschauer-Pakt-Staaten in der ČSSR. Er gibt einen guten Einblick in die beiderseitigen Beziehungen.

3. Text: B.M. Lejbzon, Kompartii kapitalističeskich stran v bor'be na dva fronta, aus: Voprosy istorii KPSS, No. 6 1970, str. 39
Der Text veranschaulicht die sowjetische Sicht der Problematik der westlichen kommunistischen Massenparteien in der repräsentativen Zeitschrift zur Geschichte der Arbeiterbewegung.

4. Text: V.K. Kucko, Bor'ba za edinstvo levych sil vo Francii, aus: Novaja i novejšaja istorija, No. 3 1969, str. 132-133
Der Text hat die innere Situation Frankreichs im Mai 1968 zum Inhalt und führt die Bedeutung der Außenpolitik für die Beziehungen der KPF und der KPdSU vor Augen.

22. LEKTION:

1. Text: Memorandum akademika A. Sacharova, Tekst, otkliki, diskussija, str. 49-50, Frankfurt-na-Majne, 1970
Der Text enthält das Resumé des Sacharovschen Memorandums. Es gibt Einblick in die politische Weltsicht eines kritischen Sowjetbürgers.

2. Text: N. Fedosenko, K. Gofman, Problemy optimizacii planirovanija i upravlenija okružajuščej sredoj, aus: Voprosy ėkonomiki, No. 10, 1972, str. 41-42
Der Text behandelt ökonomische Aspekte des Umweltschutzes. Er vermittelt auf anspruchsvollem Niveau in der maßgeblichen wirtschaftswissenschaftlichen Zeitschrift den Stand und Stellenwert der Umweltschutzdiskussion in der SU.

3. Text: D. Asatiani, Na zybkoj počve ėklektizma, aus: MEiMO, No.5 1973, str. 135
Der Text ist einer Rezension des Buches von J.E. Dougherty, R.L. Pfaltzgraff, Contending theories of international relations, Philadelphia-New York-Toronto 1971, entnommen. Er enthält die wesentlichen sowjetischen Einwände gegen die neuere westliche Konflikttheorie.

4. Text: Postanovlenie CK KPSS i Soveta Ministrov SSSR "O soveršenstvovanii planirovanija i usilenii ekonomičeskogo stimulirovanija promyšlennogo proizvodstva, aus: Chozjajstvennaja reforma v SSSR, Priloženie k "Ekonomičeskoj gazete" za 1969 god, str. 121-122, M. 1969.
Der Text ist dem grundlegenden Dokument zur Wirtschaftsreform vom Oktober 1965 entnommen.

23. LEKTION:

1. Text: V. Maevskij, Pekinskie lidery - predateli nacional'no--osvoboditel'nogo dviženija und G. Jakubov, Konflikt v Indostane i provokacionnaja rol' gruppy Mao, aus: Pravda, 22./28.12.1971
Die beiden Textabschnitte verdeutlichen die Tragweite des chinesisch-sowjetischen Konflikts in der "Dritten Welt" am Beispiel der Bangla-Desh-Krise.

2. Text: R. A. Ul'janovskij, "Predislovie", aus: Funkcii gosudarstva v nezavisimych stranach Afriki, str.5, M. 1972
Der Text gibt die Hauptlinie der sowjetischen Politik gegenüber der "Dritten Welt" in knapper Form wieder.

3. Text: V.A. Lichačev, Funkcii ochrany obščestvennogo i gosudarstvennogo stroja, aus: Funkcii gosudarstva v nezavisimych stranach Afriki, str. 73-74, M. 1972
Der Text macht die für die sowjetische Nationalitätentheorie und Staatslehre folgenschweren Erkenntnisse der sowjetischen "Dritte-Welt"Forschung anschaulich.

4. Deklaracija prav narodov Rossii, aus:Dekrety sovetskoj vlasti, t, I
Der Text wurde wegen seiner großen historischen Bedeutung aufgenommen, obwohl er in deutscher Übersetzung vorliegt. Er gehört zu den berühmten ersten Dekreten der Sowjetmacht nach der Oktoberrevolution und gibt die theoretische Position der Bol'ševiki nach dem Oktoberumsturz wieder.